刑法小法典

含刑法修正案（十一）

中国法制出版社
CHINA LEGAL PUBLISHING HOUSE

出版说明

2020年12月26日，第十三届全国人民代表大会常务委员会第二十四次会议通过《刑法修正案（十一）》。修正案对刑事责任年龄，生产、销售假药罪，欺诈发行股票、债券罪，强奸罪等规定作出了修改；将干扰公共交通工具正常行驶，高空抛物，冒名顶替，非法从事基因编辑、克隆等行为纳入刑法规制范围。为了帮助读者掌握刑法的新变化，了解和查找刑法及相关司法解释，我们精心编辑出版本书。

编写本书的原则是：**1. 权威**。选取的文本均为国家公布的正式文本。**2. 实用**。根据司法解释确定的罪名归纳了便于读者学习和理解法条的条文主旨，将相关司法解释按照综合、审理及法律适用、量刑的逻辑排序，方便读者检索。**3. 简明**。除刑法外，收录最重要、最实用的司法解释，减少篇幅，方便携带和查找，也使得本书物美价廉。

本书适合以下读者使用：

学生、教师查找相关的规定使用；

机关、团委等单位学习培训使用；

法官、律师等专业人士办案使用；

广大公民学习了解新规定使用。

目　　录*

* 本目录中的时间为法律文件的公布时间或最后一次修正、修订的公布时间。

二、审理及法律适用

三、量刑

附　录

中华人民共和国刑法*

（1979 年 7 月 1 日第五届全国人民代表大会第二次会议通过　1997 年 3 月 14 日第八届全国人民代表大会第五次会议修订　1997 年 3 月 14 日中华人民共和国主席令第 83 号公布　自 1997 年 10 月 1 日起施行）

第一编　总　则

第一章　刑法的任务、基本原则和适用范围

第一条　【立法宗旨】为了惩罚犯罪，保护人民，根据宪法，结合我国同犯罪作斗争的具体经验及实际情况，制定本法。

---

* 根据 1998 年 12 月 29 日第九届全国人民代表大会常务委员会第六次会议通过的《全国人民代表大会常务委员会关于惩治骗购外汇、逃汇和非法买卖外汇犯罪的决定》、1999 年 12 月 25 日第九届全国人民代表大会常务委员会第十三次会议通过的《中华人民共和国刑法修正案》、2001 年 8 月 31 日第九届全国人民代表大会常务委员会第二十三次会议通过的《中华人民共和国刑法修正案（二）》、2001 年 12 月 29 日第九届全国人民代表大会常务委员会第二十五次会议通过的《中华人民共和国刑法修正案（三）》、2002 年 12 月 28 日第九届全国人民代表大会常务委员会第三十一次会议通过的《中华人民共和国刑法修正案（四）》、2005 年 2 月 28 日第十届全国人民代表大会常务委员会第十四次会议通过的《中华人民共和国刑法修正案（五）》、2006 年 6 月 29 日第十届全国人民代表大会常务委员会第二十二次会议通过的《中华人民共和国刑法修正案（六）》、2009 年 2 月 28 日第十一届全国人民代表大会常务委员会第七次会议通过的《中华人民共和国刑法修正案（七）》、2009 年 8 月 27 日第十一届全国人民代表大会常务委员会第十次会议通过的《关于修改部分法律的决定》、2011 年 2 月 25 日第十一届全国人民代表大会常务委员会第十九次会议通过的《中华人民共和国刑法修正案（八）》、2015 年 8 月 29 日第十二届全国人民代表大会常务委员会第十六次会议通过的《中华人民共和国刑法修正案（九）》、2017 年 11 月 4 日第十二届全国人民代表大会常务委员会第三十次会议通过的《中华人民共和国刑法修正案（十）》、2020 年 12 月 26 日第十三届全国人民代表大会常务委员会第二十四次会议通过的《中华人民共和国刑法修正案（十一）》修正。

另，总则部分条文主旨为编者所加，分则条文主旨是根据司法解释确定罪名所加。《中华人民共和国刑法修正案（十一）》新增条款的罪名暂不增加，待后续最高人民法院、最高人民检察院确定最终罪名后做相应修订。

第二条　【本法任务】中华人民共和国刑法的任务，是用刑罚同一切犯罪行为作斗争，以保卫国家安全，保卫人民民主专政的政权和社会主义制度，保护国有财产和劳动群众集体所有的财产，保护公民私人所有的财产，保护公民的人身权利、民主权利和其他权利，维护社会秩序、经济秩序，保障社会主义建设事业的顺利进行。

第三条　【罪刑法定】法律明文规定为犯罪行为的，依照法律定罪处刑；法律没有明文规定为犯罪行为的，不得定罪处刑。

第四条　【适用刑法人人平等】对任何人犯罪，在适用法律上一律平等。不允许任何人有超越法律的特权。

第五条　【罪责刑相适应】刑罚的轻重，应当与犯罪分子所犯罪行和承担的刑事责任相适应。

第六条　【属地管辖权】凡在中华人民共和国领域内犯罪的，除法律有特别规定的以外，都适用本法。

凡在中华人民共和国船舶或者航空器内犯罪的，也适用本法。

犯罪的行为或者结果有一项发生在中华人民共和国领域内的，就认为是在中华人民共和国领域内犯罪。

第七条　【属人管辖权】中华人民共和国公民在中华人民共和国领域外犯本法规定之罪的，适用本法，但是按本法规定的最高刑为三年以下有期徒刑的，可以不予追究。

中华人民共和国国家工作人员和军人在中华人民共和国领域外犯本法规定之罪的，适用本法。

第八条　【保护管辖权】外国人在中华人民共和国领域外对中华人民共和国国家或者公民犯罪，而按本法规定的最低刑为三年以上有期徒刑的，可以适用本法，但是按照犯罪地的法律不受处罚的除外。

第九条　【普遍管辖权】对于中华人民共和国缔结或者参加的国际条约所规定的罪行，中华人民共和国在所承担条约义务的范围内行使刑事管辖权的，适用本法。

第十条　【对外国刑事判决的消极承认】凡在中华人民共和国领域外犯罪，依照本法应当负刑事责任的，虽然经过外国审判，仍然可以依照本法追究，但是在外国已经受过刑罚处罚的，可以免除或者减轻处罚。

第十一条　【外交代表刑事管辖豁免】享有外交特权和豁免权的外

国人的刑事责任，通过外交途径解决。

第十二条　【刑法溯及力】中华人民共和国成立以后本法施行以前的行为，如果当时的法律不认为是犯罪的，适用当时的法律；如果当时的法律认为是犯罪的，依照本法总则第四章第八节的规定应当追诉的，按照当时的法律追究刑事责任，但是如果本法不认为是犯罪或者处刑较轻的，适用本法。

本法施行以前，依照当时的法律已经作出的生效判决，继续有效。

第二章　犯　　罪

第一节　犯罪和刑事责任

第十三条　【犯罪概念】一切危害国家主权、领土完整和安全，分裂国家、颠覆人民民主专政的政权和推翻社会主义制度，破坏社会秩序和经济秩序，侵犯国有财产或者劳动群众集体所有的财产，侵犯公民私人所有的财产，侵犯公民的人身权利、民主权利和其他权利，以及其他危害社会的行为，依照法律应当受刑罚处罚的，都是犯罪，但是情节显著轻微危害不大的，不认为是犯罪。

第十四条　【故意犯罪】明知自己的行为会发生危害社会的结果，并且希望或者放任这种结果发生，因而构成犯罪的，是故意犯罪。

故意犯罪，应当负刑事责任。

第十五条　【过失犯罪】应当预见自己的行为可能发生危害社会的结果，因为疏忽大意而没有预见，或者已经预见而轻信能够避免，以致发生这种结果的，是过失犯罪。

过失犯罪，法律有规定的才负刑事责任。

第十六条　【不可抗力和意外事件】行为在客观上虽然造成了损害结果，但是不是出于故意或者过失，而是由于不能抗拒或者不能预见的原因所引起的，不是犯罪。

第十七条　【刑事责任年龄】已满十六周岁的人犯罪，应当负刑事责任。

已满十四周岁不满十六周岁的人，犯故意杀人、故意伤害致人重伤或者死亡、强奸、抢劫、贩卖毒品、放火、爆炸、投放危险物质罪的，应当负刑事责任。

已满十二周岁不满十四周岁的人，犯故意杀人、故意伤害罪，致人死亡或者以特别残忍手段致人重伤造成严重残疾，情节恶劣，经最高人民检察院核准追诉的，应当负刑事责任。

对依照前三款规定追究刑事责任的不满十八周岁的人，应当从轻或者减轻处罚。

因不满十六周岁不予刑事处罚的，责令其父母或者其他监护人加以管教；在必要的时候，依法进行专门矫治教育。

第十七条之一　【已满七十五周岁的人的刑事责任】已满七十五周岁的人故意犯罪的，可以从轻或者减轻处罚；过失犯罪的，应当从轻或者减轻处罚。

第十八条　【特殊人员的刑事责任能力】精神病人在不能辨认或者不能控制自己行为的时候造成危害结果，经法定程序鉴定确认的，不负刑事责任，但是应当责令他的家属或者监护人严加看管和医疗；在必要的时候，由政府强制医疗。

间歇性的精神病人在精神正常的时候犯罪，应当负刑事责任。

尚未完全丧失辨认或者控制自己行为能力的精神病人犯罪的，应当负刑事责任，但是可以从轻或者减轻处罚。

醉酒的人犯罪，应当负刑事责任。

第十九条　【又聋又哑的人或盲人犯罪的刑事责任】又聋又哑的人或者盲人犯罪，可以从轻、减轻或者免除处罚。

第二十条　【正当防卫】为了使国家、公共利益、本人或者他人的人身、财产和其他权利免受正在进行的不法侵害，而采取的制止不法侵害的行为，对不法侵害人造成损害的，属于正当防卫，不负刑事责任。

正当防卫明显超过必要限度造成重大损害的，应当负刑事责任，但是应当减轻或者免除处罚。

对正在进行行凶、杀人、抢劫、强奸、绑架以及其他严重危及人身安全的暴力犯罪，采取防卫行为，造成不法侵害人伤亡的，不属于防卫过当，不负刑事责任。

第二十一条　【紧急避险】为了使国家、公共利益、本人或者他人的人身、财产和其他权利免受正在发生的危险，不得已采取的紧急避险行为，造成损害的，不负刑事责任。

紧急避险超过必要限度造成不应有的损害的，应当负刑事责任，但是应当减轻或者免除处罚。

第一款中关于避免本人危险的规定，不适用于职务上、业务上负有特定责任的人。

第二节　犯罪的预备、未遂和中止

第二十二条　【犯罪预备】为了犯罪，准备工具、制造条件的，是犯罪预备。

对于预备犯，可以比照既遂犯从轻、减轻处罚或者免除处罚。

第二十三条　【犯罪未遂】已经着手实行犯罪，由于犯罪分子意志以外的原因而未得逞的，是犯罪未遂。

对于未遂犯，可以比照既遂犯从轻或者减轻处罚。

第二十四条　【犯罪中止】在犯罪过程中，自动放弃犯罪或者自动有效地防止犯罪结果发生的，是犯罪中止。

对于中止犯，没有造成损害的，应当免除处罚；造成损害的，应当减轻处罚。

第三节　共同犯罪

第二十五条　【共同犯罪概念】共同犯罪是指二人以上共同故意犯罪。

二人以上共同过失犯罪，不以共同犯罪论处；应当负刑事责任的，按照他们所犯的罪分别处罚。

第二十六条　【主犯】组织、领导犯罪集团进行犯罪活动的或者在共同犯罪中起主要作用的，是主犯。

三人以上为共同实施犯罪而组成的较为固定的犯罪组织，是犯罪集团。

对组织、领导犯罪集团的首要分子，按照集团所犯的全部罪行处罚。

对于第三款规定以外的主犯，应当按照其所参与的或者组织、指挥的全部犯罪处罚。

第二十七条　【从犯】在共同犯罪中起次要或者辅助作用的，是从犯。

对于从犯，应当从轻、减轻处罚或者免除处罚。

第二十八条　【胁从犯】对于被胁迫参加犯罪的，应当按照他的犯罪情节减轻处罚或者免除处罚。

第二十九条　【教唆犯】教唆他人犯罪的，应当按照他在共同犯罪中所起的作用处罚。教唆不满十八周岁的人犯罪的，应当从重处罚。

如果被教唆的人没有犯被教唆的罪，对于教唆犯，可以从轻或者减轻处罚。

第四节　单位犯罪

第三十条　【单位负刑事责任的范围】公司、企业、事业单位、机关、团体实施的危害社会的行为，法律规定为单位犯罪的，应当负刑事责任。

第三十一条　【单位犯罪的处罚原则】单位犯罪的，对单位判处罚金，并对其直接负责的主管人员和其他直接责任人员判处刑罚。本法分则和其他法律另有规定的，依照规定。

第三章　刑　　罚

第一节　刑罚的种类

第三十二条　【主刑和附加刑】刑罚分为主刑和附加刑。

第三十三条　【主刑种类】主刑的种类如下：

（一）管制；

（二）拘役；

（三）有期徒刑；

（四）无期徒刑；

（五）死刑。

第三十四条　【附加刑种类】附加刑的种类如下：

（一）罚金；

（二）剥夺政治权利；

（三）没收财产。

附加刑也可以独立适用。

第三十五条　【驱逐出境】对于犯罪的外国人，可以独立适用或者附加适用驱逐出境。

第三十六条　【赔偿经济损失与民事优先原则】由于犯罪行为而使被害人遭受经济损失的，对犯罪分子除依法给予刑事处罚外，并应根据情况判处赔偿经济损失。

承担民事赔偿责任的犯罪分子，同时被判处罚金，其财产不足以全部支付的，或者被判处没收财产的，应当先承担对被害人的民事赔偿责任。

第三十七条　【非刑罚性处置措施】对于犯罪情节轻微不需要判处刑罚的，可以免予刑事处罚，但是可以根据案件的不同情况，予以训诫或者责令具结悔过、赔礼道歉、赔偿损失，或者由主管部门予以行政处罚或者行政处分。

第三十七条之一　【利用职业便利实施犯罪的禁业限制】因利用职业便利实施犯罪，或者实施违背职业要求的特定义务的犯罪被判处刑罚的，人民法院可以根据犯罪情况和预防再犯罪的需要，禁止其自刑罚执行完毕之日或者假释之日起从事相关职业，期限为三年至五年。

被禁止从事相关职业的人违反人民法院依照前款规定作出的决定的，由公安机关依法给予处罚；情节严重的，依照本法第三百一十三条的规定定罪处罚。

其他法律、行政法规对其从事相关职业另有禁止或者限制性规定的，从其规定。

第二节　管　　制

第三十八条　【管制的期限与执行机关】管制的期限，为三个月以上二年以下。

判处管制，可以根据犯罪情况，同时禁止犯罪分子在执行期间从事特定活动，进入特定区域、场所，接触特定的人。

对判处管制的犯罪分子，依法实行社区矫正。

违反第二款规定的禁止令的，由公安机关依照《中华人民共和国治安管理处罚法》的规定处罚。

第三十九条　【被管制罪犯的义务与权利】被判处管制的犯罪分子，在执行期间，应当遵守下列规定：

（一）遵守法律、行政法规，服从监督；

（二）未经执行机关批准，不得行使言论、出版、集会、结社、游行、示威自由的权利；

（三）按照执行机关规定报告自己的活动情况；

（四）遵守执行机关关于会客的规定；

（五）离开所居住的市、县或者迁居，应当报经执行机关批准。

对于被判处管制的犯罪分子，在劳动中应当同工同酬。

第四十条　【管制期满解除】被判处管制的犯罪分子，管制期满，执行机关应即向本人和其所在单位或者居住地的群众宣布解除管制。

第四十一条　【管制刑期的计算和折抵】管制的刑期，从判决执行之日起计算；判决执行以前先行羁押的，羁押一日折抵刑期二日。

第三节　拘　　役

第四十二条　【拘役的期限】拘役的期限，为一个月以上六个月以下。

第四十三条　【拘役的执行】被判处拘役的犯罪分子，由公安机关就近执行。

在执行期间，被判处拘役的犯罪分子每月可以回家一天至两天；参加劳动的，可以酌量发给报酬。

第四十四条　【拘役刑期的计算和折抵】拘役的刑期，从判决执行之日起计算；判决执行以前先行羁押的，羁押一日折抵刑期一日。

第四节　有期徒刑、无期徒刑

第四十五条　【有期徒刑的期限】有期徒刑的期限，除本法第五十条、第六十九条规定外，为六个月以上十五年以下。

第四十六条　【有期徒刑与无期徒刑的执行】被判处有期徒刑、无期徒刑的犯罪分子，在监狱或者其他执行场所执行；凡有劳动能力的，都应当参加劳动，接受教育和改造。

第四十七条　【有期徒刑刑期的计算与折抵】有期徒刑的刑期，从判决执行之日起计算；判决执行以前先行羁押的，羁押一日折抵刑期一日。

第五节　死　　刑

第四十八条　【死刑、死缓的适用对象及核准程序】死刑只适用于罪行极其严重的犯罪分子。对于应当判处死刑的犯罪分子，如果不是必须立即执行的，可以判处死刑同时宣告缓期二年执行。

死刑除依法由最高人民法院判决的以外，都应当报请最高人民法院核准。死刑缓期执行的，可以由高级人民法院判决或者核准。

第四十九条　【死刑适用对象的限制】犯罪的时候不满十八周岁的人和审判的时候怀孕的妇女，不适用死刑。

审判的时候已满七十五周岁的人，不适用死刑，但以特别残忍手段致人死亡的除外。

第五十条　【死缓变更】判处死刑缓期执行的，在死刑缓期执行期间，如果没有故意犯罪，二年期满以后，减为无期徒刑；如果确有重大立功表现，二年期满以后，减为二十五年有期徒刑；如果故意犯罪，情节恶劣的，报请最高人民法院核准后执行死刑；对于故意犯罪未执行死刑的，死刑缓期执行的期间重新计算，并报最高人民法院备案。

对被判处死刑缓期执行的累犯以及因故意杀人、强奸、抢劫、绑架、放火、爆炸、投放危险物质或者有组织的暴力性犯罪被判处死刑缓期执行的犯罪分子，人民法院根据犯罪情节等情况可以同时决定对其限制减刑。

第五十一条　【死缓期间及减为有期徒刑的刑期计算】死刑缓期执行的期间，从判决确定之日起计算。死刑缓期执行减为有期徒刑的刑期，从死刑缓期执行期满之日起计算。

第六节　罚　　金

第五十二条　【罚金数额的裁量】判处罚金，应当根据犯罪情节决定罚金数额。

第五十三条　【罚金的缴纳】罚金在判决指定的期限内一次或者分期缴纳。期满不缴纳的，强制缴纳。对于不能全部缴纳罚金的，人民法院在任何时候发现被执行人有可以执行的财产，应当随时追缴。

由于遭遇不能抗拒的灾祸等原因缴纳确实有困难的，经人民法院裁定，可以延期缴纳、酌情减少或者免除。

第七节　剥夺政治权利

第五十四条　【剥夺政治权利的含义】剥夺政治权利是剥夺下列

权利：

（一）选举权和被选举权；

（二）言论、出版、集会、结社、游行、示威自由的权利；

（三）担任国家机关职务的权利；

（四）担任国有公司、企业、事业单位和人民团体领导职务的权利。

第五十五条　【剥夺政治权利的期限】剥夺政治权利的期限，除本法第五十七条规定外，为一年以上五年以下。

判处管制附加剥夺政治权利的，剥夺政治权利的期限与管制的期限相等，同时执行。

第五十六条　【剥夺政治权利的附加、独立适用】对于危害国家安全的犯罪分子应当附加剥夺政治权利；对于故意杀人、强奸、放火、爆炸、投毒、抢劫等严重破坏社会秩序的犯罪分子，可以附加剥夺政治权利。

独立适用剥夺政治权利的，依照本法分则的规定。

第五十七条　【对死刑、无期徒刑犯罪剥夺政治权利的适用】对于被判处死刑、无期徒刑的犯罪分子，应当剥夺政治权利终身。

在死刑缓期执行减为有期徒刑或者无期徒刑减为有期徒刑的时候，应当把附加剥夺政治权利的期限改为三年以上十年以下。

第五十八条　【剥夺政治权利的刑期计算、效力与执行】附加剥夺政治权利的刑期，从徒刑、拘役执行完毕之日或者从假释之日起计算；剥夺政治权利的效力当然施用于主刑执行期间。

被剥夺政治权利的犯罪分子，在执行期间，应当遵守法律、行政法规和国务院公安部门有关监督管理的规定，服从监督；不得行使本法第五十四条规定的各项权利。

第八节　没 收 财 产

第五十九条　【没收财产的范围】没收财产是没收犯罪分子个人所有财产的一部或者全部。没收全部财产的，应当对犯罪分子个人及其扶养的家属保留必需的生活费用。

在判处没收财产的时候，不得没收属于犯罪分子家属所有或者应有的财产。

第六十条　【以没收的财产偿还债务】没收财产以前犯罪分子所负的正当债务，需要以没收的财产偿还的，经债权人请求，应当偿还。

第四章　刑罚的具体运用

第一节　量　　刑

第六十一条　【量刑的一般原则】对于犯罪分子决定刑罚的时候，应当根据犯罪的事实、犯罪的性质、情节和对于社会的危害程度，依照本法的有关规定判处。

第六十二条　【从重处罚与从轻处罚】犯罪分子具有本法规定的从重处罚、从轻处罚情节的，应当在法定刑的限度以内判处刑罚。

第六十三条　【减轻处罚】犯罪分子具有本法规定的减轻处罚情节的，应当在法定刑以下判处刑罚；本法规定有数个量刑幅度的，应当在法定量刑幅度的下一个量刑幅度内判处刑罚。

犯罪分子虽然不具有本法规定的减轻处罚情节，但是根据案件的特殊情况，经最高人民法院核准，也可以在法定刑以下判处刑罚。

第六十四条　【犯罪物品的处理】犯罪分子违法所得的一切财物，应当予以追缴或者责令退赔；对被害人的合法财产，应当及时返还；违禁品和供犯罪所用的本人财物，应当予以没收。没收的财物和罚金，一律上缴国库，不得挪用和自行处理。

第二节　累　　犯

第六十五条　【一般累犯】被判处有期徒刑以上刑罚的犯罪分子，刑罚执行完毕或者赦免以后，在五年以内再犯应当判处有期徒刑以上刑罚之罪的，是累犯，应当从重处罚，但是过失犯罪和不满十八周岁的人犯罪的除外。

前款规定的期限，对于被假释的犯罪分子，从假释期满之日起计算。

第六十六条　【特别累犯】危害国家安全犯罪、恐怖活动犯罪、黑社会性质的组织犯罪的犯罪分子，在刑罚执行完毕或者赦免以后，在任何时候再犯上述任一类罪的，都以累犯论处。

第三节　自首和立功

第六十七条　【自首和坦白】犯罪以后自动投案，如实供述自己的罪行的，是自首。对于自首的犯罪分子，可以从轻或者减轻处罚。其中，犯罪较轻的，可以免除处罚。

被采取强制措施的犯罪嫌疑人、被告人和正在服刑的罪犯，如实供述司法机关还未掌握的本人其他罪行的，以自首论。

犯罪嫌疑人虽不具有前两款规定的自首情节，但是如实供述自己罪行的，可以从轻处罚；因其如实供述自己罪行，避免特别严重后果发生的，可以减轻处罚。

第六十八条　【立功】犯罪分子有揭发他人犯罪行为，查证属实的，或者提供重要线索，从而得以侦破其他案件等立功表现的，可以从轻或者减轻处罚；有重大立功表现的，可以减轻或者免除处罚。

第四节　数 罪 并 罚

第六十九条　【数罪并罚的一般原则】判决宣告以前一人犯数罪的，除判处死刑和无期徒刑的以外，应当在总和刑期以下、数刑中最高刑期以上，酌情决定执行的刑期，但是管制最高不能超过三年，拘役最高不能超过一年，有期徒刑总和刑期不满三十五年的，最高不能超过二十年，总和刑期在三十五年以上的，最高不能超过二十五年。

数罪中有判处有期徒刑和拘役的，执行有期徒刑。数罪中有判处有期徒刑和管制，或者拘役和管制的，有期徒刑、拘役执行完毕后，管制仍须执行。

数罪中有判处附加刑的，附加刑仍须执行，其中附加刑种类相同的，合并执行，种类不同的，分别执行。

第七十条　【判决宣告后发现漏罪的并罚】判决宣告以后，刑罚执行完毕以前，发现被判刑的犯罪分子在判决宣告以前还有其他罪没有判决的，应当对新发现的罪作出判决，把前后两个判决所判处的刑罚，依照本法第六十九条的规定，决定执行的刑罚。已经执行的刑期，应当计算在新判决决定的刑期以内。

第七十一条　【判决宣告后又犯新罪的并罚】判决宣告以后，刑罚执行完毕以前，被判刑的犯罪分子又犯罪的，应当对新犯的罪作出判决，把前罪没有执行的刑罚和后罪所判处的刑罚，依照本法第六十九条的规定，决定执行的刑罚。

第五节　缓　　刑

第七十二条　【缓刑的适用条件】 对于被判处拘役、三年以下有期徒刑的犯罪分子，同时符合下列条件的，可以宣告缓刑，对其中不满十八周岁的人、怀孕的妇女和已满七十五周岁的人，应当宣告缓刑：

（一）犯罪情节较轻；

（二）有悔罪表现；

（三）没有再犯罪的危险；

（四）宣告缓刑对所居住社区没有重大不良影响。

宣告缓刑，可以根据犯罪情况，同时禁止犯罪分子在缓刑考验期限内从事特定活动，进入特定区域、场所，接触特定的人。

被宣告缓刑的犯罪分子，如果被判处附加刑，附加刑仍须执行。

第七十三条　【缓刑的考验期限】 拘役的缓刑考验期限为原判刑期以上一年以下，但是不能少于二个月。

有期徒刑的缓刑考验期限为原判刑期以上五年以下，但是不能少于一年。

缓刑考验期限，从判决确定之日起计算。

第七十四条　【累犯不适用缓刑】 对于累犯和犯罪集团的首要分子，不适用缓刑。

第七十五条　【缓刑犯应遵守的规定】 被宣告缓刑的犯罪分子，应当遵守下列规定：

（一）遵守法律、行政法规，服从监督；

（二）按照考察机关的规定报告自己的活动情况；

（三）遵守考察机关关于会客的规定；

（四）离开所居住的市、县或者迁居，应当报经考察机关批准。

第七十六条　【缓刑的考验及其积极后果】 对宣告缓刑的犯罪分子，在缓刑考验期限内，依法实行社区矫正，如果没有本法第七十七条规定的情形，缓刑考验期满，原判的刑罚就不再执行，并公开予以宣告。

第七十七条　【缓刑的撤销及其处理】 被宣告缓刑的犯罪分子，在缓刑考验期限内犯新罪或者发现判决宣告以前还有其他罪没有判决的，应当撤销缓刑，对新犯的罪或者新发现的罪作出判决，把前罪和后罪所判处的刑罚，依照本法第六十九条的规定，决定执行的刑罚。

被宣告缓刑的犯罪分子，在缓刑考验期限内，违反法律、行政法规或者国务院有关部门关于缓刑的监督管理规定，或者违反人民法院判决中的禁止令，情节严重的，应当撤销缓刑，执行原判刑罚。

第六节　减　　刑

第七十八条　【减刑条件与限度】被判处管制、拘役、有期徒刑、无期徒刑的犯罪分子，在执行期间，如果认真遵守监规，接受教育改造，确有悔改表现的，或者有立功表现的，可以减刑；有下列重大立功表现之一的，应当减刑：

（一）阻止他人重大犯罪活动的；

（二）检举监狱内外重大犯罪活动，经查证属实的；

（三）有发明创造或者重大技术革新的；

（四）在日常生产、生活中舍己救人的；

（五）在抗御自然灾害或者排除重大事故中，有突出表现的；

（六）对国家和社会有其他重大贡献的。

减刑以后实际执行的刑期不能少于下列期限：

（一）判处管制、拘役、有期徒刑的，不能少于原判刑期的二分之一；

（二）判处无期徒刑的，不能少于十三年；

（三）人民法院依照本法第五十条第二款规定限制减刑的死刑缓期执行的犯罪分子，缓期执行期满后依法减为无期徒刑的，不能少于二十五年，缓期执行期满后依法减为二十五年有期徒刑的，不能少于二十年。

第七十九条　【减刑程序】对于犯罪分子的减刑，由执行机关向中级以上人民法院提出减刑建议书。人民法院应当组成合议庭进行审理，对确有悔改或者立功事实的，裁定予以减刑。非经法定程序不得减刑。

第八十条　【无期徒刑减刑的刑期计算】无期徒刑减为有期徒刑的刑期，从裁定减刑之日起计算。

第七节　假　　释

第八十一条　【假释的适用条件】被判处有期徒刑的犯罪分子，执行原判刑期二分之一以上，被判处无期徒刑的犯罪分子，实际执行十三年以上，如果认真遵守监规，接受教育改造，确有悔改表现，没有再犯罪的危险的，可以假释。如果有特殊情况，经最高人民法院核准，可以不受上述执行刑期的限制。

对累犯以及因故意杀人、强奸、抢劫、绑架、放火、爆炸、投放危险物质或者有组织的暴力性犯罪被判处十年以上有期徒刑、无期徒刑的犯罪分子，不得假释。

对犯罪分子决定假释时，应当考虑其假释后对所居住社区的影响。

第八十二条　【假释的程序】对于犯罪分子的假释，依照本法第七十九条规定的程序进行。非经法定程序不得假释。

第八十三条　【假释的考验期限】有期徒刑的假释考验期限，为没有执行完毕的刑期；无期徒刑的假释考验期限为十年。

假释考验期限，从假释之日起计算。

第八十四条　【假释犯应遵守的规定】被宣告假释的犯罪分子，应当遵守下列规定：

（一）遵守法律、行政法规，服从监督；

（二）按照监督机关的规定报告自己的活动情况；

（三）遵守监督机关关于会客的规定；

（四）离开所居住的市、县或者迁居，应当报经监督机关批准。

第八十五条　【假释考验及其积极后果】对假释的犯罪分子，在假释考验期限内，依法实行社区矫正，如果没有本法第八十六条规定的情形，假释考验期满，就认为原判刑罚已经执行完毕，并公开予以宣告。

第八十六条　【假释的撤销及其处理】被假释的犯罪分子，在假释考验期限内犯新罪，应当撤销假释，依照本法第七十一条的规定实行数罪并罚。

在假释考验期限内，发现被假释的犯罪分子在判决宣告以前还有其他罪没有判决的，应当撤销假释，依照本法第七十条的规定实行数罪并罚。

被假释的犯罪分子，在假释考验期限内，有违反法律、行政法规或者国务院有关部门关于假释的监督管理规定的行为，尚未构成新的犯罪的，应当依照法定程序撤销假释，收监执行未执行完毕的刑罚。

第八节　时　　效

第八十七条　【追诉时效期限】犯罪经过下列期限不再追诉：

（一）法定最高刑为不满五年有期徒刑的，经过五年；

（二）法定最高刑为五年以上不满十年有期徒刑的，经过十年；

（三）法定最高刑为十年以上有期徒刑的，经过十五年；

（四）法定最高刑为无期徒刑、死刑的，经过二十年。如果二十年以后认为必须追诉的，须报请最高人民检察院核准。

第八十八条　【追诉期限的延长】在人民检察院、公安机关、国家安全机关立案侦查或者在人民法院受理案件以后，逃避侦查或者审判的，不受追诉期限的限制。

被害人在追诉期限内提出控告，人民法院、人民检察院、公安机关应当立案而不予立案的，不受追诉期限的限制。

第八十九条　【追诉期限的计算与中断】追诉期限从犯罪之日起计算；犯罪行为有连续或者继续状态的，从犯罪行为终了之日起计算。

在追诉期限以内又犯罪的，前罪追诉的期限从犯后罪之日起计算。

第五章　其他规定

第九十条　【民族自治地方刑法适用的变通】民族自治地方不能全部适用本法规定的，可以由自治区或者省的人民代表大会根据当地民族的政治、经济、文化的特点和本法规定的基本原则，制定变通或者补充的规定，报请全国人民代表大会常务委员会批准施行。

第九十一条　【公共财产的范围】本法所称公共财产，是指下列财产：

（一）国有财产；

（二）劳动群众集体所有的财产；

（三）用于扶贫和其他公益事业的社会捐助或者专项基金的财产。

在国家机关、国有公司、企业、集体企业和人民团体管理、使用或者运输中的私人财产，以公共财产论。

第九十二条　【公民私人所有财产的范围】本法所称公民私人所有的财产，是指下列财产：

（一）公民的合法收入、储蓄、房屋和其他生活资料；

（二）依法归个人、家庭所有的生产资料；

（三）个体户和私营企业的合法财产；

（四）依法归个人所有的股份、股票、债券和其他财产。

第九十三条　【国家工作人员的范围】 本法所称国家工作人员，是指国家机关中从事公务的人员。

国有公司、企业、事业单位、人民团体中从事公务的人员和国家机关、国有公司、企业、事业单位委派到非国有公司、企业、事业单位、社会团体从事公务的人员，以及其他依照法律从事公务的人员，以国家工作人员论。

第九十四条　【司法工作人员的范围】 本法所称司法工作人员，是指有侦查、检察、审判、监管职责的工作人员。

第九十五条　【重伤】 本法所称重伤，是指有下列情形之一的伤害：

（一）使人肢体残废或者毁人容貌的；

（二）使人丧失听觉、视觉或者其他器官机能的；

（三）其他对于人身健康有重大伤害的。

第九十六条　【违反国家规定之含义】 本法所称违反国家规定，是指违反全国人民代表大会及其常务委员会制定的法律和决定，国务院制定的行政法规、规定的行政措施、发布的决定和命令。

第九十七条　【首要分子的范围】 本法所称首要分子，是指在犯罪集团或者聚众犯罪中起组织、策划、指挥作用的犯罪分子。

第九十八条　【告诉才处理的含义】 本法所称告诉才处理，是指被害人告诉才处理。如果被害人因受强制、威吓无法告诉的，人民检察院和被害人的近亲属也可以告诉。

第九十九条　【以上、以下、以内之界定】 本法所称以上、以下、以内，包括本数。

第一百条　【前科报告制度】 依法受过刑事处罚的人，在入伍、就业的时候，应当如实向有关单位报告自己曾受过刑事处罚，不得隐瞒。

犯罪的时候不满十八周岁被判处五年有期徒刑以下刑罚的人，免除前款规定的报告义务。

第一百零一条　【总则的效力】 本法总则适用于其他有刑罚规定的法律，但是其他法律有特别规定的除外。

第二编　分　　则

第一章　危害国家安全罪

第一百零二条　【背叛国家罪】 勾结外国，危害中华人民共和国的主权、领土完整和安全的，处无期徒刑或者十年以上有期徒刑。

与境外机构、组织、个人相勾结，犯前款罪的，依照前款的规定处罚。

第一百零三条　【分裂国家罪】 组织、策划、实施分裂国家、破坏国家统一的，对首要分子或者罪行重大的，处无期徒刑或者十年以上有期徒刑；对积极参加的，处三年以上十年以下有期徒刑；对其他参加的，处三年以下有期徒刑、拘役、管制或者剥夺政治权利。

【煽动分裂国家罪】 煽动分裂国家、破坏国家统一的，处五年以下有期徒刑、拘役、管制或者剥夺政治权利；首要分子或者罪行重大的，处五年以上有期徒刑。

第一百零四条　【武装叛乱、暴乱罪】 组织、策划、实施武装叛乱或者武装暴乱的，对首要分子或者罪行重大的，处无期徒刑或者十年以上有期徒刑；对积极参加的，处三年以上十年以下有期徒刑；对其他参加的，处三年以下有期徒刑、拘役、管制或者剥夺政治权利。

策动、胁迫、勾引、收买国家机关工作人员、武装部队人员、人民警察、民兵进行武装叛乱或者武装暴乱的，依照前款的规定从重处罚。

第一百零五条　【颠覆国家政权罪】 组织、策划、实施颠覆国家政权、推翻社会主义制度的，对首要分子或者罪行重大的，处无期徒刑或者十年以上有期徒刑；对积极参加的，处三年以上十年以下有期徒刑；对其他参加的，处三年以下有期徒刑、拘役、管制或者剥夺政治权利。

【煽动颠覆国家政权罪】 以造谣、诽谤或者其他方式煽动颠覆国家政权、推翻社会主义制度的，处五年以下有期徒刑、拘役、管制或者剥夺政治权利；首要分子或者罪行重大的，处五年以上有期徒刑。

第一百零六条　【与境外勾结的处罚规定】 与境外机构、组织、个人相勾结，实施本章第一百零三条、第一百零四条、第一百零五条规定之罪的，依照各该条的规定从重处罚。

第一百零七条　【资助危害国家安全犯罪活动罪】境内外机构、组织或者个人资助实施本章第一百零二条、第一百零三条、第一百零四条、第一百零五条规定之罪的，对直接责任人员，处五年以下有期徒刑、拘役、管制或者剥夺政治权利；情节严重的，处五年以上有期徒刑。

第一百零八条　【投敌叛变罪】投敌叛变的，处三年以上十年以下有期徒刑；情节严重或者带领武装部队人员、人民警察、民兵投敌叛变的，处十年以上有期徒刑或者无期徒刑。

第一百零九条　【叛逃罪】国家机关工作人员在履行公务期间，擅离岗位，叛逃境外或者在境外叛逃的，处五年以下有期徒刑、拘役、管制或者剥夺政治权利；情节严重的，处五年以上十年以下有期徒刑。

掌握国家秘密的国家工作人员叛逃境外或者在境外叛逃的，依照前款的规定从重处罚。

第一百一十条　【间谍罪】有下列间谍行为之一，危害国家安全的，处十年以上有期徒刑或者无期徒刑；情节较轻的，处三年以上十年以下有期徒刑：

（一）参加间谍组织或者接受间谍组织及其代理人的任务的；

（二）为敌人指示轰击目标的。

第一百一十一条　【为境外窃取、刺探、收买、非法提供国家秘密、情报罪】为境外的机构、组织、人员窃取、刺探、收买、非法提供国家秘密或者情报的，处五年以上十年以下有期徒刑；情节特别严重的，处十年以上有期徒刑或者无期徒刑；情节较轻的，处五年以下有期徒刑、拘役、管制或者剥夺政治权利。

第一百一十二条　【资敌罪】战时供给敌人武器装备、军用物资资敌的，处十年以上有期徒刑或者无期徒刑；情节较轻的，处三年以上十年以下有期徒刑。

第一百一十三条　【危害国家安全罪适用死刑、没收财产的规定】本章上述危害国家安全罪行中，除第一百零三条第二款、第一百零五条、第一百零七条、第一百零九条外，对国家和人民危害特别严重、情节特别恶劣的，可以判处死刑。

犯本章之罪的，可以并处没收财产。

第二章　危害公共安全罪

第一百一十四条　【放火罪】【决水罪】【爆炸罪】【投放危险物质罪】【以危险方法危害公共安全罪】放火、决水、爆炸以及投放毒害性、放射性、传染病病原体等物质或者以其他危险方法危害公共安全，尚未造成严重后果的，处三年以上十年以下有期徒刑。

第一百一十五条　【放火罪】【决水罪】【爆炸罪】【投放危险物质罪】【以危险方法危害公共安全罪】放火、决水、爆炸以及投放毒害性、放射性、传染病病原体等物质或者以其他危险方法致人重伤、死亡或者使公私财产遭受重大损失的，处十年以上有期徒刑、无期徒刑或者死刑。

【失火罪】【过失决水罪】【过失爆炸罪】【过失投放危险物质罪】【过失以危险方法危害公共安全罪】过失犯前款罪的，处三年以上七年以下有期徒刑；情节较轻的，处三年以下有期徒刑或者拘役。

第一百一十六条　【破坏交通工具罪】破坏火车、汽车、电车、船只、航空器，足以使火车、汽车、电车、船只、航空器发生倾覆、毁坏危险，尚未造成严重后果的，处三年以上十年以下有期徒刑。

第一百一十七条　【破坏交通设施罪】破坏轨道、桥梁、隧道、公路、机场、航道、灯塔、标志或者进行其他破坏活动，足以使火车、汽车、电车、船只、航空器发生倾覆、毁坏危险，尚未造成严重后果的，处三年以上十年以下有期徒刑。

第一百一十八条　【破坏电力设备罪】【破坏易燃易爆设备罪】破坏电力、燃气或者其他易燃易爆设备，危害公共安全，尚未造成严重后果的，处三年以上十年以下有期徒刑。

第一百一十九条　【破坏交通工具罪】【破坏交通设施罪】【破坏电力设备罪】【破坏易燃易爆设备罪】破坏交通工具、交通设施、电力设备、燃气设备、易燃易爆设备，造成严重后果的，处十年以上有期徒刑、无期徒刑或者死刑。

【过失损坏交通工具罪】【过失损坏交通设施罪】【过失损坏电力设备罪】【过失损坏易燃易爆设备罪】过失犯前款罪的，处三年以上七年以下有期徒刑；情节较轻的，处三年以下有期徒刑或者拘役。

第一百二十条　【组织、领导、参加恐怖组织罪】组织、领导恐怖活动组织的，处十年以上有期徒刑或者无期徒刑，并处没收财产；积极参加的，处三年以上十年以下有期徒刑，并处罚金；其他参加的，处三年以下有期徒刑、拘役、管制或者剥夺政治权利，可以并处罚金。

犯前款罪并实施杀人、爆炸、绑架等犯罪的，依照数罪并罚的规定处罚。

第一百二十条之一　【帮助恐怖活动罪】资助恐怖活动组织、实施恐怖活动的个人的，或者资助恐怖活动培训的，处五年以下有期徒刑、拘役、管制或者剥夺政治权利，并处罚金；情节严重的，处五年以上有期徒刑，并处罚金或者没收财产。

为恐怖活动组织、实施恐怖活动或者恐怖活动培训招募、运送人员的，依照前款的规定处罚。

单位犯前两款罪的，对单位判处罚金，并对其直接负责的主管人员和其他直接责任人员，依照第一款的规定处罚。

第一百二十条之二　【准备实施恐怖活动罪】有下列情形之一的，处五年以下有期徒刑、拘役、管制或者剥夺政治权利，并处罚金；情节严重的，处五年以上有期徒刑，并处罚金或者没收财产：

（一）为实施恐怖活动准备凶器、危险物品或者其他工具的；

（二）组织恐怖活动培训或者积极参加恐怖活动培训的；

（三）为实施恐怖活动与境外恐怖活动组织或者人员联络的；

（四）为实施恐怖活动进行策划或者其他准备的。

有前款行为，同时构成其他犯罪的，依照处罚较重的规定定罪处罚。

第一百二十条之三　【宣扬恐怖主义、极端主义、煽动实施恐怖活动罪】以制作、散发宣扬恐怖主义、极端主义的图书、音频视频资料或者其他物品，或者通过讲授、发布信息等方式宣扬恐怖主义、极端主义的，或者煽动实施恐怖活动的，处五年以下有期徒刑、拘役、管制或者剥夺政治权利，并处罚金；情节严重的，处五年以上有期徒刑，并处罚金或者没收财产。

第一百二十条之四　【利用极端主义破坏法律实施罪】利用极端主义煽动、胁迫群众破坏国家法律确立的婚姻、司法、教育、社会管理等制度实施的，处三年以下有期徒刑、拘役或者管制，并处罚金；情节严重的，处三年以上七年以下有期徒刑，并处罚金；情节特别严重的，处七年以上有期徒刑，并处罚金或者没收财产。

第一百二十条之五　【强制穿戴宣扬恐怖主义、极端主义服饰、标志罪】以暴力、胁迫等方式强制他人在公共场所穿着、佩戴宣扬恐怖主义、极端主义服饰、标志的，处三年以下有期徒刑、拘役或者管制，并处罚金。

第一百二十条之六　【非法持有宣扬恐怖主义、极端主义物品罪】明知是宣扬恐怖主义、极端主义的图书、音频视频资料或者其他物品而非法持有，情节严重的，处三年以下有期徒刑、拘役或者管制，并处或者单处罚金。

第一百二十一条　【劫持航空器罪】以暴力、胁迫或者其他方法劫持航空器的，处十年以上有期徒刑或者无期徒刑；致人重伤、死亡或者使航空器遭受严重破坏的，处死刑。

第一百二十二条　【劫持船只、汽车罪】以暴力、胁迫或者其他方法劫持船只、汽车的，处五年以上十年以下有期徒刑；造成严重后果的，处十年以上有期徒刑或者无期徒刑。

第一百二十三条　【暴力危及飞行安全罪】对飞行中的航空器上的人员使用暴力，危及飞行安全，尚未造成严重后果的，处五年以下有期徒刑或者拘役；造成严重后果的，处五年以上有期徒刑。

第一百二十四条　【破坏广播电视设施、公用电信设施罪】破坏广播电视设施、公用电信设施，危害公共安全的，处三年以上七年以下有期徒刑；造成严重后果的，处七年以上有期徒刑。

【过失损坏广播电视设施、公用电信设施罪】过失犯前款罪的，处三年以上七年以下有期徒刑；情节较轻的，处三年以下有期徒刑或者拘役。

第一百二十五条　【非法制造、买卖、运输、邮寄、储存枪支、弹药、爆炸物罪】非法制造、买卖、运输、邮寄、储存枪支、弹药、爆炸物的，处三年以上十年以下有期徒刑；情节严重的，处十年以上有期徒刑、无期徒刑或者死刑。

【非法制造、买卖、运输、储存危险物质罪】非法制造、买卖、运输、储存毒害性、放射性、传染病病原体等物质，危害公共安全的，依照前款的规定处罚。

单位犯前两款罪的，对单位判处罚金，并对其直接负责的主管人员和其他直接责任人员，依照第一款的规定处罚。

第一百二十六条　【违规制造、销售枪支罪】依法被指定、确定的枪支制造企业、销售企业，违反枪支管理规定，有下列行为之一的，对单位判处罚金，并对其直接负责的主管人员和其他直接责任人员，处五年以下有期徒刑；情节严重的，处五年以上十年以下有期徒刑；情节特别严重的，处十年以上有期徒刑或者无期徒刑：

（一）以非法销售为目的，超过限额或者不按照规定的品种制造、配售枪支的；

（二）以非法销售为目的，制造无号、重号、假号的枪支的；

（三）非法销售枪支或者在境内销售为出口制造的枪支的。

第一百二十七条　【盗窃、抢夺枪支、弹药、爆炸物、危险物质罪】盗窃、抢夺枪支、弹药、爆炸物的，或者盗窃、抢夺毒害性、放射性、传染病病原体等物质，危害公共安全的，处三年以上十年以下有期徒刑；情节严重的，处十年以上有期徒刑、无期徒刑或者死刑。

【抢劫枪支、弹药、爆炸物、危险物质罪】【盗窃、抢夺枪支、弹药、爆炸物、危险物质罪】抢劫枪支、弹药、爆炸物的，或者抢劫毒害性、放射性、传染病病原体等物质，危害公共安全的，或者盗窃、抢夺国家机关、军警人员、民兵的枪支、弹药、爆炸物的，处十年以上有期徒刑、无期徒刑或者死刑。

第一百二十八条　【非法持有、私藏枪支、弹药罪】违反枪支管理规定，非法持有、私藏枪支、弹药的，处三年以下有期徒刑、拘役或者管制；情节严重的，处三年以上七年以下有期徒刑。

【非法出租、出借枪支罪】依法配备公务用枪的人员，非法出租、出借枪支的，依照前款的规定处罚。

【非法出租、出借枪支罪】依法配置枪支的人员，非法出租、出借枪支，造成严重后果的，依照第一款的规定处罚。

单位犯第二款、第三款罪的，对单位判处罚金，并对其直接负责的主管人员和其他直接责任人员，依照第一款的规定处罚。

第一百二十九条　【丢失枪支不报罪】依法配备公务用枪的人员，丢失枪支不及时报告，造成严重后果的，处三年以下有期徒刑或者拘役。

第一百三十条　【非法携带枪支、弹药、管制刀具、危险物品危及公共安全罪】非法携带枪支、弹药、管制刀具或者爆炸性、易燃性、放射性、毒害性、腐蚀性物品，进入公共场所或者公共交通工具，危及公共安全，情节严重的，处三年以下有期徒刑、拘役或者管制。

第一百三十一条 【**重大飞行事故罪**】航空人员违反规章制度，致使发生重大飞行事故，造成严重后果的，处三年以下有期徒刑或者拘役；造成飞机坠毁或者人员死亡的，处三年以上七年以下有期徒刑。

第一百三十二条 【**铁路运营安全事故罪**】铁路职工违反规章制度，致使发生铁路运营安全事故，造成严重后果的，处三年以下有期徒刑或者拘役；造成特别严重后果的，处三年以上七年以下有期徒刑。

第一百三十三条 【**交通肇事罪**】违反交通运输管理法规，因而发生重大事故，致人重伤、死亡或者使公私财产遭受重大损失的，处三年以下有期徒刑或者拘役；交通运输肇事后逃逸或者有其他特别恶劣情节的，处三年以上七年以下有期徒刑；因逃逸致人死亡的，处七年以上有期徒刑。

第一百三十三条之一 【**危险驾驶罪**】在道路上驾驶机动车，有下列情形之一的，处拘役，并处罚金：

（一）追逐竞驶，情节恶劣的；

（二）醉酒驾驶机动车的；

（三）从事校车业务或者旅客运输，严重超过额定乘员载客，或者严重超过规定时速行驶的；

（四）违反危险化学品安全管理规定运输危险化学品，危及公共安全的。

机动车所有人、管理人对前款第三项、第四项行为负有直接责任的，依照前款的规定处罚。

有前两款行为，同时构成其他犯罪的，依照处罚较重的规定定罪处罚。

第一百三十三条之二 对行驶中的公共交通工具的驾驶人员使用暴力或者抢控驾驶操纵装置，干扰公共交通工具正常行驶，危及公共安全的，处一年以下有期徒刑、拘役或者管制，并处或者单处罚金。

前款规定的驾驶人员在行驶的公共交通工具上擅离职守，与他人互殴或者殴打他人，危及公共安全的，依照前款的规定处罚。

有前两款行为，同时构成其他犯罪的，依照处罚较重的规定定罪处罚。

第一百三十四条 【**重大责任事故罪**】在生产、作业中违反有关安全管理的规定，因而发生重大伤亡事故或者造成其他严重后果的，处三年以下有期徒刑或者拘役；情节特别恶劣的，处三年以上七年以下有期徒刑。

【强令违章冒险作业罪】强令他人违章冒险作业，或者明知存在重大事故隐患而不排除，仍冒险组织作业，因而发生重大伤亡事故或者造成其他严重后果的，处五年以下有期徒刑或者拘役；情节特别恶劣的，处五年以上有期徒刑。

第一百三十四条之一 在生产、作业中违反有关安全管理的规定，有下列情形之一，具有发生重大伤亡事故或者其他严重后果的现实危险的，处一年以下有期徒刑、拘役或者管制：

（一）关闭、破坏直接关系生产安全的监控、报警、防护、救生设备、设施，或者篡改、隐瞒、销毁其相关数据、信息的；

（二）因存在重大事故隐患被依法责令停产停业、停止施工、停止使用有关设备、设施、场所或者立即采取排除危险的整改措施，而拒不执行的；

（三）涉及安全生产的事项未经依法批准或者许可，擅自从事矿山开采、金属冶炼、建筑施工，以及危险物品生产、经营、储存等高度危险的生产作业活动的。

第一百三十五条 **【重大劳动安全事故罪】**安全生产设施或者安全生产条件不符合国家规定，因而发生重大伤亡事故或者造成其他严重后果的，对直接负责的主管人员和其他直接责任人员，处三年以下有期徒刑或者拘役；情节特别恶劣的，处三年以上七年以下有期徒刑。

第一百三十五条之一 **【大型群众性活动重大安全事故罪】**举办大型群众性活动违反安全管理规定，因而发生重大伤亡事故或者造成其他严重后果的，对直接负责的主管人员和其他直接责任人员，处三年以下有期徒刑或者拘役；情节特别恶劣的，处三年以上七年以下有期徒刑。

第一百三十六条 **【危险物品肇事罪】**违反爆炸性、易燃性、放射性、毒害性、腐蚀性物品的管理规定，在生产、储存、运输、使用中发生重大事故，造成严重后果的，处三年以下有期徒刑或者拘役；后果特别严重的，处三年以上七年以下有期徒刑。

第一百三十七条 **【工程重大安全事故罪】**建设单位、设计单位、施工单位、工程监理单位违反国家规定，降低工程质量标准，造成重大安全事故的，对直接责任人员，处五年以下有期徒刑或者拘役，并处罚金；后果特别严重的，处五年以上十年以下有期徒刑，并处罚金。

第一百三十八条　【教育设施重大安全事故罪】明知校舍或者教育教学设施有危险，而不采取措施或者不及时报告，致使发生重大伤亡事故的，对直接责任人员，处三年以下有期徒刑或者拘役；后果特别严重的，处三年以上七年以下有期徒刑。

第一百三十九条　【消防责任事故罪】违反消防管理法规，经消防监督机构通知采取改正措施而拒绝执行，造成严重后果的，对直接责任人员，处三年以下有期徒刑或者拘役；后果特别严重的，处三年以上七年以下有期徒刑。

第一百三十九条之一　【不报、谎报安全事故罪】在安全事故发生后，负有报告职责的人员不报或者谎报事故情况，贻误事故抢救，情节严重的，处三年以下有期徒刑或者拘役；情节特别严重的，处三年以上七年以下有期徒刑。

第三章　破坏社会主义市场经济秩序罪

第一节　生产、销售伪劣商品罪

第一百四十条　【生产、销售伪劣产品罪】生产者、销售者在产品中掺杂、掺假，以假充真，以次充好或者以不合格产品冒充合格产品，销售金额五万元以上不满二十万元的，处二年以下有期徒刑或者拘役，并处或者单处销售金额百分之五十以上二倍以下罚金；销售金额二十万元以上不满五十万元的，处二年以上七年以下有期徒刑，并处销售金额百分之五十以上二倍以下罚金；销售金额五十万元以上不满二百万元的，处七年以上有期徒刑，并处销售金额百分之五十以上二倍以下罚金；销售金额二百万元以上的，处十五年有期徒刑或者无期徒刑，并处销售金额百分之五十以上二倍以下罚金或者没收财产。

第一百四十一条　【生产、销售假药罪】生产、销售假药的，处三年以下有期徒刑或者拘役，并处罚金；对人体健康造成严重危害或者有其他严重情节的，处三年以上十年以下有期徒刑，并处罚金；致人死亡或者有其他特别严重情节的，处十年以上有期徒刑、无期徒刑或者死刑，并处罚金或者没收财产。

药品使用单位的人员明知是假药而提供给他人使用的，依照前款的规定处罚。

第一百四十二条　【生产、销售劣药罪】生产、销售劣药，对人体健康造成严重危害的，处三年以上十年以下有期徒刑，并处罚金；后果特别严重的，处十年以上有期徒刑或者无期徒刑，并处罚金或者没收财产。

药品使用单位的人员明知是劣药而提供给他人使用的，依照前款的规定处罚。

第一百四十二条之一　违反药品管理法规，有下列情形之一，足以严重危害人体健康的，处三年以下有期徒刑或者拘役，并处或者单处罚金；对人体健康造成严重危害或者有其他严重情节的，处三年以上七年以下有期徒刑，并处罚金：

（一）生产、销售国务院药品监督管理部门禁止使用的药品的；

（二）未取得药品相关批准证明文件生产、进口药品或者明知是上述药品而销售的；

（三）药品申请注册中提供虚假的证明、数据、资料、样品或者采取其他欺骗手段的；

（四）编造生产、检验记录的。

有前款行为，同时又构成本法第一百四十一条、第一百四十二条规定之罪或者其他犯罪的，依照处罚较重的规定定罪处罚。

第一百四十三条　【生产、销售不符合安全标准的食品罪】生产、销售不符合食品安全标准的食品，足以造成严重食物中毒事故或者其他严重食源性疾病的，处三年以下有期徒刑或者拘役，并处罚金；对人体健康造成严重危害或者有其他严重情节的，处三年以上七年以下有期徒刑，并处罚金；后果特别严重的，处七年以上有期徒刑或者无期徒刑，并处罚金或者没收财产。

第一百四十四条　【生产、销售有毒、有害食品罪】在生产、销售的食品中掺入有毒、有害的非食品原料的，或者销售明知掺有有毒、有害的非食品原料的食品的，处五年以下有期徒刑，并处罚金；对人体健康造成严重危害或者有其他严重情节的，处五年以上十年以下有期徒刑，并处罚金；致人死亡或者有其他特别严重情节的，依照本法第一百四十一条的规定处罚。

第一百四十五条　【生产、销售不符合标准的医用器材罪】生产不符合保障人体健康的国家标准、行业标准的医疗器械、医用卫生材料，或者销售明知是不符合保障人体健康的国家标准、行业标准的医疗器械、医用卫生材料，足以严重危害人体健康的，处三年以下有期徒刑或者拘役，并处销售金额百分之五十以上二倍以下罚金；对人体健康造成严重危害的，处三年以上十年以下有期徒刑，并处销售金额百分之五十以上二倍以下罚金；后果特别严重的，处十年以上有期徒刑或者无期徒刑，并处销售金额百分之五十以上二倍以下罚金或者没收财产。

第一百四十六条　【生产、销售不符合安全标准的产品罪】生产不符合保障人身、财产安全的国家标准、行业标准的电器、压力容器、易燃易爆产品或者其他不符合保障人身、财产安全的国家标准、行业标准的产品，或者销售明知是以上不符合保障人身、财产安全的国家标准、行业标准的产品，造成严重后果的，处五年以下有期徒刑，并处销售金额百分之五十以上二倍以下罚金；后果特别严重的，处五年以上有期徒刑，并处销售金额百分之五十以上二倍以下罚金。

第一百四十七条　【生产、销售伪劣农药、兽药、化肥、种子罪】生产假农药、假兽药、假化肥，销售明知是假的或者失去使用效能的农药、兽药、化肥、种子，或者生产者、销售者以不合格的农药、兽药、化肥、种子冒充合格的农药、兽药、化肥、种子，使生产遭受较大损失的，处三年以下有期徒刑或者拘役，并处或者单处销售金额百分之五十以上二倍以下罚金；使生产遭受重大损失的，处三年以上七年以下有期徒刑，并处销售金额百分之五十以上二倍以下罚金；使生产遭受特别重大损失的，处七年以上有期徒刑或者无期徒刑，并处销售金额百分之五十以上二倍以下罚金或者没收财产。

第一百四十八条　【生产、销售不符合卫生标准的化妆品罪】生产不符合卫生标准的化妆品，或者销售明知是不符合卫生标准的化妆品，造成严重后果的，处三年以下有期徒刑或者拘役，并处或者单处销售金额百分之五十以上二倍以下罚金。

第一百四十九条　【对生产销售伪劣商品行为的法条适用】生产、销售本节第一百四十一条至第一百四十八条所列产品，不构成各该条规定的犯罪，但是销售金额在五万元以上的，依照本节第一百四十条的规定定罪处罚。

生产、销售本节第一百四十一条至第一百四十八条所列产品，构成各该条规定的犯罪，同时又构成本节第一百四十条规定之罪的，依照处罚较重的规定定罪处罚。

第一百五十条　【单位犯本节规定之罪的处理】单位犯本节第一百四十条至第一百四十八条规定之罪的，对单位判处罚金，并对其直接负责的主管人员和其他直接责任人员，依照各该条的规定处罚。

第二节　走 私 罪

第一百五十一条　【走私武器、弹药罪】【走私核材料罪】【走私假币罪】走私武器、弹药、核材料或者伪造的货币的，处七年以上有期徒刑，并处罚金或者没收财产；情节特别严重的，处无期徒刑，并处没收财产；情节较轻的，处三年以上七年以下有期徒刑，并处罚金。

【走私文物罪】【走私贵重金属罪】【走私珍贵动物、珍贵动物制品罪】走私国家禁止出口的文物、黄金、白银和其他贵重金属或者国家禁止进出口的珍贵动物及其制品的，处五年以上十年以下有期徒刑，并处罚金；情节特别严重的，处十年以上有期徒刑或者无期徒刑，并处没收财产；情节较轻的，处五年以下有期徒刑，并处罚金。

【走私国家禁止进出口的货物、物品罪】走私珍稀植物及其制品等国家禁止进出口的其他货物、物品的，处五年以下有期徒刑或者拘役，并处或者单处罚金；情节严重的，处五年以上有期徒刑，并处罚金。

单位犯本条规定之罪的，对单位判处罚金，并对其直接负责的主管人员和其他直接责任人员，依照本条各款的规定处罚。

第一百五十二条　【走私淫秽物品罪】以牟利或者传播为目的，走私淫秽的影片、录像带、录音带、图片、书刊或者其他淫秽物品的，处三年以上十年以下有期徒刑，并处罚金；情节严重的，处十年以上有期徒刑或者无期徒刑，并处罚金或者没收财产；情节较轻的，处三年以下有期徒刑、拘役或者管制，并处罚金。

【走私废物罪】逃避海关监管将境外固体废物、液态废物和气态废物运输进境，情节严重的，处五年以下有期徒刑，并处或者单处罚金；情节特别严重的，处五年以上有期徒刑，并处罚金。

单位犯前两款罪的，对单位判处罚金，并对其直接负责的主管人员和其他直接责任人员，依照前两款的规定处罚。

第一百五十三条　【走私普通货物、物品罪】走私本法第一百五十一条、第一百五十二条、第三百四十七条规定以外的货物、物品的，根据情节轻重，分别依照下列规定处罚：

（一）走私货物、物品偷逃应缴税额较大或者一年内曾因走私被给予二次行政处罚后又走私的，处三年以下有期徒刑或者拘役，并处偷逃应缴税额一倍以上五倍以下罚金。

（二）走私货物、物品偷逃应缴税额巨大或者有其他严重情节的，处三年以上十年以下有期徒刑，并处偷逃应缴税额一倍以上五倍以下罚金。

（三）走私货物、物品偷逃应缴税额特别巨大或者有其他特别严重情节的，处十年以上有期徒刑或者无期徒刑，并处偷逃应缴税额一倍以上五倍以下罚金或者没收财产。

单位犯前款罪的，对单位判处罚金，并对其直接负责的主管人员和其他直接责任人员，处三年以下有期徒刑或者拘役；情节严重的，处三年以上十年以下有期徒刑；情节特别严重的，处十年以上有期徒刑。

对多次走私未经处理的，按照累计走私货物、物品的偷逃应缴税额处罚。

第一百五十四条　【走私货物、物品罪的特殊形式】下列走私行为，根据本节规定构成犯罪的，依照本法第一百五十三条的规定定罪处罚：

（一）未经海关许可并且未补缴应缴税额，擅自将批准进口的来料加工、来件装配、补偿贸易的原材料、零件、制成品、设备等保税货物，在境内销售牟利的；

（二）未经海关许可并且未补缴应缴税额，擅自将特定减税、免税进口的货物、物品，在境内销售牟利的。

第一百五十五条　【以走私罪论处的间接走私行为】下列行为，以走私罪论处，依照本节的有关规定处罚：

（一）直接向走私人非法收购国家禁止进口物品的，或者直接向走私人非法收购走私进口的其他货物、物品，数额较大的；

（二）在内海、领海、界河、界湖运输、收购、贩卖国家禁止进出口物品的，或者运输、收购、贩卖国家限制进出口货物、物品，数额较大，没有合法证明的。

第一百五十六条　【走私共犯】与走私罪犯通谋，为其提供贷款、资金、帐号、发票、证明，或者为其提供运输、保管、邮寄或者其他方便的，以走私罪的共犯论处。

第一百五十七条　【武装掩护走私、抗拒缉私的规定】武装掩护走私的，依照本法第一百五十一条第一款的规定从重处罚。

以暴力、威胁方法抗拒缉私的，以走私罪和本法第二百七十七条规定的阻碍国家机关工作人员依法执行职务罪，依照数罪并罚的规定处罚。

第三节　妨害对公司、企业的管理秩序罪

第一百五十八条　【虚报注册资本罪】申请公司登记使用虚假证明文件或者采取其他欺诈手段虚报注册资本，欺骗公司登记主管部门，取得公司登记，虚报注册资本数额巨大、后果严重或者有其他严重情节的，处三年以下有期徒刑或者拘役，并处或者单处虚报注册资本金额百分之一以上百分之五以下罚金。

单位犯前款罪的，对单位判处罚金，并对其直接负责的主管人员和其他直接责任人员，处三年以下有期徒刑或者拘役。

第一百五十九条　【虚假出资、抽逃出资罪】公司发起人、股东违反公司法的规定未交付货币、实物或者未转移财产权，虚假出资，或者在公司成立后又抽逃其出资，数额巨大、后果严重或者有其他严重情节的，处五年以下有期徒刑或者拘役，并处或者单处虚假出资金额或者抽逃出资金额百分之二以上百分之十以下罚金。

单位犯前款罪的，对单位判处罚金，并对其直接负责的主管人员和其他直接责任人员，处五年以下有期徒刑或者拘役。

第一百六十条　【欺诈发行股票、债券罪】在招股说明书、认股书、公司、企业债券募集办法等发行文件中隐瞒重要事实或者编造重大虚假内容，发行股票或者公司、企业债券、存托凭证或者国务院依法认定的其他证券，数额巨大、后果严重或者有其他严重情节的，处五年以下有期徒刑或者拘役，并处或者单处罚金；数额特别巨大、后果特别严重或者有其他特别严重情节的，处五年以上有期徒刑，并处罚金。

控股股东、实际控制人组织、指使实施前款行为的，处五年以下有期徒刑或者拘役，并处或者单处非法募集资金金额百分之二十以上一倍以下罚金；数额特别巨大、后果特别严重或者有其他特别严重情节的，

处五年以上有期徒刑，并处非法募集资金金额百分之二十以上一倍以下罚金。

单位犯前两款罪的，对单位判处非法募集资金金额百分之二十以上一倍以下罚金，并对其直接负责的主管人员和其他直接责任人员，依照第一款的规定处罚。

第一百六十一条　【违规披露、不披露重要信息罪】依法负有信息披露义务的公司、企业向股东和社会公众提供虚假的或者隐瞒重要事实的财务会计报告，或者对依法应当披露的其他重要信息不按照规定披露，严重损害股东或者其他人利益，或者有其他严重情节的，对其直接负责的主管人员和其他直接责任人员，处五年以下有期徒刑或者拘役，并处或者单处罚金；情节特别严重的，处五年以上十年以下有期徒刑，并处罚金。

前款规定的公司、企业的控股股东、实际控制人实施或者组织、指使实施前款行为的，或者隐瞒相关事项导致前款规定的情形发生的，依照前款的规定处罚。

犯前款罪的控股股东、实际控制人是单位的，对单位判处罚金，并对其直接负责的主管人员和其他直接责任人员，依照第一款的规定处罚。

第一百六十二条　【妨害清算罪】公司、企业进行清算时，隐匿财产，对资产负债表或者财产清单作虚伪记载或者在未清偿债务前分配公司、企业财产，严重损害债权人或者其他人利益的，对其直接负责的主管人员和其他直接责任人员，处五年以下有期徒刑或者拘役，并处或者单处二万元以上二十万元以下罚金。

第一百六十二条之一　【隐匿、故意销毁会计凭证、会计帐簿、财务会计报告罪】隐匿或者故意销毁依法应当保存的会计凭证、会计帐簿、财务会计报告，情节严重的，处五年以下有期徒刑或者拘役，并处或者单处二万元以上二十万元以下罚金。

单位犯前款罪的，对单位判处罚金，并对其直接负责的主管人员和其他直接责任人员，依照前款的规定处罚。

第一百六十二条之二　【虚假破产罪】公司、企业通过隐匿财产、承担虚构的债务或者以其他方法转移、处分财产，实施虚假破产，严重损害债权人或者其他人利益的，对其直接负责的主管人员和其他直接责任人员，处五年以下有期徒刑或者拘役，并处或者单处二万元以上二十万元以下罚金。

第一百六十三条　【非国家工作人员受贿罪】公司、企业或者其他单位的工作人员，利用职务上的便利，索取他人财物或者非法收受他人财物，为他人谋取利益，数额较大的，处三年以下有期徒刑或者拘役，并处罚金；数额巨大或者有其他严重情节的，处三年以上十年以下有期徒刑，并处罚金；数额特别巨大或者有其他特别严重情节的，处十年以上有期徒刑或者无期徒刑，并处罚金。

公司、企业或者其他单位的工作人员在经济往来中，利用职务上的便利，违反国家规定，收受各种名义的回扣、手续费，归个人所有的，依照前款的规定处罚。

国有公司、企业或者其他国有单位中从事公务的人员和国有公司、企业或者其他国有单位委派到非国有公司、企业以及其他单位从事公务的人员有前两款行为的，依照本法第三百八十五条、第三百八十六条的规定定罪处罚。

第一百六十四条　【对非国家工作人员行贿罪】为谋取不正当利益，给予公司、企业或者其他单位的工作人员以财物，数额较大的，处三年以下有期徒刑或者拘役，并处罚金；数额巨大的，处三年以上十年以下有期徒刑，并处罚金。

【对外国公职人员、国际公共组织官员行贿罪】为谋取不正当商业利益，给予外国公职人员或者国际公共组织官员以财物的，依照前款的规定处罚。

单位犯前两款罪的，对单位判处罚金，并对其直接负责的主管人员和其他直接责任人员，依照第一款的规定处罚。

行贿人在被追诉前主动交待行贿行为的，可以减轻处罚或者免除处罚。

第一百六十五条　【非法经营同类营业罪】国有公司、企业的董事、经理利用职务便利，自己经营或者为他人经营与其所任职公司、企业同类的营业，获取非法利益，数额巨大的，处三年以下有期徒刑或者拘役，并处或者单处罚金；数额特别巨大的，处三年以上七年以下有期徒刑，并处罚金。

第一百六十六条　【为亲友非法牟利罪】国有公司、企业、事业单位的工作人员，利用职务便利，有下列情形之一，使国家利益遭受重大损失的，处三年以下有期徒刑或者拘役，并处或者单处罚金；致使国家利益遭受特别重大损失的，处三年以上七年以下有期徒刑，并处罚金：

（一）将本单位的盈利业务交由自己的亲友进行经营的；

（二）以明显高于市场的价格向自己的亲友经营管理的单位采购商品或者以明显低于市场的价格向自己的亲友经营管理的单位销售商品的；

（三）向自己的亲友经营管理的单位采购不合格商品的。

第一百六十七条　【签订、履行合同失职被骗罪】国有公司、企业、事业单位直接负责的主管人员，在签订、履行合同过程中，因严重不负责任被诈骗，致使国家利益遭受重大损失的，处三年以下有期徒刑或者拘役；致使国家利益遭受特别重大损失的，处三年以上七年以下有期徒刑。

第一百六十八条　【国有公司、企业、事业单位人员失职罪】【国有公司、企业、事业单位人员滥用职权罪】国有公司、企业的工作人员，由于严重不负责任或者滥用职权，造成国有公司、企业破产或者严重损失，致使国家利益遭受重大损失的，处三年以下有期徒刑或者拘役；致使国家利益遭受特别重大损失的，处三年以上七年以下有期徒刑。

国有事业单位的工作人员有前款行为，致使国家利益遭受重大损失的，依照前款的规定处罚。

国有公司、企业、事业单位的工作人员，徇私舞弊，犯前两款罪的，依照第一款的规定从重处罚。

第一百六十九条　【徇私舞弊低价折股、出售国有资产罪】国有公司、企业或者其上级主管部门直接负责的主管人员，徇私舞弊，将国有资产低价折股或者低价出售，致使国家利益遭受重大损失的，处三年以下有期徒刑或者拘役；致使国家利益遭受特别重大损失的，处三年以上七年以下有期徒刑。

第一百六十九条之一　【背信损害上市公司利益罪】上市公司的董事、监事、高级管理人员违背对公司的忠实义务，利用职务便利，操纵上市公司从事下列行为之一，致使上市公司利益遭受重大损失的，处三年以下有期徒刑或者拘役，并处或者单处罚金；致使上市公司利益遭受特别重大损失的，处三年以上七年以下有期徒刑，并处罚金：

（一）无偿向其他单位或者个人提供资金、商品、服务或者其他资产的；

（二）以明显不公平的条件，提供或者接受资金、商品、服务或者其他资产的；

（三）向明显不具有清偿能力的单位或者个人提供资金、商品、服务或者其他资产的；

（四）为明显不具有清偿能力的单位或者个人提供担保，或者无正当理由为其他单位或者个人提供担保的；

（五）无正当理由放弃债权、承担债务的；

（六）采用其他方式损害上市公司利益的。

上市公司的控股股东或者实际控制人，指使上市公司董事、监事、高级管理人员实施前款行为的，依照前款的规定处罚。

犯前款罪的上市公司的控股股东或者实际控制人是单位的，对单位判处罚金，并对其直接负责的主管人员和其他直接责任人员，依照第一款的规定处罚。

第四节　破坏金融管理秩序罪

第一百七十条　【伪造货币罪】伪造货币的，处三年以上十年以下有期徒刑，并处罚金；有下列情形之一的，处十年以上有期徒刑或者无期徒刑，并处罚金或者没收财产：

（一）伪造货币集团的首要分子；

（二）伪造货币数额特别巨大的；

（三）有其他特别严重情节的。

第一百七十一条　【出售、购买、运输假币罪】出售、购买伪造的货币或者明知是伪造的货币而运输，数额较大的，处三年以下有期徒刑或者拘役，并处二万元以上二十万元以下罚金；数额巨大的，处三年以上十年以下有期徒刑，并处五万元以上五十万元以下罚金；数额特别巨大的，处十年以上有期徒刑或者无期徒刑，并处五万元以上五十万元以下罚金或者没收财产。

【金融工作人员购买假币、以假币换取货币罪】银行或者其他金融机构的工作人员购买伪造的货币或者利用职务上的便利，以伪造的货币换取货币的，处三年以上十年以下有期徒刑，并处二万元以上二十万元以下罚金；数额巨大或者有其他严重情节的，处十年以上有期徒刑或者无期徒刑，并处二万元以上二十万元以下罚金或者没收财产；情节较轻的，处三年以下有期徒刑或者拘役，并处或者单处一万元以上十万元以下罚金。

伪造货币并出售或者运输伪造的货币的，依照本法第一百七十条的规定定罪从重处罚。

第一百七十二条　【持有、使用假币罪】明知是伪造的货币而持有、使用，数额较大的，处三年以下有期徒刑或者拘役，并处或者单处一万元以上十万元以下罚金；数额巨大的，处三年以上十年以下有期徒刑，并处二万元以上二十万元以下罚金；数额特别巨大的，处十年以上有期徒刑，并处五万元以上五十万元以下罚金或者没收财产。

第一百七十三条　【变造货币罪】变造货币，数额较大的，处三年以下有期徒刑或者拘役，并处或者单处一万元以上十万元以下罚金；数额巨大的，处三年以上十年以下有期徒刑，并处二万元以上二十万元以下罚金。

第一百七十四条　【擅自设立金融机构罪】未经国家有关主管部门批准，擅自设立商业银行、证券交易所、期货交易所、证券公司、期货经纪公司、保险公司或者其他金融机构的，处三年以下有期徒刑或者拘役，并处或者单处二万元以上二十万元以下罚金；情节严重的，处三年以上十年以下有期徒刑，并处五万元以上五十万元以下罚金。

【伪造、变造、转让金融机构经营许可证、批准文件罪】伪造、变造、转让商业银行、证券交易所、期货交易所、证券公司、期货经纪公司、保险公司或者其他金融机构的经营许可证或者批准文件的，依照前款的规定处罚。

单位犯前两款罪的，对单位判处罚金，并对其直接负责的主管人员和其他直接责任人员，依照第一款的规定处罚。

第一百七十五条　【高利转贷罪】以转贷牟利为目的，套取金融机构信贷资金高利转贷他人，违法所得数额较大的，处三年以下有期徒刑或者拘役，并处违法所得一倍以上五倍以下罚金；数额巨大的，处三年以上七年以下有期徒刑，并处违法所得一倍以上五倍以下罚金。

单位犯前款罪的，对单位判处罚金，并对其直接负责的主管人员和其他直接责任人员，处三年以下有期徒刑或者拘役。

第一百七十五条之一　【骗取贷款、票据承兑、金融票证罪】以欺骗手段取得银行或者其他金融机构贷款、票据承兑、信用证、保函等，给银行或者其他金融机构造成重大损失的，处三年以下有期徒刑或者拘役，并处或者单处罚金；给银行或者其他金融机构造成特别重大损失或者有其他特别严重情节的，处三年以上七年以下有期徒刑，并处罚金。

单位犯前款罪的，对单位判处罚金，并对其直接负责的主管人员和其他直接责任人员，依照前款的规定处罚。

第一百七十六条　【非法吸收公众存款罪】非法吸收公众存款或者变相吸收公众存款，扰乱金融秩序的，处三年以下有期徒刑或者拘役，并处或者单处罚金；数额巨大或者有其他严重情节的，处三年以上十年以下有期徒刑，并处罚金；数额特别巨大或者有其他特别严重情节的，处十年以上有期徒刑，并处罚金。

单位犯前款罪的，对单位判处罚金，并对其直接负责的主管人员和其他直接责任人员，依照前款的规定处罚。

有前两款行为，在提起公诉前积极退赃退赔，减少损害结果发生的，可以从轻或者减轻处罚。

第一百七十七条　【伪造、变造金融票证罪】有下列情形之一，伪造、变造金融票证的，处五年以下有期徒刑或者拘役，并处或者单处二万元以上二十万元以下罚金；情节严重的，处五年以上十年以下有期徒刑，并处五万元以上五十万元以下罚金；情节特别严重的，处十年以上有期徒刑或者无期徒刑，并处五万元以上五十万元以下罚金或者没收财产：

（一）伪造、变造汇票、本票、支票的；

（二）伪造、变造委托收款凭证、汇款凭证、银行存单等其他银行结算凭证的；

（三）伪造、变造信用证或者附随的单据、文件的；

（四）伪造信用卡的。

单位犯前款罪的，对单位判处罚金，并对其直接负责的主管人员和其他直接责任人员，依照前款的规定处罚。

第一百七十七条之一　【妨害信用卡管理罪】有下列情形之一，妨害信用卡管理的，处三年以下有期徒刑或者拘役，并处或者单处一万元以上十万元以下罚金；数量巨大或者有其他严重情节的，处三年以上十年以下有期徒刑，并处二万元以上二十万元以下罚金：

（一）明知是伪造的信用卡而持有、运输的，或者明知是伪造的空白信用卡而持有、运输，数量较大的；

（二）非法持有他人信用卡，数量较大的；

（三）使用虚假的身份证明骗领信用卡的；

（四）出售、购买、为他人提供伪造的信用卡或者以虚假的身份证明骗领的信用卡的。

【窃取、收买、非法提供信用卡信息罪】窃取、收买或者非法提供他人信用卡信息资料的，依照前款规定处罚。

银行或者其他金融机构的工作人员利用职务上的便利，犯第二款罪的，从重处罚。

第一百七十八条　【伪造、变造国家有价证券罪】伪造、变造国库券或者国家发行的其他有价证券，数额较大的，处三年以下有期徒刑或者拘役，并处或者单处二万元以上二十万元以下罚金；数额巨大的，处三年以上十年以下有期徒刑，并处五万元以上五十万元以下罚金；数额特别巨大的，处十年以上有期徒刑或者无期徒刑，并处五万元以上五十万元以下罚金或者没收财产。

【伪造、变造股票、公司、企业债券罪】伪造、变造股票或者公司、企业债券，数额较大的，处三年以下有期徒刑或者拘役，并处或者单处一万元以上十万元以下罚金；数额巨大的，处三年以上十年以下有期徒刑，并处二万元以上二十万元以下罚金。

单位犯前两款罪的，对单位判处罚金，并对其直接负责的主管人员和其他直接责任人员，依照前两款的规定处罚。

第一百七十九条　【擅自发行股票、公司、企业债券罪】未经国家有关主管部门批准，擅自发行股票或者公司、企业债券，数额巨大、后果严重或者有其他严重情节的，处五年以下有期徒刑或者拘役，并处或者单处非法募集资金金额百分之一以上百分之五以下罚金。

单位犯前款罪的，对单位判处罚金，并对其直接负责的主管人员和其他直接责任人员，处五年以下有期徒刑或者拘役。

第一百八十条　【内幕交易、泄露内幕信息罪】证券、期货交易内幕信息的知情人员或者非法获取证券、期货交易内幕信息的人员，在涉及证券的发行，证券、期货交易或者其他对证券、期货交易价格有重大影响的信息尚未公开前，买入或者卖出该证券，或者从事与该内幕信息有关的期货交易，或者泄露该信息，或者明示、暗示他人从事上述交易活动，情节严重的，处五年以下有期徒刑或者拘役，并处或者单处违法所得一倍以上五倍以下罚金；情节特别严重的，处五年以上十年以下有期徒刑，并处违法所得一倍以上五倍以下罚金。

单位犯前款罪的，对单位判处罚金，并对其直接负责的主管人员和其他直接责任人员，处五年以下有期徒刑或者拘役。

内幕信息、知情人员的范围，依照法律、行政法规的规定确定。

【利用未公开信息交易罪】证券交易所、期货交易所、证券公司、期货经纪公司、基金管理公司、商业银行、保险公司等金融机构的从业人员以及有关监管部门或者行业协会的工作人员，利用因职务便利获取的内幕信息以外的其他未公开的信息，违反规定，从事与该信息相关的证券、期货交易活动，或者明示、暗示他人从事相关交易活动，情节严重的，依照第一款的规定处罚。

第一百八十一条　【编造并传播证券、期货交易虚假信息罪】编造并且传播影响证券、期货交易的虚假信息，扰乱证券、期货交易市场，造成严重后果的，处五年以下有期徒刑或者拘役，并处或者单处一万元以上十万元以下罚金。

【诱骗投资者买卖证券、期货合约罪】证券交易所、期货交易所、证券公司、期货经纪公司的从业人员，证券业协会、期货业协会或者证券期货监督管理部门的工作人员，故意提供虚假信息或者伪造、变造、销毁交易记录，诱骗投资者买卖证券、期货合约，造成严重后果的，处五年以下有期徒刑或者拘役，并处或者单处一万元以上十万元以下罚金；情节特别恶劣的，处五年以上十年以下有期徒刑，并处二万元以上二十万元以下罚金。

单位犯前两款罪的，对单位判处罚金，并对其直接负责的主管人员和其他直接责任人员，处五年以下有期徒刑或者拘役。

第一百八十二条　【操纵证券、期货市场罪】有下列情形之一，操纵证券、期货市场，影响证券、期货交易价格或者证券、期货交易量，情节严重的，处五年以下有期徒刑或者拘役，并处或者单处罚金；情节特别严重的，处五年以上十年以下有期徒刑，并处罚金：

（一）单独或者合谋，集中资金优势、持股或者持仓优势或者利用信息优势联合或者连续买卖的；

（二）与他人串通，以事先约定的时间、价格和方式相互进行证券、期货交易的；

（三）在自己实际控制的帐户之间进行证券交易，或者以自己为交易对象，自买自卖期货合约的；

（四）不以成交为目的，频繁或者大量申报买入、卖出证券、期货合约并撤销申报的；

（五）利用虚假或者不确定的重大信息，诱导投资者进行证券、期货交易的；

（六）对证券、证券发行人、期货交易标的公开作出评价、预测或者投资建议，同时进行反向证券交易或者相关期货交易的；

（七）以其他方法操纵证券、期货市场的。

单位犯前款罪的，对单位判处罚金，并对其直接负责的主管人员和其他直接责任人员，依照前款的规定处罚。

第一百八十三条　【职务侵占罪】保险公司的工作人员利用职务上的便利，故意编造未曾发生的保险事故进行虚假理赔，骗取保险金归自己所有的，依照本法第二百七十一条的规定定罪处罚。

【贪污罪】国有保险公司工作人员和国有保险公司委派到非国有保险公司从事公务的人员有前款行为的，依照本法第三百八十二条、第三百八十三条的规定定罪处罚。

第一百八十四条　【非国家工作人员受贿罪】银行或者其他金融机构的工作人员在金融业务活动中索取他人财物或者非法收受他人财物，为他人谋取利益的，或者违反国家规定，收受各种名义的回扣、手续费，归个人所有的，依照本法第一百六十三条的规定定罪处罚。

【受贿罪】国有金融机构工作人员和国有金融机构委派到非国有金融机构从事公务的人员有前款行为的，依照本法第三百八十五条、第三百八十六条的规定定罪处罚。

第一百八十五条　【挪用资金罪】商业银行、证券交易所、期货交易所、证券公司、期货经纪公司、保险公司或者其他金融机构的工作人员利用职务上的便利，挪用本单位或者客户资金的，依照本法第二百七十二条的规定定罪处罚。

【挪用公款罪】国有商业银行、证券交易所、期货交易所、证券公司、期货经纪公司、保险公司或者其他国有金融机构的工作人员和国有商业银行、证券交易所、期货交易所、证券公司、期货经纪公司、保险公司或者其他国有金融机构委派到前款规定中的非国有机构从事公务的人员有前款行为的，依照本法第三百八十四条的规定定罪处罚。

第一百八十五条之一　【背信运用受托财产罪】商业银行、证券交易所、期货交易所、证券公司、期货经纪公司、保险公司或者其他金融机构，违背受托义务，擅自运用客户资金或者其他委托、信托的财产，情节严重的，对单位判处罚金，并对其直接负责的主管人员和其他直接责任人员，处三年以下有期徒刑或者拘役，并处三万元以上三十万元以下罚金；情节特别严重的，处三年以上十年以下有期徒刑，并处五万元以上五十万元以下罚金。

【违法运用资金罪】社会保障基金管理机构、住房公积金管理机构等公众资金管理机构，以及保险公司、保险资产管理公司、证券投资基金管理公司，违反国家规定运用资金的，对其直接负责的主管人员和其他直接责任人员，依照前款的规定处罚。

第一百八十六条　【违法发放贷款罪】银行或者其他金融机构的工作人员违反国家规定发放贷款，数额巨大或者造成重大损失的，处五年以下有期徒刑或者拘役，并处一万元以上十万元以下罚金；数额特别巨大或者造成特别重大损失的，处五年以上有期徒刑，并处二万元以上二十万元以下罚金。

银行或者其他金融机构的工作人员违反国家规定，向关系人发放贷款的，依照前款的规定从重处罚。

单位犯前两款罪的，对单位判处罚金，并对其直接负责的主管人员和其他直接责任人员，依照前两款的规定处罚。

关系人的范围，依照《中华人民共和国商业银行法》和有关金融法规确定。

第一百八十七条　【吸收客户资金不入帐罪】银行或者其他金融机构的工作人员吸收客户资金不入帐，数额巨大或者造成重大损失的，处五年以下有期徒刑或者拘役，并处二万元以上二十万元以下罚金；数额特别巨大或者造成特别重大损失的，处五年以上有期徒刑，并处五万元以上五十万元以下罚金。

单位犯前款罪的，对单位判处罚金，并对其直接负责的主管人员和其他直接责任人员，依照前款的规定处罚。

第一百八十八条　【违规出具金融票证罪】 银行或者其他金融机构的工作人员违反规定，为他人出具信用证或者其他保函、票据、存单、资信证明，情节严重的，处五年以下有期徒刑或者拘役；情节特别严重的，处五年以上有期徒刑。

单位犯前款罪的，对单位判处罚金，并对其直接负责的主管人员和其他直接责任人员，依照前款的规定处罚。

第一百八十九条　【对违法票据承兑、付款、保证罪】 银行或者其他金融机构的工作人员在票据业务中，对违反票据法规定的票据予以承兑、付款或者保证，造成重大损失的，处五年以下有期徒刑或者拘役；造成特别重大损失的，处五年以上有期徒刑。

单位犯前款罪的，对单位判处罚金，并对其直接负责的主管人员和其他直接责任人员，依照前款的规定处罚。

第一百九十条　【逃汇罪】 公司、企业或者其他单位，违反国家规定，擅自将外汇存放境外，或者将境内的外汇非法转移到境外，数额较大的，对单位判处逃汇数额百分之五以上百分之三十以下罚金，并对其直接负责的主管人员和其他直接责任人员处五年以下有期徒刑或者拘役；数额巨大或者有其他严重情节的，对单位判处逃汇数额百分之五以上百分之三十以下罚金，并对其直接负责的主管人员和其他直接责任人员处五年以上有期徒刑。

第一百九十一条　【洗钱罪】 为掩饰、隐瞒毒品犯罪、黑社会性质的组织犯罪、恐怖活动犯罪、走私犯罪、贪污贿赂犯罪、破坏金融管理秩序犯罪、金融诈骗犯罪的所得及其产生的收益的来源和性质，有下列行为之一的，没收实施以上犯罪的所得及其产生的收益，处五年以下有期徒刑或者拘役，并处或者单处罚金；情节严重的，处五年以上十年以下有期徒刑，并处罚金：

（一）提供资金帐户的；

（二）将财产转换为现金、金融票据、有价证券的；

（三）通过转帐或者其他支付结算方式转移资金的；

（四）跨境转移资产的；

（五）以其他方法掩饰、隐瞒犯罪所得及其收益的来源和性质的。

单位犯前款罪的，对单位判处罚金，并对其直接负责的主管人员和其他直接责任人员，依照前款的规定处罚。

第五节　金融诈骗罪

第一百九十二条　【集资诈骗罪】以非法占有为目的，使用诈骗方法非法集资，数额较大的，处三年以上七年以下有期徒刑，并处罚金；数额巨大或者有其他严重情节的，处七年以上有期徒刑或者无期徒刑，并处罚金或者没收财产。

单位犯前款罪的，对单位判处罚金，并对其直接负责的主管人员和其他直接责任人员，依照前款的规定处罚。

第一百九十三条　【贷款诈骗罪】有下列情形之一，以非法占有为目的，诈骗银行或者其他金融机构的贷款，数额较大的，处五年以下有期徒刑或者拘役，并处二万元以上二十万元以下罚金；数额巨大或者有其他严重情节的，处五年以上十年以下有期徒刑，并处五万元以上五十万元以下罚金；数额特别巨大或者有其他特别严重情节的，处十年以上有期徒刑或者无期徒刑，并处五万元以上五十万元以下罚金或者没收财产：

（一）编造引进资金、项目等虚假理由的；

（二）使用虚假的经济合同的；

（三）使用虚假的证明文件的；

（四）使用虚假的产权证明作担保或者超出抵押物价值重复担保的；

（五）以其他方法诈骗贷款的。

第一百九十四条　【票据诈骗罪】有下列情形之一，进行金融票据诈骗活动，数额较大的，处五年以下有期徒刑或者拘役，并处二万元以上二十万元以下罚金；数额巨大或者有其他严重情节的，处五年以上十年以下有期徒刑，并处五万元以上五十万元以下罚金；数额特别巨大或者有其他特别严重情节的，处十年以上有期徒刑或者无期徒刑，并处五万元以上五十万元以下罚金或者没收财产：

（一）明知是伪造、变造的汇票、本票、支票而使用的；

（二）明知是作废的汇票、本票、支票而使用的；

（三）冒用他人的汇票、本票、支票的；

（四）签发空头支票或者与其预留印鉴不符的支票，骗取财物的；

（五）汇票、本票的出票人签发无资金保证的汇票、本票或者在出票时作虚假记载，骗取财物的。

【金融凭证诈骗罪】 使用伪造、变造的委托收款凭证、汇款凭证、银行存单等其他银行结算凭证的，依照前款的规定处罚。

第一百九十五条　【信用证诈骗罪】 有下列情形之一，进行信用证诈骗活动的，处五年以下有期徒刑或者拘役，并处二万元以上二十万元以下罚金；数额巨大或者有其他严重情节的，处五年以上十年以下有期徒刑，并处五万元以上五十万元以下罚金；数额特别巨大或者有其他特别严重情节的，处十年以上有期徒刑或者无期徒刑，并处五万元以上五十万元以下罚金或者没收财产：

（一）使用伪造、变造的信用证或者附随的单据、文件的；

（二）使用作废的信用证的；

（三）骗取信用证的；

（四）以其他方法进行信用证诈骗活动的。

第一百九十六条　【信用卡诈骗罪】 有下列情形之一，进行信用卡诈骗活动，数额较大的，处五年以下有期徒刑或者拘役，并处二万元以上二十万元以下罚金；数额巨大或者有其他严重情节的，处五年以上十年以下有期徒刑，并处五万元以上五十万元以下罚金；数额特别巨大或者有其他特别严重情节的，处十年以上有期徒刑或者无期徒刑，并处五万元以上五十万元以下罚金或者没收财产：

（一）使用伪造的信用卡，或者使用以虚假的身份证明骗领的信用卡的；

（二）使用作废的信用卡的；

（三）冒用他人信用卡的；

（四）恶意透支的。

前款所称恶意透支，是指持卡人以非法占有为目的，超过规定限额或者规定期限透支，并且经发卡银行催收后仍不归还的行为。

盗窃信用卡并使用的，依照本法第二百六十四条的规定定罪处罚。

第一百九十七条　【有价证券诈骗罪】 使用伪造、变造的国库券或者国家发行的其他有价证券，进行诈骗活动，数额较大的，处五年以下有期徒刑或者拘役，并处二万元以上二十万元以下罚金；数额巨大或者有其他严重情节的，处五年以上十年以下有期徒刑，并处五万元以上五十万元以下罚金；数额特别巨大或者有其他特别严重情节的，处十年以上有期徒刑或者无期徒刑，并处五万元以上五十万元以下罚金或者没收财产。

第一百九十八条　【保险诈骗罪】有下列情形之一，进行保险诈骗活动，数额较大的，处五年以下有期徒刑或者拘役，并处一万元以上十万元以下罚金；数额巨大或者有其他严重情节的，处五年以上十年以下有期徒刑，并处二万元以上二十万元以下罚金；数额特别巨大或者有其他特别严重情节的，处十年以上有期徒刑，并处二万元以上二十万元以下罚金或者没收财产：

（一）投保人故意虚构保险标的，骗取保险金的；

（二）投保人、被保险人或者受益人对发生的保险事故编造虚假的原因或者夸大损失的程度，骗取保险金的；

（三）投保人、被保险人或者受益人编造未曾发生的保险事故，骗取保险金的；

（四）投保人、被保险人故意造成财产损失的保险事故，骗取保险金的；

（五）投保人、受益人故意造成被保险人死亡、伤残或者疾病，骗取保险金的。

有前款第四项、第五项所列行为，同时构成其他犯罪的，依照数罪并罚的规定处罚。

单位犯第一款罪的，对单位判处罚金，并对其直接负责的主管人员和其他直接责任人员，处五年以下有期徒刑或者拘役；数额巨大或者有其他严重情节的，处五年以上十年以下有期徒刑；数额特别巨大或者有其他特别严重情节的，处十年以上有期徒刑。

保险事故的鉴定人、证明人、财产评估人故意提供虚假的证明文件，为他人诈骗提供条件的，以保险诈骗的共犯论处。

第一百九十九条　【集资诈骗罪的死刑规定】（根据《中华人民共和国刑法修正案（九）》删去本条内容）

第二百条　【单位犯金融诈骗罪的处罚规定】单位犯本节第一百九十四条、第一百九十五条规定之罪的，对单位判处罚金，并对其直接负责的主管人员和其他直接责任人员，处五年以下有期徒刑或者拘役，可以并处罚金；数额巨大或者有其他严重情节的，处五年以上十年以下有期徒刑，并处罚金；数额特别巨大或者有其他特别严重情节的，处十年以上有期徒刑或者无期徒刑，并处罚金。

第六节　危害税收征管罪

第二百零一条　【逃税罪】纳税人采取欺骗、隐瞒手段进行虚假纳税申报或者不申报，逃避缴纳税款数额较大并且占应纳税额百分之十以上的，处三年以下有期徒刑或者拘役，并处罚金；数额巨大并且占应纳税额百分之三十以上的，处三年以上七年以下有期徒刑，并处罚金。

扣缴义务人采取前款所列手段，不缴或者少缴已扣、已收税款，数额较大的，依照前款的规定处罚。

对多次实施前两款行为，未经处理的，按照累计数额计算。

有第一款行为，经税务机关依法下达追缴通知后，补缴应纳税款，缴纳滞纳金，已受行政处罚的，不予追究刑事责任；但是，五年内因逃避缴纳税款受过刑事处罚或者被税务机关给予二次以上行政处罚的除外。

第二百零二条　【抗税罪】以暴力、威胁方法拒不缴纳税款的，处三年以下有期徒刑或者拘役，并处拒缴税款一倍以上五倍以下罚金；情节严重的，处三年以上七年以下有期徒刑，并处拒缴税款一倍以上五倍以下罚金。

第二百零三条　【逃避追缴欠税罪】纳税人欠缴应纳税款，采取转移或者隐匿财产的手段，致使税务机关无法追缴欠缴的税款，数额在一万元以上不满十万元的，处三年以下有期徒刑或者拘役，并处或者单处欠缴税款一倍以上五倍以下罚金；数额在十万元以上的，处三年以上七年以下有期徒刑，并处欠缴税款一倍以上五倍以下罚金。

第二百零四条　【骗取出口退税罪】以假报出口或者其他欺骗手段，骗取国家出口退税款，数额较大的，处五年以下有期徒刑或者拘役，并处骗取税款一倍以上五倍以下罚金；数额巨大或者有其他严重情节的，处五年以上十年以下有期徒刑，并处骗取税款一倍以上五倍以下罚金；数额特别巨大或者有其他特别严重情节的，处十年以上有期徒刑或者无期徒刑，并处骗取税款一倍以上五倍以下罚金或者没收财产。

纳税人缴纳税款后，采取前款规定的欺骗方法，骗取所缴纳的税款的，依照本法第二百零一条的规定定罪处罚；骗取税款超过所缴纳的税款部分，依照前款的规定处罚。

第二百零五条　【虚开增值税专用发票、用于骗取出口退税、抵扣税款发票罪】虚开增值税专用发票或者虚开用于骗取出口退税、抵扣税款的其他发票的，处三年以下有期徒刑或者拘役，并处二万元以上二十万元以下罚金；虚开的税款数额较大或者有其他严重情节的，处三年以上十年以下有期徒刑，并处五万元以上五十万元以下罚金；虚开的税款数额巨大或者有其他特别严重情节的，处十年以上有期徒刑或者无期徒刑，并处五万元以上五十万元以下罚金或者没收财产。

单位犯本条规定之罪的，对单位判处罚金，并对其直接负责的主管人员和其他直接责任人员，处三年以下有期徒刑或者拘役；虚开的税款数额较大或者有其他严重情节的，处三年以上十年以下有期徒刑；虚开的税款数额巨大或者有其他特别严重情节的，处十年以上有期徒刑或者无期徒刑。

虚开增值税专用发票或者虚开用于骗取出口退税、抵扣税款的其他发票，是指有为他人虚开、为自己虚开、让他人为自己虚开、介绍他人虚开行为之一的。

第二百零五条之一　【虚开发票罪】虚开本法第二百零五条规定以外的其他发票，情节严重的，处二年以下有期徒刑、拘役或者管制，并处罚金；情节特别严重的，处二年以上七年以下有期徒刑，并处罚金。

单位犯前款罪的，对单位判处罚金，并对其直接负责的主管人员和其他直接责任人员，依照前款的规定处罚。

第二百零六条　【伪造、出售伪造的增值税专用发票罪】伪造或者出售伪造的增值税专用发票的，处三年以下有期徒刑、拘役或者管制，并处二万元以上二十万元以下罚金；数量较大或者有其他严重情节的，处三年以上十年以下有期徒刑，并处五万元以上五十万元以下罚金；数量巨大或者有其他特别严重情节的，处十年以上有期徒刑或者无期徒刑，并处五万元以上五十万元以下罚金或者没收财产。

单位犯本条规定之罪的，对单位判处罚金，并对其直接负责的主管人员和其他直接责任人员，处三年以下有期徒刑、拘役或者管制；数量较大或者有其他严重情节的，处三年以上十年以下有期徒刑；数量巨大或者有其他特别严重情节的，处十年以上有期徒刑或者无期徒刑。

第二百零七条　【非法出售增值税专用发票罪】非法出售增值税专

用发票的，处三年以下有期徒刑、拘役或者管制，并处二万元以上二十万元以下罚金；数量较大的，处三年以上十年以下有期徒刑，并处五万元以上五十万元以下罚金；数量巨大的，处十年以上有期徒刑或者无期徒刑，并处五万元以上五十万元以下罚金或者没收财产。

第二百零八条　【非法购买增值税专用发票、购买伪造的增值税专用发票罪】非法购买增值税专用发票或者购买伪造的增值税专用发票的，处五年以下有期徒刑或者拘役，并处或者单处二万元以上二十万元以下罚金。

非法购买增值税专用发票或者购买伪造的增值税专用发票又虚开或者出售的，分别依照本法第二百零五条、第二百零六条、第二百零七条的规定定罪处罚。

第二百零九条　【非法制造、出售非法制造的用于骗取出口退税、抵扣税款发票罪】伪造、擅自制造或者出售伪造、擅自制造的可以用于骗取出口退税、抵扣税款的其他发票的，处三年以下有期徒刑、拘役或者管制，并处二万元以上二十万元以下罚金；数量巨大的，处三年以上七年以下有期徒刑，并处五万元以上五十万元以下罚金；数量特别巨大的，处七年以上有期徒刑，并处五万元以上五十万元以下罚金或者没收财产。

【非法制造、出售非法制造的发票罪】伪造、擅自制造或者出售伪造、擅自制造的前款规定以外的其他发票的，处二年以下有期徒刑、拘役或者管制，并处或者单处一万元以上五万元以下罚金；情节严重的，处二年以上七年以下有期徒刑，并处五万元以上五十万元以下罚金。

【非法出售用于骗取出口退税、抵扣税款发票罪】非法出售可以用于骗取出口退税、抵扣税款的其他发票的，依照第一款的规定处罚。

【非法出售发票罪】非法出售第三款规定以外的其他发票的，依照第二款的规定处罚。

第二百一十条　【盗窃罪】盗窃增值税专用发票或者可以用于骗取出口退税、抵扣税款的其他发票的，依照本法第二百六十四条的规定定罪处罚。

【诈骗罪】使用欺骗手段骗取增值税专用发票或者可以用于骗取出口退税、抵扣税款的其他发票的，依照本法第二百六十六条的规定定罪处罚。

第二百一十条之一　【持有伪造的发票罪】明知是伪造的发票而持有，数量较大的，处二年以下有期徒刑、拘役或者管制，并处罚金；数量巨大的，处二年以上七年以下有期徒刑，并处罚金。

单位犯前款罪的，对单位判处罚金，并对其直接负责的主管人员和其他直接责任人员，依照前款的规定处罚。

第二百一十一条　【单位犯危害税收征管罪的处罚规定】单位犯本节第二百零一条、第二百零三条、第二百零四条、第二百零七条、第二百零八条、第二百零九条规定之罪的，对单位判处罚金，并对其直接负责的主管人员和其他直接责任人员，依照各该条的规定处罚。

第二百一十二条　【税收征缴优先原则】犯本节第二百零一条至第二百零五条规定之罪，被判处罚金、没收财产的，在执行前，应当先由税务机关追缴税款和所骗取的出口退税款。

第七节　侵犯知识产权罪

第二百一十三条　【假冒注册商标罪】未经注册商标所有人许可，在同一种商品、服务上使用与其注册商标相同的商标，情节严重的，处三年以下有期徒刑，并处或者单处罚金；情节特别严重的，处三年以上十年以下有期徒刑，并处罚金。

第二百一十四条　【销售假冒注册商标的商品罪】销售明知是假冒注册商标的商品，违法所得数额较大或者有其他严重情节的，处三年以下有期徒刑，并处或者单处罚金；违法所得数额巨大或者有其他特别严重情节的，处三年以上十年以下有期徒刑，并处罚金。

第二百一十五条　【非法制造、销售非法制造的注册商标标识罪】伪造、擅自制造他人注册商标标识或者销售伪造、擅自制造的注册商标标识，情节严重的，处三年以下有期徒刑，并处或者单处罚金；情节特别严重的，处三年以上十年以下有期徒刑，并处罚金。

第二百一十六条　【假冒专利罪】假冒他人专利，情节严重的，处三年以下有期徒刑或者拘役，并处或者单处罚金。

第二百一十七条　【侵犯著作权罪】以营利为目的，有下列侵犯著作权或者与著作权有关的权利的情形之一，违法所得数额较大或者有其他严重情节的，处三年以下有期徒刑，并处或者单处罚金；违法所得数额巨大或者有其他特别严重情节的，处三年以上十年以下有期徒刑，并处罚金：

（一）未经著作权人许可，复制发行、通过信息网络向公众传播其文字作品、音乐、美术、视听作品、计算机软件及法律、行政法规规定的其他作品的；

（二）出版他人享有专有出版权的图书的；

（三）未经录音录像制作者许可，复制发行、通过信息网络向公众传播其制作的录音录像的；

（四）未经表演者许可，复制发行录有其表演的录音录像制品，或者通过信息网络向公众传播其表演的；

（五）制作、出售假冒他人署名的美术作品的；

（六）未经著作权人或者与著作权有关的权利人许可，故意避开或者破坏权利人为其作品、录音录像制品等采取的保护著作权或者与著作权有关的权利的技术措施的。

第二百一十八条　【销售侵权复制品罪】以营利为目的，销售明知是本法第二百一十七条规定的侵权复制品，违法所得数额巨大或者有其他严重情节的，处五年以下有期徒刑，并处或者单处罚金。

第二百一十九条　【侵犯商业秘密罪】有下列侵犯商业秘密行为之一，情节严重的，处三年以下有期徒刑，并处或者单处罚金；情节特别严重的，处三年以上十年以下有期徒刑，并处罚金：

（一）以盗窃、贿赂、欺诈、胁迫、电子侵入或者其他不正当手段获取权利人的商业秘密的；

（二）披露、使用或者允许他人使用以前项手段获取的权利人的商业秘密的；

（三）违反保密义务或者违反权利人有关保守商业秘密的要求，披露、使用或者允许他人使用其所掌握的商业秘密的。

明知前款所列行为，获取、披露、使用或者允许他人使用该商业秘密的，以侵犯商业秘密论。

本条所称权利人，是指商业秘密的所有人和经商业秘密所有人许可的商业秘密使用人。

第二百一十九条之一　为境外的机构、组织、人员窃取、刺探、收买、非法提供商业秘密的，处五年以下有期徒刑，并处或者单处罚金；情节严重的，处五年以上有期徒刑，并处罚金。

第二百二十条　【单位犯侵犯知识产权罪的处罚规定】单位犯本节第二百一十三条至第二百一十九条之一规定之罪的，对单位判处罚金，并对其直接负责的主管人员和其他直接责任人员，依照本节各该条的规定处罚。

第八节　扰乱市场秩序罪

第二百二十一条　【损害商业信誉、商品声誉罪】捏造并散布虚伪事实，损害他人的商业信誉、商品声誉，给他人造成重大损失或者有其他严重情节的，处二年以下有期徒刑或者拘役，并处或者单处罚金。

第二百二十二条　【虚假广告罪】广告主、广告经营者、广告发布者违反国家规定，利用广告对商品或者服务作虚假宣传，情节严重的，处二年以下有期徒刑或者拘役，并处或者单处罚金。

第二百二十三条　【串通投标罪】投标人相互串通投标报价，损害招标人或者其他投标人利益，情节严重的，处三年以下有期徒刑或者拘役，并处或者单处罚金。

投标人与招标人串通投标，损害国家、集体、公民的合法利益的，依照前款的规定处罚。

第二百二十四条　【合同诈骗罪】有下列情形之一，以非法占有为目的，在签订、履行合同过程中，骗取对方当事人财物，数额较大的，处三年以下有期徒刑或者拘役，并处或者单处罚金；数额巨大或者有其他严重情节的，处三年以上十年以下有期徒刑，并处罚金；数额特别巨大或者有其他特别严重情节的，处十年以上有期徒刑或者无期徒刑，并处罚金或者没收财产：

（一）以虚构的单位或者冒用他人名义签订合同的；

（二）以伪造、变造、作废的票据或者其他虚假的产权证明作担保的；

（三）没有实际履行能力，以先履行小额合同或者部分履行合同的方法，诱骗对方当事人继续签订和履行合同的；

（四）收受对方当事人给付的货物、货款、预付款或者担保财产后逃匿的；

（五）以其他方法骗取对方当事人财物的。

第二百二十四条之一　【组织、领导传销活动罪】组织、领导以推销商品、提供服务等经营活动为名，要求参加者以缴纳费用或者购买商品、服务等方式获得加入资格，并按照一定顺序组成层级，直接或者间接以发展人员的数量作为计酬或者返利依据，引诱、胁迫参加者继续发展他人参加，骗取财物，扰乱经济社会秩序的传销活动的，处五年以下有期徒刑或者拘役，并处罚金；情节严重的，处五年以上有期徒刑，并处罚金。

第二百二十五条　【非法经营罪】违反国家规定，有下列非法经营行为之一，扰乱市场秩序，情节严重的，处五年以下有期徒刑或者拘役，并处或者单处违法所得一倍以上五倍以下罚金；情节特别严重的，处五年以上有期徒刑，并处违法所得一倍以上五倍以下罚金或者没收财产：

（一）未经许可经营法律、行政法规规定的专营、专卖物品或者其他限制买卖的物品的；

（二）买卖进出口许可证、进出口原产地证明以及其他法律、行政法规规定的经营许可证或者批准文件的；

（三）未经国家有关主管部门批准非法经营证券、期货、保险业务的，或者非法从事资金支付结算业务的；

（四）其他严重扰乱市场秩序的非法经营行为。

第二百二十六条　【强迫交易罪】以暴力、威胁手段，实施下列行为之一，情节严重的，处三年以下有期徒刑或者拘役，并处或者单处罚金；情节特别严重的，处三年以上七年以下有期徒刑，并处罚金：

（一）强买强卖商品的；

（二）强迫他人提供或者接受服务的；

（三）强迫他人参与或者退出投标、拍卖的；

（四）强迫他人转让或者收购公司、企业的股份、债券或者其他资产的；

（五）强迫他人参与或者退出特定的经营活动的。

第二百二十七条　【伪造、倒卖伪造的有价票证罪】伪造或者倒卖伪造的车票、船票、邮票或者其他有价票证，数额较大的，处二年以下有期徒刑、拘役或者管制，并处或者单处票证价额一倍以上五倍以下罚金；数额巨大的，处二年以上七年以下有期徒刑，并处票证价额一倍以上五倍以下罚金。

【倒卖车票、船票罪】倒卖车票、船票，情节严重的，处三年以下有期徒刑、拘役或者管制，并处或者单处票证价额一倍以上五倍以下罚金。

第二百二十八条　【非法转让、倒卖土地使用权罪】以牟利为目的，违反土地管理法规，非法转让、倒卖土地使用权，情节严重的，处三年以下有期徒刑或者拘役，并处或者单处非法转让、倒卖土地使用权价额百分之五以上百分之二十以下罚金；情节特别严重的，处三年以上七年以下有期徒刑，并处非法转让、倒卖土地使用权价额百分之五以上百分之二十以下罚金。

第二百二十九条　【提供虚假证明文件罪】承担资产评估、验资、验证、会计、审计、法律服务、保荐、安全评价、环境影响评价、环境监测等职责的中介组织的人员故意提供虚假证明文件，情节严重的，处五年以下有期徒刑或者拘役，并处罚金；有下列情形之一的，处五年以上十年以下有期徒刑，并处罚金：

（一）提供与证券发行相关的虚假的资产评估、会计、审计、法律服务、保荐等证明文件，情节特别严重的；

（二）提供与重大资产交易相关的虚假的资产评估、会计、审计等证明文件，情节特别严重的；

（三）在涉及公共安全的重大工程、项目中提供虚假的安全评价、环境影响评价等证明文件，致使公共财产、国家和人民利益遭受特别重大损失的。

有前款行为，同时索取他人财物或者非法收受他人财物构成犯罪的，依照处罚较重的规定定罪处罚。

【出具证明文件重大失实罪】第一款规定的人员，严重不负责任，出具的证明文件有重大失实，造成严重后果的，处三年以下有期徒刑或者拘役，并处或者单处罚金。

第二百三十条　【逃避商检罪】违反进出口商品检验法的规定，逃避商品检验，将必须经商检机构检验的进口商品未报经检验而擅自销售、使用，或者将必须经商检机构检验的出口商品未报经检验合格而擅自出口，情节严重的，处三年以下有期徒刑或者拘役，并处或者单处罚金。

第二百三十一条　【单位犯扰乱市场秩序罪的处罚规定】单位犯本节第二百二十一条至第二百三十条规定之罪的，对单位判处罚金，并对其直接负责的主管人员和其他直接责任人员，依照本节各该条的规定处罚。

第四章　侵犯公民人身权利、民主权利罪

第二百三十二条　【故意杀人罪】故意杀人的，处死刑、无期徒刑或者十年以上有期徒刑；情节较轻的，处三年以上十年以下有期徒刑。

第二百三十三条　【过失致人死亡罪】过失致人死亡的，处三年以上七年以下有期徒刑；情节较轻的，处三年以下有期徒刑。本法另有规定的，依照规定。

第二百三十四条　【故意伤害罪】故意伤害他人身体的，处三年以下有期徒刑、拘役或者管制。

犯前款罪，致人重伤的，处三年以上十年以下有期徒刑；致人死亡或者以特别残忍手段致人重伤造成严重残疾的，处十年以上有期徒刑、无期徒刑或者死刑。本法另有规定的，依照规定。

第二百三十四条之一　【组织出卖人体器官罪】组织他人出卖人体器官的，处五年以下有期徒刑，并处罚金；情节严重的，处五年以上有期徒刑，并处罚金或者没收财产。

未经本人同意摘取其器官，或者摘取不满十八周岁的人的器官，或者强迫、欺骗他人捐献器官的，依照本法第二百三十四条、第二百三十二条的规定定罪处罚。

违背本人生前意愿摘取其尸体器官，或者本人生前未表示同意，违反国家规定，违背其近亲属意愿摘取其尸体器官的，依照本法第三百零二条的规定定罪处罚。

第二百三十五条　【过失致人重伤罪】过失伤害他人致人重伤的，处三年以下有期徒刑或者拘役。本法另有规定的，依照规定。

第二百三十六条　【强奸罪】以暴力、胁迫或者其他手段强奸妇女的，处三年以上十年以下有期徒刑。

奸淫不满十四周岁的幼女的，以强奸论，从重处罚。

强奸妇女、奸淫幼女，有下列情形之一的，处十年以上有期徒刑、无期徒刑或者死刑：

（一）强奸妇女、奸淫幼女情节恶劣的；

（二）强奸妇女、奸淫幼女多人的；

（三）在公共场所当众强奸妇女、奸淫幼女的；

（四）二人以上轮奸的；

（五）奸淫不满十周岁的幼女或者造成幼女伤害的；

（六）致使被害人重伤、死亡或者造成其他严重后果的。

第二百三十六条之一 对已满十四周岁不满十六周岁的未成年女性负有监护、收养、看护、教育、医疗等特殊职责的人员，与该未成年女性发生性关系的，处三年以下有期徒刑；情节恶劣的，处三年以上十年以下有期徒刑。

有前款行为，同时又构成本法第二百三十六条规定之罪的，依照处罚较重的规定定罪处罚。

第二百三十七条 **【强制猥亵、侮辱罪】**以暴力、胁迫或者其他方法强制猥亵他人或者侮辱妇女的，处五年以下有期徒刑或者拘役。

聚众或者在公共场所当众犯前款罪的，或者有其他恶劣情节的，处五年以上有期徒刑。

【猥亵儿童罪】猥亵儿童的，处五年以下有期徒刑；有下列情形之一的，处五年以上有期徒刑：

（一）猥亵儿童多人或者多次的；

（二）聚众猥亵儿童的，或者在公共场所当众猥亵儿童，情节恶劣的；

（三）造成儿童伤害或者其他严重后果的；

（四）猥亵手段恶劣或者有其他恶劣情节的。

第二百三十八条 **【非法拘禁罪】**非法拘禁他人或者以其他方法非法剥夺他人人身自由的，处三年以下有期徒刑、拘役、管制或者剥夺政治权利。具有殴打、侮辱情节的，从重处罚。

犯前款罪，致人重伤的，处三年以上十年以下有期徒刑；致人死亡的，处十年以上有期徒刑。使用暴力致人伤残、死亡的，依照本法第二百三十四条、第二百三十二条的规定定罪处罚。

为索取债务非法扣押、拘禁他人的，依照前两款的规定处罚。

国家机关工作人员利用职权犯前三款罪的，依照前三款的规定从重处罚。

第二百三十九条 **【绑架罪】**以勒索财物为目的绑架他人的，或者绑架他人作为人质的，处十年以上有期徒刑或者无期徒刑，并处罚金或者没收财产；情节较轻的，处五年以上十年以下有期徒刑，并处罚金。

犯前款罪，杀害被绑架人的，或者故意伤害被绑架人，致人重伤、死亡的，处无期徒刑或者死刑，并处没收财产。

以勒索财物为目的偷盗婴幼儿的，依照前两款的规定处罚。

第二百四十条　【拐卖妇女、儿童罪】拐卖妇女、儿童的，处五年以上十年以下有期徒刑，并处罚金；有下列情形之一的，处十年以上有期徒刑或者无期徒刑，并处罚金或者没收财产；情节特别严重的，处死刑，并处没收财产：

（一）拐卖妇女、儿童集团的首要分子；

（二）拐卖妇女、儿童三人以上的；

（三）奸淫被拐卖的妇女的；

（四）诱骗、强迫被拐卖的妇女卖淫或者将被拐卖的妇女卖给他人迫使其卖淫的；

（五）以出卖为目的，使用暴力、胁迫或者麻醉方法绑架妇女、儿童的；

（六）以出卖为目的，偷盗婴幼儿的；

（七）造成被拐卖的妇女、儿童或者其亲属重伤、死亡或者其他严重后果的；

（八）将妇女、儿童卖往境外的。

拐卖妇女、儿童是指以出卖为目的，有拐骗、绑架、收买、贩卖、接送、中转妇女、儿童的行为之一的。

第二百四十一条　【收买被拐卖的妇女、儿童罪】收买被拐卖的妇女、儿童的，处三年以下有期徒刑、拘役或者管制。

收买被拐卖的妇女，强行与其发生性关系的，依照本法第二百三十六条的规定定罪处罚。

收买被拐卖的妇女、儿童，非法剥夺、限制其人身自由或者有伤害、侮辱等犯罪行为的，依照本法的有关规定定罪处罚。

收买被拐卖的妇女、儿童，并有第二款、第三款规定的犯罪行为的，依照数罪并罚的规定处罚。

收买被拐卖的妇女、儿童又出卖的，依照本法第二百四十条的规定定罪处罚。

收买被拐卖的妇女、儿童，对被买儿童没有虐待行为，不阻碍对其进行解救的，可以从轻处罚；按照被买妇女的意愿，不阻碍其返回原居住地的，可以从轻或者减轻处罚。

第二百四十二条　【妨害公务罪】以暴力、威胁方法阻碍国家机关工作人员解救被收买的妇女、儿童的，依照本法第二百七十七条的规定定罪处罚。

【聚众阻碍解救被收买的妇女、儿童罪】聚众阻碍国家机关工作人员解救被收买的妇女、儿童的首要分子，处五年以下有期徒刑或者拘役；其他参与者使用暴力、威胁方法的，依照前款的规定处罚。

第二百四十三条　【诬告陷害罪】捏造事实诬告陷害他人，意图使他人受刑事追究，情节严重的，处三年以下有期徒刑、拘役或者管制；造成严重后果的，处三年以上十年以下有期徒刑。

国家机关工作人员犯前款罪的，从重处罚。

不是有意诬陷，而是错告，或者检举失实的，不适用前两款的规定。

第二百四十四条　【强迫劳动罪】以暴力、威胁或者限制人身自由的方法强迫他人劳动的，处三年以下有期徒刑或者拘役，并处罚金；情节严重的，处三年以上十年以下有期徒刑，并处罚金。

明知他人实施前款行为，为其招募、运送人员或者有其他协助强迫他人劳动行为的，依照前款的规定处罚。

单位犯前两款罪的，对单位判处罚金，并对其直接负责的主管人员和其他直接责任人员，依照第一款的规定处罚。

第二百四十四条之一　【雇用童工从事危重劳动罪】违反劳动管理法规，雇用未满十六周岁的未成年人从事超强度体力劳动的，或者从事高空、井下作业的，或者在爆炸性、易燃性、放射性、毒害性等危险环境下从事劳动，情节严重的，对直接责任人员，处三年以下有期徒刑或者拘役，并处罚金；情节特别严重的，处三年以上七年以下有期徒刑，并处罚金。

有前款行为，造成事故，又构成其他犯罪的，依照数罪并罚的规定处罚。

第二百四十五条　【非法搜查罪】【非法侵入住宅罪】非法搜查他人身体、住宅，或者非法侵入他人住宅的，处三年以下有期徒刑或者拘役。

司法工作人员滥用职权，犯前款罪的，从重处罚。

第二百四十六条　【侮辱罪】【诽谤罪】以暴力或者其他方法公然侮辱他人或者捏造事实诽谤他人，情节严重的，处三年以下有期徒刑、拘役、管制或者剥夺政治权利。

前款罪，告诉的才处理，但是严重危害社会秩序和国家利益的除外。

通过信息网络实施第一款规定的行为，被害人向人民法院告诉，但提供证据确有困难的，人民法院可以要求公安机关提供协助。

第二百四十七条　【刑讯逼供罪】【暴力取证罪】司法工作人员对犯罪嫌疑人、被告人实行刑讯逼供或者使用暴力逼取证人证言的，处三年以下有期徒刑或者拘役。致人伤残、死亡的，依照本法第二百三十四条、第二百三十二条的规定定罪从重处罚。

第二百四十八条　【虐待被监管人罪】监狱、拘留所、看守所等监管机构的监管人员对被监管人进行殴打或者体罚虐待，情节严重的，处三年以下有期徒刑或者拘役；情节特别严重的，处三年以上十年以下有期徒刑。致人伤残、死亡的，依照本法第二百三十四条、第二百三十二条的规定定罪从重处罚。

监管人员指使被监管人殴打或者体罚虐待其他被监管人的，依照前款的规定处罚。

第二百四十九条　【煽动民族仇恨、民族歧视罪】煽动民族仇恨、民族歧视，情节严重的，处三年以下有期徒刑、拘役、管制或者剥夺政治权利；情节特别严重的，处三年以上十年以下有期徒刑。

第二百五十条　【出版歧视、侮辱少数民族作品罪】在出版物中刊载歧视、侮辱少数民族的内容，情节恶劣，造成严重后果的，对直接责任人员，处三年以下有期徒刑、拘役或者管制。

第二百五十一条　【非法剥夺公民宗教信仰自由罪】【侵犯少数民族风俗习惯罪】国家机关工作人员非法剥夺公民的宗教信仰自由和侵犯少数民族风俗习惯，情节严重的，处二年以下有期徒刑或者拘役。

第二百五十二条　【侵犯通信自由罪】隐匿、毁弃或者非法开拆他人信件，侵犯公民通信自由权利，情节严重的，处一年以下有期徒刑或者拘役。

第二百五十三条　【私自开拆、隐匿、毁弃邮件、电报罪】邮政工作人员私自开拆或者隐匿、毁弃邮件、电报的，处二年以下有期徒刑或者拘役。

犯前款罪而窃取财物的，依照本法第二百六十四条的规定定罪从重处罚。

第二百五十三条之一　【侵犯公民个人信息罪】违反国家有关规定，向他人出售或者提供公民个人信息，情节严重的，处三年以下有期徒刑或者拘役，并处或者单处罚金；情节特别严重的，处三年以上七年以下有期徒刑，并处罚金。

违反国家有关规定，将在履行职责或者提供服务过程中获得的公民个人信息，出售或者提供给他人的，依照前款的规定从重处罚。

【非法获取公民个人信息罪】窃取或者以其他方法非法获取公民个人信息的，依照第一款的规定处罚。

单位犯前三款罪的，对单位判处罚金，并对其直接负责的主管人员和其他直接责任人员，依照各该款的规定处罚。

第二百五十四条　【报复陷害罪】国家机关工作人员滥用职权、假公济私，对控告人、申诉人、批评人、举报人实行报复陷害的，处二年以下有期徒刑或者拘役；情节严重的，处二年以上七年以下有期徒刑。

第二百五十五条　【打击报复会计、统计人员罪】公司、企业、事业单位、机关、团体的领导人，对依法履行职责、抵制违反会计法、统计法行为的会计、统计人员实行打击报复，情节恶劣的，处三年以下有期徒刑或者拘役。

第二百五十六条　【破坏选举罪】在选举各级人民代表大会代表和国家机关领导人员时，以暴力、威胁、欺骗、贿赂、伪造选举文件、虚报选举票数等手段破坏选举或者妨害选民和代表自由行使选举权和被选举权，情节严重的，处三年以下有期徒刑、拘役或者剥夺政治权利。

第二百五十七条　【暴力干涉婚姻自由罪】以暴力干涉他人婚姻自由的，处二年以下有期徒刑或者拘役。

犯前款罪，致使被害人死亡的，处二年以上七年以下有期徒刑。

第一款罪，告诉的才处理。

第二百五十八条　【重婚罪】有配偶而重婚的，或者明知他人有配偶而与之结婚的，处二年以下有期徒刑或者拘役。

第二百五十九条　【破坏军婚罪】明知是现役军人的配偶而与之同居或者结婚的，处三年以下有期徒刑或者拘役。

利用职权、从属关系，以胁迫手段奸淫现役军人的妻子的，依照本法第二百三十六条的规定定罪处罚。

第二百六十条　【虐待罪】虐待家庭成员，情节恶劣的，处二年以下有期徒刑、拘役或者管制。

犯前款罪，致使被害人重伤、死亡的，处二年以上七年以下有期徒刑。

第一款罪，告诉的才处理，但被害人没有能力告诉，或者因受到强制、威吓无法告诉的除外。

第二百六十条之一　【虐待被监护、看护人罪】对未成年人、老年人、患病的人、残疾人等负有监护、看护职责的人虐待被监护、看护的人，情节恶劣的，处三年以下有期徒刑或者拘役。

单位犯前款罪的，对单位判处罚金，并对其直接负责的主管人员和其他直接责任人员，依照前款的规定处罚。

有第一款行为，同时构成其他犯罪的，依照处罚较重的规定定罪处罚。

第二百六十一条　【遗弃罪】对于年老、年幼、患病或者其他没有独立生活能力的人，负有扶养义务而拒绝扶养，情节恶劣的，处五年以下有期徒刑、拘役或者管制。

第二百六十二条　【拐骗儿童罪】拐骗不满十四周岁的未成年人，脱离家庭或者监护人的，处五年以下有期徒刑或者拘役。

第二百六十二条之一　【组织残疾人、儿童乞讨罪】以暴力、胁迫手段组织残疾人或者不满十四周岁的未成年人乞讨的，处三年以下有期徒刑或者拘役，并处罚金；情节严重的，处三年以上七年以下有期徒刑，并处罚金。

第二百六十二条之二　【组织未成年人进行违反治安管理活动罪】组织未成年人进行盗窃、诈骗、抢夺、敲诈勒索等违反治安管理活动的，处三年以下有期徒刑或者拘役，并处罚金；情节严重的，处三年以上七年以下有期徒刑，并处罚金。

第五章　侵犯财产罪

第二百六十三条　【抢劫罪】以暴力、胁迫或者其他方法抢劫公私财物的，处三年以上十年以下有期徒刑，并处罚金；有下列情形之一的，处十年以上有期徒刑、无期徒刑或者死刑，并处罚金或者没收财产：

（一）入户抢劫的；

（二）在公共交通工具上抢劫的；

（三）抢劫银行或者其他金融机构的；

（四）多次抢劫或者抢劫数额巨大的；

（五）抢劫致人重伤、死亡的；

（六）冒充军警人员抢劫的；

（七）持枪抢劫的；

（八）抢劫军用物资或者抢险、救灾、救济物资的。

第二百六十四条　【盗窃罪】 盗窃公私财物，数额较大的，或者多次盗窃、入户盗窃、携带凶器盗窃、扒窃的，处三年以下有期徒刑、拘役或者管制，并处或者单处罚金；数额巨大或者有其他严重情节的，处三年以上十年以下有期徒刑，并处罚金；数额特别巨大或者有其他特别严重情节的，处十年以上有期徒刑或者无期徒刑，并处罚金或者没收财产。

第二百六十五条　【盗窃罪】 以牟利为目的，盗接他人通信线路、复制他人电信码号或者明知是盗接、复制的电信设备、设施而使用的，依照本法第二百六十四条的规定定罪处罚。

第二百六十六条　【诈骗罪】 诈骗公私财物，数额较大的，处三年以下有期徒刑、拘役或者管制，并处或者单处罚金；数额巨大或者有其他严重情节的，处三年以上十年以下有期徒刑，并处罚金；数额特别巨大或者有其他特别严重情节的，处十年以上有期徒刑或者无期徒刑，并处罚金或者没收财产。本法另有规定的，依照规定。

第二百六十七条　【抢夺罪】 抢夺公私财物，数额较大的，或者多次抢夺的，处三年以下有期徒刑、拘役或者管制，并处或者单处罚金；数额巨大或者有其他严重情节的，处三年以上十年以下有期徒刑，并处罚金；数额特别巨大或者有其他特别严重情节的，处十年以上有期徒刑或者无期徒刑，并处罚金或者没收财产。

携带凶器抢夺的，依照本法第二百六十三条的规定定罪处罚。

第二百六十八条　【聚众哄抢罪】 聚众哄抢公私财物，数额较大或者有其他严重情节的，对首要分子和积极参加的，处三年以下有期徒刑、拘役或者管制，并处罚金；数额巨大或者有其他特别严重情节的，处三年以上十年以下有期徒刑，并处罚金。

第二百六十九条　【转化的抢劫罪】犯盗窃、诈骗、抢夺罪，为窝藏赃物、抗拒抓捕或者毁灭罪证而当场使用暴力或者以暴力相威胁的，依照本法第二百六十三条的规定定罪处罚。

第二百七十条　【侵占罪】将代为保管的他人财物非法占为己有，数额较大，拒不退还的，处二年以下有期徒刑、拘役或者罚金；数额巨大或者有其他严重情节的，处二年以上五年以下有期徒刑，并处罚金。

将他人的遗忘物或者埋藏物非法占为己有，数额较大，拒不交出的，依照前款的规定处罚。

本条罪，告诉的才处理。

第二百七十一条　【职务侵占罪】公司、企业或者其他单位的工作人员，利用职务上的便利，将本单位财物非法占为己有，数额较大的，处三年以下有期徒刑或者拘役，并处罚金；数额巨大的，处三年以上十年以下有期徒刑，并处罚金；数额特别巨大的，处十年以上有期徒刑或者无期徒刑，并处罚金。

国有公司、企业或者其他国有单位中从事公务的人员和国有公司、企业或者其他国有单位委派到非国有公司、企业以及其他单位从事公务的人员有前款行为的，依照本法第三百八十二条、第三百八十三条的规定定罪处罚。

第二百七十二条　【挪用资金罪】公司、企业或者其他单位的工作人员，利用职务上的便利，挪用本单位资金归个人使用或者借贷给他人，数额较大、超过三个月未还的，或者虽未超过三个月，但数额较大、进行营利活动的，或者进行非法活动的，处三年以下有期徒刑或者拘役；挪用本单位资金数额巨大的，处三年以上七年以下有期徒刑；数额特别巨大的，处七年以上有期徒刑。

国有公司、企业或者其他国有单位中从事公务的人员和国有公司、企业或者其他国有单位委派到非国有公司、企业以及其他单位从事公务的人员有前款行为的，依照本法第三百八十四条的规定定罪处罚。

有第一款行为，在提起公诉前将挪用的资金退还的，可以从轻或者减轻处罚。其中，犯罪较轻的，可以减轻或者免除处罚。

第二百七十三条　【挪用特定款物罪】挪用用于救灾、抢险、防汛、优抚、扶贫、移民、救济款物，情节严重，致使国家和人民群众利益遭受重大损害的，对直接责任人员，处三年以下有期徒刑或者拘役；情节特别严重的，处三年以上七年以下有期徒刑。

第二百七十四条　【敲诈勒索罪】敲诈勒索公私财物，数额较大或者多次敲诈勒索的，处三年以下有期徒刑、拘役或者管制，并处或者单处罚金；数额巨大或者有其他严重情节的，处三年以上十年以下有期徒刑，并处罚金；数额特别巨大或者有其他特别严重情节的，处十年以上有期徒刑，并处罚金。

第二百七十五条　【故意毁坏财物罪】故意毁坏公私财物，数额较大或者有其他严重情节的，处三年以下有期徒刑、拘役或者罚金；数额巨大或者有其他特别严重情节的，处三年以上七年以下有期徒刑。

第二百七十六条　【破坏生产经营罪】由于泄愤报复或者其他个人目的，毁坏机器设备、残害耕畜或者以其他方法破坏生产经营的，处三年以下有期徒刑、拘役或者管制；情节严重的，处三年以上七年以下有期徒刑。

第二百七十六条之一　【拒不支付劳动报酬罪】以转移财产、逃匿等方法逃避支付劳动者的劳动报酬或者有能力支付而不支付劳动者的劳动报酬，数额较大，经政府有关部门责令支付仍不支付的，处三年以下有期徒刑或者拘役，并处或者单处罚金；造成严重后果的，处三年以上七年以下有期徒刑，并处罚金。

单位犯前款罪的，对单位判处罚金，并对其直接负责的主管人员和其他直接责任人员，依照前款的规定处罚。

有前两款行为，尚未造成严重后果，在提起公诉前支付劳动者的劳动报酬，并依法承担相应赔偿责任的，可以减轻或者免除处罚。

第六章　妨害社会管理秩序罪

第一节　扰乱公共秩序罪

第二百七十七条　【妨害公务罪】以暴力、威胁方法阻碍国家机关工作人员依法执行职务的，处三年以下有期徒刑、拘役、管制或者罚金。

以暴力、威胁方法阻碍全国人民代表大会和地方各级人民代表大会代表依法执行代表职务的，依照前款的规定处罚。

在自然灾害和突发事件中，以暴力、威胁方法阻碍红十字会工作人员依法履行职责的，依照第一款的规定处罚。

故意阻碍国家安全机关、公安机关依法执行国家安全工作任务，未使用暴力、威胁方法，造成严重后果的，依照第一款的规定处罚。

暴力袭击正在依法执行职务的人民警察的，处三年以下有期徒刑、拘役或者管制；使用枪支、管制刀具，或者以驾驶机动车撞击等手段，严重危及其人身安全的，处三年以上七年以下有期徒刑。

第二百七十八条 **【煽动暴力抗拒法律实施罪】**煽动群众暴力抗拒国家法律、行政法规实施的，处三年以下有期徒刑、拘役、管制或者剥夺政治权利；造成严重后果的，处三年以上七年以下有期徒刑。

第二百七十九条 **【招摇撞骗罪】**冒充国家机关工作人员招摇撞骗的，处三年以下有期徒刑、拘役、管制或者剥夺政治权利；情节严重的，处三年以上十年以下有期徒刑。

冒充人民警察招摇撞骗的，依照前款的规定从重处罚。

第二百八十条 **【伪造、变造、买卖国家机关公文、证件、印章罪】【盗窃、抢夺、毁灭国家机关公文、证件、印章罪】**伪造、变造、买卖或者盗窃、抢夺、毁灭国家机关的公文、证件、印章的，处三年以下有期徒刑、拘役、管制或者剥夺政治权利，并处罚金；情节严重的，处三年以上十年以下有期徒刑，并处罚金。

【伪造公司、企业、事业单位、人民团体印章罪】伪造公司、企业、事业单位、人民团体的印章的，处三年以下有期徒刑、拘役、管制或者剥夺政治权利，并处罚金。

伪造、变造、买卖居民身份证、护照、社会保障卡、驾驶证等依法可以用于证明身份的证件的，处三年以下有期徒刑、拘役、管制或者剥夺政治权利，并处罚金；情节严重的，处三年以上七年以下有期徒刑，并处罚金。

第二百八十条之一 **【使用虚假身份证件、盗用身份证件罪】**在依照国家规定应当提供身份证明的活动中，使用伪造、变造的或者盗用他人的居民身份证、护照、社会保障卡、驾驶证等依法可以用于证明身份的证件，情节严重的，处拘役或者管制，并处或者单处罚金。

有前款行为，同时构成其他犯罪的，依照处罚较重的规定定罪处罚。

第二百八十条之二 盗用、冒用他人身份，顶替他人取得的高等学历教育入学资格、公务员录用资格、就业安置待遇的，处三年以下有期徒刑、拘役或者管制，并处罚金。

组织、指使他人实施前款行为的，依照前款的规定从重处罚。

国家工作人员有前两款行为，又构成其他犯罪的，依照数罪并罚的规定处罚。

第二百八十一条 【非法生产、买卖警用装备罪】非法生产、买卖人民警察制式服装、车辆号牌等专用标志、警械，情节严重的，处三年以下有期徒刑、拘役或者管制，并处或者单处罚金。

单位犯前款罪的，对单位判处罚金，并对其直接负责的主管人员和其他直接责任人员，依照前款的规定处罚。

第二百八十二条 【非法获取国家秘密罪】以窃取、刺探、收买方法，非法获取国家秘密的，处三年以下有期徒刑、拘役、管制或者剥夺政治权利；情节严重的，处三年以上七年以下有期徒刑。

【非法持有国家绝密、机密文件、资料、物品罪】非法持有属于国家绝密、机密的文件、资料或者其他物品，拒不说明来源与用途的，处三年以下有期徒刑、拘役或者管制。

第二百八十三条 【非法生产、销售专用间谍器材、窃听、窃照专用器材罪】非法生产、销售专用间谍器材或者窃听、窃照专用器材的，处三年以下有期徒刑、拘役或者管制，并处或者单处罚金；情节严重的，处三年以上七年以下有期徒刑，并处罚金。

单位犯前款罪的，对单位判处罚金，并对其直接负责的主管人员和其他直接责任人员，依照前款的规定处罚。

第二百八十四条 【非法使用窃听、窃照专用器材罪】非法使用窃听、窃照专用器材，造成严重后果的，处二年以下有期徒刑、拘役或者管制。

第二百八十四条之一 【组织考试作弊罪】在法律规定的国家考试中，组织作弊的，处三年以下有期徒刑或者拘役，并处或者单处罚金；情节严重的，处三年以上七年以下有期徒刑，并处罚金。

为他人实施前款犯罪提供作弊器材或者其他帮助的，依照前款的规定处罚。

【非法出售、提供试题、答案罪】为实施考试作弊行为，向他人非法出售或者提供第一款规定的考试的试题、答案的，依照第一款的规定处罚。

【代替考试罪】代替他人或者让他人代替自己参加第一款规定的考试的，处拘役或者管制，并处或者单处罚金。

第二百八十五条　【非法侵入计算机信息系统罪】违反国家规定，侵入国家事务、国防建设、尖端科学技术领域的计算机信息系统的，处三年以下有期徒刑或者拘役。

【非法获取计算机信息系统数据、非法控制计算机信息系统罪】违反国家规定，侵入前款规定以外的计算机信息系统或者采用其他技术手段，获取该计算机信息系统中存储、处理或者传输的数据，或者对该计算机信息系统实施非法控制，情节严重的，处三年以下有期徒刑或者拘役，并处或者单处罚金；情节特别严重的，处三年以上七年以下有期徒刑，并处罚金。

【提供侵入、非法控制计算机信息系统程序、工具罪】提供专门用于侵入、非法控制计算机信息系统的程序、工具，或者明知他人实施侵入、非法控制计算机信息系统的违法犯罪行为而为其提供程序、工具，情节严重的，依照前款的规定处罚。

单位犯前三款罪的，对单位判处罚金，并对其直接负责的主管人员和其他直接责任人员，依照各该款的规定处罚。

第二百八十六条　【破坏计算机信息系统罪】违反国家规定，对计算机信息系统功能进行删除、修改、增加、干扰，造成计算机信息系统不能正常运行，后果严重的，处五年以下有期徒刑或者拘役；后果特别严重的，处五年以上有期徒刑。

违反国家规定，对计算机信息系统中存储、处理或者传输的数据和应用程序进行删除、修改、增加的操作，后果严重的，依照前款的规定处罚。

故意制作、传播计算机病毒等破坏性程序，影响计算机系统正常运行，后果严重的，依照第一款的规定处罚。

单位犯前三款罪的，对单位判处罚金，并对其直接负责的主管人员和其他直接责任人员，依照第一款的规定处罚。

第二百八十六条之一　【拒不履行信息网络安全管理义务罪】网络

服务提供者不履行法律、行政法规规定的信息网络安全管理义务，经监管部门责令采取改正措施而拒不改正，有下列情形之一的，处三年以下有期徒刑、拘役或者管制，并处或者单处罚金：

（一）致使违法信息大量传播的；

（二）致使用户信息泄露，造成严重后果的；

（三）致使刑事案件证据灭失，情节严重的；

（四）有其他严重情节的。

单位犯前款罪的，对单位判处罚金，并对其直接负责的主管人员和其他直接责任人员，依照前款的规定处罚。

有前两款行为，同时构成其他犯罪的，依照处罚较重的规定定罪处罚。

第二百八十七条　【补充规定】利用计算机实施金融诈骗、盗窃、贪污、挪用公款、窃取国家秘密或者其他犯罪的，依照本法有关规定定罪处罚。

第二百八十七条之一　【非法利用信息网络罪】利用信息网络实施下列行为之一，情节严重的，处三年以下有期徒刑或者拘役，并处或者单处罚金：

（一）设立用于实施诈骗、传授犯罪方法、制作或者销售违禁物品、管制物品等违法犯罪活动的网站、通讯群组的；

（二）发布有关制作或者销售毒品、枪支、淫秽物品等违禁物品、管制物品或者其他违法犯罪信息的；

（三）为实施诈骗等违法犯罪活动发布信息的。

单位犯前款罪的，对单位判处罚金，并对其直接负责的主管人员和其他直接责任人员，依照第一款的规定处罚。

有前两款行为，同时构成其他犯罪的，依照处罚较重的规定定罪处罚。

第二百八十七条之二　【帮助信息网络犯罪活动罪】明知他人利用信息网络实施犯罪，为其犯罪提供互联网接入、服务器托管、网络存储、通讯传输等技术支持，或者提供广告推广、支付结算等帮助，情节严重的，处三年以下有期徒刑或者拘役，并处或者单处罚金。

单位犯前款罪的，对单位判处罚金，并对其直接负责的主管人员和其他直接责任人员，依照第一款的规定处罚。

有前两款行为，同时构成其他犯罪的，依照处罚较重的规定定罪处罚。

第二百八十八条　【扰乱无线电通讯管理秩序罪】违反国家规定，擅自设置、使用无线电台（站），或者擅自使用无线电频率，干扰无线电通讯秩序，情节严重的，处三年以下有期徒刑、拘役或者管制，并处或者单处罚金；情节特别严重的，处三年以上七年以下有期徒刑，并处罚金。

单位犯前款罪的，对单位判处罚金，并对其直接负责的主管人员和其他直接责任人员，依照前款的规定处罚。

第二百八十九条　【故意伤害罪】【故意杀人罪】【抢劫罪】聚众"打砸抢"，致人伤残、死亡的，依照本法第二百三十四条、第二百三十二条的规定定罪处罚。毁坏或者抢走公私财物的，除判令退赔外，对首要分子，依照本法第二百六十三条的规定定罪处罚。

第二百九十条　【聚众扰乱社会秩序罪】聚众扰乱社会秩序，情节严重，致使工作、生产、营业和教学、科研、医疗无法进行，造成严重损失的，对首要分子，处三年以上七年以下有期徒刑；对其他积极参加的，处三年以下有期徒刑、拘役、管制或者剥夺政治权利。

【聚众冲击国家机关罪】聚众冲击国家机关，致使国家机关工作无法进行，造成严重损失的，对首要分子，处五年以上十年以下有期徒刑；对其他积极参加的，处五年以下有期徒刑、拘役、管制或者剥夺政治权利。

多次扰乱国家机关工作秩序，经行政处罚后仍不改正，造成严重后果的，处三年以下有期徒刑、拘役或者管制。

多次组织、资助他人非法聚集，扰乱社会秩序，情节严重的，依照前款的规定处罚。

第二百九十一条　【聚众扰乱公共场所秩序、交通秩序罪】聚众扰乱车站、码头、民用航空站、商场、公园、影剧院、展览会、运动场或者其他公共场所秩序，聚众堵塞交通或者破坏交通秩序，抗拒、阻碍国家治安管理工作人员依法执行职务，情节严重的，对首要分子，处五年以下有期徒刑、拘役或者管制。

第二百九十一条之一　【投放虚假危险物质罪】【编造、故意传播虚假恐怖信息罪】投放虚假的爆炸性、毒害性、放射性、传染病病原体等物质，或者编造爆炸威胁、生化威胁、放射威胁等恐怖信息，或者明知是编造的恐怖信息而故意传播，严重扰乱社会秩序的，处五年以下有期徒刑、拘役或者管制；造成严重后果的，处五年以上有期徒刑。

编造虚假的险情、疫情、灾情、警情，在信息网络或者其他媒体上传播，或者明知是上述虚假信息，故意在信息网络或者其他媒体上传播，严重扰乱社会秩序的，处三年以下有期徒刑、拘役或者管制；造成严重后果的，处三年以上七年以下有期徒刑。

第二百九十一条之二 从建筑物或者其他高空抛掷物品，情节严重的，处一年以下有期徒刑、拘役或者管制，并处或者单处罚金。

有前款行为，同时构成其他犯罪的，依照处罚较重的规定定罪处罚。

第二百九十二条 【聚众斗殴罪】聚众斗殴的，对首要分子和其他积极参加的，处三年以下有期徒刑、拘役或者管制；有下列情形之一的，对首要分子和其他积极参加的，处三年以上十年以下有期徒刑：

（一）多次聚众斗殴的；

（二）聚众斗殴人数多，规模大，社会影响恶劣的；

（三）在公共场所或者交通要道聚众斗殴，造成社会秩序严重混乱的；

（四）持械聚众斗殴的。

聚众斗殴，致人重伤、死亡的，依照本法第二百三十四条、第二百三十二条的规定定罪处罚。

第二百九十三条 【寻衅滋事罪】有下列寻衅滋事行为之一，破坏社会秩序的，处五年以下有期徒刑、拘役或者管制：

（一）随意殴打他人，情节恶劣的；

（二）追逐、拦截、辱骂、恐吓他人，情节恶劣的；

（三）强拿硬要或者任意损毁、占用公私财物，情节严重的；

（四）在公共场所起哄闹事，造成公共场所秩序严重混乱的。

纠集他人多次实施前款行为，严重破坏社会秩序的，处五年以上十年以下有期徒刑，可以并处罚金。

第二百九十三条之一 有下列情形之一，催收高利放贷等产生的非法债务，情节严重的，处三年以下有期徒刑、拘役或者管制，并处或者单处罚金：

（一）使用暴力、胁迫方法的；

（二）限制他人人身自由或者侵入他人住宅的；

（三）恐吓、跟踪、骚扰他人的。

第二百九十四条　【组织、领导、参加黑社会性质组织罪】组织、领导黑社会性质的组织的，处七年以上有期徒刑，并处没收财产；积极参加的，处三年以上七年以下有期徒刑，可以并处罚金或者没收财产；其他参加的，处三年以下有期徒刑、拘役、管制或者剥夺政治权利，可以并处罚金。

【入境发展黑社会组织罪】境外的黑社会组织的人员到中华人民共和国境内发展组织成员的，处三年以上十年以下有期徒刑。

【包庇、纵容黑社会性质组织罪】国家机关工作人员包庇黑社会性质的组织，或者纵容黑社会性质的组织进行违法犯罪活动的，处五年以下有期徒刑；情节严重的，处五年以上有期徒刑。

犯前三款罪又有其他犯罪行为的，依照数罪并罚的规定处罚。

黑社会性质的组织应当同时具备以下特征：

（一）形成较稳定的犯罪组织，人数较多，有明确的组织者、领导者，骨干成员基本固定；

（二）有组织地通过违法犯罪活动或者其他手段获取经济利益，具有一定的经济实力，以支持该组织的活动；

（三）以暴力、威胁或者其他手段，有组织地多次进行违法犯罪活动，为非作恶，欺压、残害群众；

（四）通过实施违法犯罪活动，或者利用国家工作人员的包庇或者纵容，称霸一方，在一定区域或者行业内，形成非法控制或者重大影响，严重破坏经济、社会生活秩序。

第二百九十五条　【传授犯罪方法罪】传授犯罪方法的，处五年以下有期徒刑、拘役或者管制；情节严重的，处五年以上十年以下有期徒刑；情节特别严重的，处十年以上有期徒刑或者无期徒刑。

第二百九十六条　【非法集会、游行、示威罪】举行集会、游行、示威，未依照法律规定申请或者申请未获许可，或者未按照主管机关许可的起止时间、地点、路线进行，又拒不服从解散命令，严重破坏社会秩序的，对集会、游行、示威的负责人和直接责任人员，处五年以下有期徒刑、拘役、管制或者剥夺政治权利。

第二百九十七条　【非法携带武器、管制刀具、爆炸物参加集会、游行、示威罪】违反法律规定，携带武器、管制刀具或者爆炸物参加集会、游行、示威的，处三年以下有期徒刑、拘役、管制或者剥夺政治权利。

第二百九十八条　【破坏集会、游行、示威罪】 扰乱、冲击或者以其他方法破坏依法举行的集会、游行、示威，造成公共秩序混乱的，处五年以下有期徒刑、拘役、管制或者剥夺政治权利。

第二百九十九条　【侮辱国旗、国徽罪】 在公共场合，故意以焚烧、毁损、涂划、玷污、践踏等方式侮辱中华人民共和国国旗、国徽的，处三年以下有期徒刑、拘役、管制或者剥夺政治权利。

【侮辱国歌罪】 在公共场合，故意篡改中华人民共和国国歌歌词、曲谱，以歪曲、贬损方式奏唱国歌，或者以其他方式侮辱国歌，情节严重的，依照前款的规定处罚。

第二百九十九条之一　侮辱、诽谤或者以其他方式侵害英雄烈士的名誉、荣誉，损害社会公共利益，情节严重的，处三年以下有期徒刑、拘役、管制或者剥夺政治权利。

第三百条　【组织、利用会道门、邪教组织、利用迷信破坏法律实施罪】 组织、利用会道门、邪教组织或者利用迷信破坏国家法律、行政法规实施的，处三年以上七年以下有期徒刑，并处罚金；情节特别严重的，处七年以上有期徒刑或者无期徒刑，并处罚金或者没收财产；情节较轻的，处三年以下有期徒刑、拘役、管制或者剥夺政治权利，并处或者单处罚金。

组织、利用会道门、邪教组织或者利用迷信蒙骗他人，致人重伤、死亡的，依照前款的规定处罚。

犯第一款罪又有奸淫妇女、诈骗财物等犯罪行为的，依照数罪并罚的规定处罚。

第三百零一条　【聚众淫乱罪】 聚众进行淫乱活动的，对首要分子或者多次参加的，处五年以下有期徒刑、拘役或者管制。

【引诱未成年人聚众淫乱罪】 引诱未成年人参加聚众淫乱活动的，依照前款的规定从重处罚。

第三百零二条　【盗窃、侮辱、故意毁坏尸体、尸骨、骨灰罪】 盗窃、侮辱、故意毁坏尸体、尸骨、骨灰的，处三年以下有期徒刑、拘役或者管制。

第三百零三条　【赌博罪】 以营利为目的，聚众赌博或者以赌博为业的，处三年以下有期徒刑、拘役或者管制，并处罚金。

【开设赌场罪】开设赌场的，处五年以下有期徒刑、拘役或者管制，并处罚金；情节严重的，处五年以上十年以下有期徒刑，并处罚金。

组织中华人民共和国公民参与国（境）外赌博，数额巨大或者有其他严重情节的，依照前款的规定处罚。

第三百零四条　【故意延误投递邮件罪】邮政工作人员严重不负责任，故意延误投递邮件，致使公共财产、国家和人民利益遭受重大损失的，处二年以下有期徒刑或者拘役。

第二节　妨害司法罪

第三百零五条　【伪证罪】在刑事诉讼中，证人、鉴定人、记录人、翻译人对与案件有重要关系的情节，故意作虚假证明、鉴定、记录、翻译，意图陷害他人或者隐匿罪证的，处三年以下有期徒刑或者拘役；情节严重的，处三年以上七年以下有期徒刑。

第三百零六条　【辩护人、诉讼代理人毁灭证据、伪造证据、妨害作证罪】在刑事诉讼中，辩护人、诉讼代理人毁灭、伪造证据，帮助当事人毁灭、伪造证据，威胁、引诱证人违背事实改变证言或者作伪证的，处三年以下有期徒刑或者拘役；情节严重的，处三年以上七年以下有期徒刑。

辩护人、诉讼代理人提供、出示、引用的证人证言或者其他证据失实，不是有意伪造的，不属于伪造证据。

第三百零七条　【妨害作证罪】以暴力、威胁、贿买等方法阻止证人作证或者指使他人作伪证的，处三年以下有期徒刑或者拘役；情节严重的，处三年以上七年以下有期徒刑。

【帮助毁灭、伪造证据罪】帮助当事人毁灭、伪造证据，情节严重的，处三年以下有期徒刑或者拘役。

司法工作人员犯前两款罪的，从重处罚。

第三百零七条之一　【虚假诉讼罪】以捏造的事实提起民事诉讼，妨害司法秩序或者严重侵害他人合法权益的，处三年以下有期徒刑、拘役或者管制，并处或者单处罚金；情节严重的，处三年以上七年以下有期徒刑，并处罚金。

单位犯前款罪的，对单位判处罚金，并对其直接负责的主管人员和其他直接责任人员，依照前款的规定处罚。

有第一款行为，非法占有他人财产或者逃避合法债务，又构成其他犯罪的，依照处罚较重的规定定罪从重处罚。

司法工作人员利用职权，与他人共同实施前三款行为的，从重处罚；同时构成其他犯罪的，依照处罚较重的规定定罪从重处罚。

第三百零八条　【打击报复证人罪】 对证人进行打击报复的，处三年以下有期徒刑或者拘役；情节严重的，处三年以上七年以下有期徒刑。

第三百零八条之一　【泄露不应公开的案件信息罪】 司法工作人员、辩护人、诉讼代理人或者其他诉讼参与人，泄露依法不公开审理的案件中不应当公开的信息，造成信息公开传播或者其他严重后果的，处三年以下有期徒刑、拘役或者管制，并处或者单处罚金。

有前款行为，泄露国家秘密的，依照本法第三百九十八条的规定定罪处罚。

公开披露、报道第一款规定的案件信息，情节严重的，依照第一款的规定处罚。

单位犯前款罪的，对单位判处罚金，并对其直接负责的主管人员和其他直接责任人员，依照第一款的规定处罚。

第三百零九条　【扰乱法庭秩序罪】 有下列扰乱法庭秩序情形之一的，处三年以下有期徒刑、拘役、管制或者罚金：

（一）聚众哄闹、冲击法庭的；

（二）殴打司法工作人员或者诉讼参与人的；

（三）侮辱、诽谤、威胁司法工作人员或者诉讼参与人，不听法庭制止，严重扰乱法庭秩序的；

（四）有毁坏法庭设施，抢夺、损毁诉讼文书、证据等扰乱法庭秩序行为，情节严重的。

第三百一十条　【窝藏、包庇罪】 明知是犯罪的人而为其提供隐藏处所、财物，帮助其逃匿或者作假证明包庇的，处三年以下有期徒刑、拘役或者管制；情节严重的，处三年以上十年以下有期徒刑。

犯前款罪，事前通谋的，以共同犯罪论处。

第三百一十一条　【拒绝提供间谍犯罪、恐怖主义犯罪、极端主义犯罪证据罪】 明知他人有间谍犯罪或者恐怖主义、极端主义犯罪行为，在司法机关向其调查有关情况、收集有关证据时，拒绝提供，情节严重的，处三年以下有期徒刑、拘役或者管制。

第三百一十二条　【掩饰、隐瞒犯罪所得、犯罪所得收益罪】明知是犯罪所得及其产生的收益而予以窝藏、转移、收购、代为销售或者以其他方法掩饰、隐瞒的，处三年以下有期徒刑、拘役或者管制，并处或者单处罚金；情节严重的，处三年以上七年以下有期徒刑，并处罚金。

单位犯前款罪的，对单位判处罚金，并对其直接负责的主管人员和其他直接责任人员，依照前款的规定处罚。

第三百一十三条　【拒不执行判决、裁定罪】对人民法院的判决、裁定有能力执行而拒不执行，情节严重的，处三年以下有期徒刑、拘役或者罚金；情节特别严重的，处三年以上七年以下有期徒刑，并处罚金。

单位犯前款罪的，对单位判处罚金，并对其直接负责的主管人员和其他直接责任人员，依照前款的规定处罚。

第三百一十四条　【非法处置查封、扣押、冻结的财产罪】隐藏、转移、变卖、故意毁损已被司法机关查封、扣押、冻结的财产，情节严重的，处三年以下有期徒刑、拘役或者罚金。

第三百一十五条　【破坏监管秩序罪】依法被关押的罪犯，有下列破坏监管秩序行为之一，情节严重的，处三年以下有期徒刑：

（一）殴打监管人员的；

（二）组织其他被监管人破坏监管秩序的；

（三）聚众闹事，扰乱正常监管秩序的；

（四）殴打、体罚或者指使他人殴打、体罚其他被监管人的。

第三百一十六条　【脱逃罪】依法被关押的罪犯、被告人、犯罪嫌疑人脱逃的，处五年以下有期徒刑或者拘役。

【劫夺被押解人员罪】劫夺押解途中的罪犯、被告人、犯罪嫌疑人的，处三年以上七年以下有期徒刑；情节严重的，处七年以上有期徒刑。

第三百一十七条　【组织越狱罪】组织越狱的首要分子和积极参加的，处五年以上有期徒刑；其他参加的，处五年以下有期徒刑或者拘役。

【暴动越狱罪】【聚众持械劫狱罪】暴动越狱或者聚众持械劫狱的首要分子和积极参加的，处十年以上有期徒刑或者无期徒刑；情节特别严重的，处死刑；其他参加的，处三年以上十年以下有期徒刑。

第三节　妨害国（边）境管理罪

第三百一十八条　【组织他人偷越国（边）境罪】组织他人偷越

国（边）境的，处二年以上七年以下有期徒刑，并处罚金；有下列情形之一的，处七年以上有期徒刑或者无期徒刑，并处罚金或者没收财产：

（一）组织他人偷越国（边）境集团的首要分子；

（二）多次组织他人偷越国（边）境或者组织他人偷越国（边）境人数众多的；

（三）造成被组织人重伤、死亡的；

（四）剥夺或者限制被组织人人身自由的；

（五）以暴力、威胁方法抗拒检查的；

（六）违法所得数额巨大的；

（七）有其他特别严重情节的。

犯前款罪，对被组织人有杀害、伤害、强奸、拐卖等犯罪行为，或者对检查人员有杀害、伤害等犯罪行为的，依照数罪并罚的规定处罚。

第三百一十九条　【骗取出境证件罪】以劳务输出、经贸往来或者其他名义，弄虚作假，骗取护照、签证等出境证件，为组织他人偷越国（边）境使用的，处三年以下有期徒刑，并处罚金；情节严重的，处三年以上十年以下有期徒刑，并处罚金。

单位犯前款罪的，对单位判处罚金，并对其直接负责的主管人员和其他直接责任人员，依照前款的规定处罚。

第三百二十条　【提供伪造、变造的出入境证件罪】【出售出入境证件罪】为他人提供伪造、变造的护照、签证等出入境证件，或者出售护照、签证等出入境证件的，处五年以下有期徒刑，并处罚金；情节严重的，处五年以上有期徒刑，并处罚金。

第三百二十一条　【运送他人偷越国（边）境罪】运送他人偷越国（边）境的，处五年以下有期徒刑、拘役或者管制，并处罚金；有下列情形之一的，处五年以上十年以下有期徒刑，并处罚金：

（一）多次实施运送行为或者运送人数众多的；

（二）所使用的船只、车辆等交通工具不具备必要的安全条件，足以造成严重后果的；

（三）违法所得数额巨大的；

（四）有其他特别严重情节的。

在运送他人偷越国（边）境中造成被运送人重伤、死亡，或者以暴力、威胁方法抗拒检查的，处七年以上有期徒刑，并处罚金。

犯前两款罪，对被运送人有杀害、伤害、强奸、拐卖等犯罪行为，或者对检查人员有杀害、伤害等犯罪行为的，依照数罪并罚的规定处罚。

第三百二十二条　【偷越国（边）境罪】违反国（边）境管理法规，偷越国（边）境，情节严重的，处一年以下有期徒刑、拘役或者管制，并处罚金；为参加恐怖活动组织、接受恐怖活动培训或者实施恐怖活动，偷越国（边）境的，处一年以上三年以下有期徒刑，并处罚金。

第三百二十三条　【破坏界碑、界桩罪】【破坏永久性测量标志罪】故意破坏国家边境的界碑、界桩或者永久性测量标志的，处三年以下有期徒刑或者拘役。

第四节　妨害文物管理罪

第三百二十四条　【故意损毁文物罪】故意损毁国家保护的珍贵文物或者被确定为全国重点文物保护单位、省级文物保护单位的文物的，处三年以下有期徒刑或者拘役，并处或者单处罚金；情节严重的，处三年以上十年以下有期徒刑，并处罚金。

【故意损毁名胜古迹罪】故意损毁国家保护的名胜古迹，情节严重的，处五年以下有期徒刑或者拘役，并处或者单处罚金。

【过失损毁文物罪】过失损毁国家保护的珍贵文物或者被确定为全国重点文物保护单位、省级文物保护单位的文物，造成严重后果的，处三年以下有期徒刑或者拘役。

第三百二十五条　【非法向外国人出售、赠送珍贵文物罪】违反文物保护法规，将收藏的国家禁止出口的珍贵文物私自出售或者私自赠送给外国人的，处五年以下有期徒刑或者拘役，可以并处罚金。

单位犯前款罪的，对单位判处罚金，并对其直接负责的主管人员和其他直接责任人员，依照前款的规定处罚。

第三百二十六条　【倒卖文物罪】以牟利为目的，倒卖国家禁止经营的文物，情节严重的，处五年以下有期徒刑或者拘役，并处罚金；情节特别严重的，处五年以上十年以下有期徒刑，并处罚金。

单位犯前款罪的，对单位判处罚金，并对其直接负责的主管人员和其他直接责任人员，依照前款的规定处罚。

第三百二十七条　【非法出售、私赠文物藏品罪】违反文物保护法规，国有博物馆、图书馆等单位将国家保护的文物藏品出售或者私自送给非国有单位或者个人的，对单位判处罚金，并对其直接负责的主管人员和其他直接责任人员，处三年以下有期徒刑或者拘役。

第三百二十八条　【盗掘古文化遗址、古墓葬罪】盗掘具有历史、艺术、科学价值的古文化遗址、古墓葬的，处三年以上十年以下有期徒刑，并处罚金；情节较轻的，处三年以下有期徒刑、拘役或者管制，并处罚金；有下列情形之一的，处十年以上有期徒刑或者无期徒刑，并处罚金或者没收财产：

（一）盗掘确定为全国重点文物保护单位和省级文物保护单位的古文化遗址、古墓葬的；

（二）盗掘古文化遗址、古墓葬集团的首要分子；

（三）多次盗掘古文化遗址、古墓葬的；

（四）盗掘古文化遗址、古墓葬，并盗窃珍贵文物或者造成珍贵文物严重破坏的。

【盗掘古人类化石、古脊椎动物化石罪】盗掘国家保护的具有科学价值的古人类化石和古脊椎动物化石的，依照前款的规定处罚。

第三百二十九条　【抢夺、窃取国有档案罪】抢夺、窃取国家所有的档案的，处五年以下有期徒刑或者拘役。

【擅自出卖、转让国有档案罪】违反档案法的规定，擅自出卖、转让国家所有的档案，情节严重的，处三年以下有期徒刑或者拘役。

有前两款行为，同时又构成本法规定的其他犯罪的，依照处罚较重的规定定罪处罚。

第五节　危害公共卫生罪

第三百三十条　【妨害传染病防治罪】违反传染病防治法的规定，有下列情形之一，引起甲类传染病以及依法确定采取甲类传染病预防、控制措施的传染病传播或者有传播严重危险的，处三年以下有期徒刑或者拘役；后果特别严重的，处三年以上七年以下有期徒刑：

（一）供水单位供应的饮用水不符合国家规定的卫生标准的；

（二）拒绝按照疾病预防控制机构提出的卫生要求，对传染病病原体污染的污水、污物、场所和物品进行消毒处理的；

（三）准许或者纵容传染病病人、病原携带者和疑似传染病病人从事国务院卫生行政部门规定禁止从事的易使该传染病扩散的工作的；

（四）出售、运输疫区中被传染病病原体污染或者可能被传染病病原体污染的物品，未进行消毒处理的；

（五）拒绝执行县级以上人民政府、疾病预防控制机构依照传染病防治法提出的预防、控制措施的。

单位犯前款罪的，对单位判处罚金，并对其直接负责的主管人员和其他直接责任人员，依照前款的规定处罚。

甲类传染病的范围，依照《中华人民共和国传染病防治法》和国务院有关规定确定。

第三百三十一条　【传染病菌种、毒种扩散罪】从事实验、保藏、携带、运输传染病菌种、毒种的人员，违反国务院卫生行政部门的有关规定，造成传染病菌种、毒种扩散，后果严重的，处三年以下有期徒刑或者拘役；后果特别严重的，处三年以上七年以下有期徒刑。

第三百三十二条　【妨害国境卫生检疫罪】违反国境卫生检疫规定，引起检疫传染病传播或者有传播严重危险的，处三年以下有期徒刑或者拘役，并处或者单处罚金。

单位犯前款罪的，对单位判处罚金，并对其直接负责的主管人员和其他直接责任人员，依照前款的规定处罚。

第三百三十三条　【非法组织卖血罪】【强迫卖血罪】非法组织他人出卖血液的，处五年以下有期徒刑，并处罚金；以暴力、威胁方法强迫他人出卖血液的，处五年以上十年以下有期徒刑，并处罚金。

有前款行为，对他人造成伤害的，依照本法第二百三十四条的规定定罪处罚。

第三百三十四条　【非法采集、供应血液、制作、供应血液制品罪】非法采集、供应血液或者制作、供应血液制品，不符合国家规定的标准，足以危害人体健康的，处五年以下有期徒刑或者拘役，并处罚金；对人体健康造成严重危害的，处五年以上十年以下有期徒刑，并处罚金；造成特别严重后果的，处十年以上有期徒刑或者无期徒刑，并处罚金或者没收财产。

【采集、供应血液、制作、供应血液制品事故罪】经国家主管部门批准采集、供应血液或者制作、供应血液制品的部门，不依照规定进行检测或者违背其他操作规定，造成危害他人身体健康后果的，对单位判处罚金，并对其直接负责的主管人员和其他直接责任人员，处五年以下有期徒刑或者拘役。

第三百三十四条之一 违反国家有关规定，非法采集我国人类遗传资源或者非法运送、邮寄、携带我国人类遗传资源材料出境，危害公众健康或者社会公共利益，情节严重的，处三年以下有期徒刑、拘役或者管制，并处或者单处罚金；情节特别严重的，处三年以上七年以下有期徒刑，并处罚金。

第三百三十五条 **【医疗事故罪】**医务人员由于严重不负责任，造成就诊人死亡或者严重损害就诊人身体健康的，处三年以下有期徒刑或者拘役。

第三百三十六条 **【非法行医罪】**未取得医生执业资格的人非法行医，情节严重的，处三年以下有期徒刑、拘役或者管制，并处或者单处罚金；严重损害就诊人身体健康的，处三年以上十年以下有期徒刑，并处罚金；造成就诊人死亡的，处十年以上有期徒刑，并处罚金。

【非法进行节育手术罪】未取得医生执业资格的人擅自为他人进行节育复通手术、假节育手术、终止妊娠手术或者摘取宫内节育器，情节严重的，处三年以下有期徒刑、拘役或者管制，并处或者单处罚金；严重损害就诊人身体健康的，处三年以上十年以下有期徒刑，并处罚金；造成就诊人死亡的，处十年以上有期徒刑，并处罚金。

第三百三十六条之一 将基因编辑、克隆的人类胚胎植入人体或者动物体内，或者将基因编辑、克隆的动物胚胎植入人体内，情节严重的，处三年以下有期徒刑或者拘役，并处罚金；情节特别严重的，处三年以上七年以下有期徒刑，并处罚金。

第三百三十七条 **【妨害动植物防疫、检疫罪】**违反有关动植物防疫、检疫的国家规定，引起重大动植物疫情的，或者有引起重大动植物疫情危险，情节严重的，处三年以下有期徒刑或者拘役，并处或者单处罚金。

单位犯前款罪的，对单位判处罚金，并对其直接负责的主管人员和其他直接责任人员，依照前款的规定处罚。

第六节 破坏环境资源保护罪

第三百三十八条 **【污染环境事故罪】**违反国家规定，排放、倾倒或者处置有放射性的废物、含传染病病原体的废物、有毒物质或者其他有害物质，严重污染环境的，处三年以下有期徒刑或者拘役，并处或者单处罚金；后果特别严重的，处三年以上七年以下有期徒刑，并处罚金。

第三百三十八条 违反国家规定，排放、倾倒或者处置有放射性的废物、含传染病病原体的废物、有毒物质或者其他有害物质，严重污染环境的，处三年以下有期徒刑或者拘役，并处或者单处罚金；情节严重的，处三年以上七年以下有期徒刑，并处罚金；有下列情形之一的，处七年以上有期徒刑，并处罚金：

（一）在饮用水水源保护区、自然保护地核心保护区等依法确定的重点保护区域排放、倾倒、处置有放射性的废物、含传染病病原体的废物、有毒物质，情节特别严重的；

（二）向国家确定的重要江河、湖泊水域排放、倾倒、处置有放射性的废物、含传染病病原体的废物、有毒物质，情节特别严重的；

（三）致使大量永久基本农田基本功能丧失或者遭受永久性破坏的；

（四）致使多人重伤、严重疾病，或者致人严重残疾、死亡的。

有前款行为，同时构成其他犯罪的，依照处罚较重的规定定罪处罚。

第三百三十九条 **【非法处置进口的固体废物罪】**违反国家规定，将境外的固体废物进境倾倒、堆放、处置的，处五年以下有期徒刑或者拘役，并处罚金；造成重大环境污染事故，致使公私财产遭受重大损失或者严重危害人体健康的，处五年以上十年以下有期徒刑，并处罚金；后果特别严重的，处十年以上有期徒刑，并处罚金。

【擅自进口固体废物罪】未经国务院有关主管部门许可，擅自进口固体废物用作原料，造成重大环境污染事故，致使公私财产遭受重大损失或者严重危害人体健康的，处五年以下有期徒刑或者拘役，并处罚金；后果特别严重的，处五年以上十年以下有期徒刑，并处罚金。

以原料利用为名，进口不能用作原料的固体废物、液态废物和气态废物的，依照本法第一百五十二条第二款、第三款的规定定罪处罚。

第三百四十条 **【非法捕捞水产品罪】**违反保护水产资源法规，在禁渔区、禁渔期或者使用禁用的工具、方法捕捞水产品，情节严重的，处三年以下有期徒刑、拘役、管制或者罚金。

第三百四十一条 **【非法猎捕、杀害珍贵、濒危野生动物罪】【非法收购、运输、出售珍贵、濒危野生动物、珍贵、濒危野生动物制品罪】**非法猎捕、杀害国家重点保护的珍贵、濒危野生动物的，或者非法收购、运输、出售国家重点保护的珍贵、濒危野生动物及其制品的，处五年以下有期徒刑或者拘役，并处罚金；情节严重的，处五年以上十年以下有期徒刑，并处罚金；情节特别严重的，处十年以上有期徒刑，并处罚金或者没收财产。

【非法狩猎罪】违反狩猎法规，在禁猎区、禁猎期或者使用禁用的工具、方法进行狩猎，破坏野生动物资源，情节严重的，处三年以下有期徒刑、拘役、管制或者罚金。

违反野生动物保护管理法规，以食用为目的非法猎捕、收购、运输、出售第一款规定以外的在野外环境自然生长繁殖的陆生野生动物，情节严重的，依照前款的规定处罚。

第三百四十二条　【非法占用农用地罪】违反土地管理法规，非法占用耕地、林地等农用地，改变被占用土地用途，数量较大，造成耕地、林地等农用地大量毁坏的，处五年以下有期徒刑或者拘役，并处或者单处罚金。

第三百四十二条之一　违反自然保护地管理法规，在国家公园、国家级自然保护区进行开垦、开发活动或者修建建筑物，造成严重后果或者有其他恶劣情节的，处五年以下有期徒刑或者拘役，并处或者单处罚金。

有前款行为，同时构成其他犯罪的，依照处罚较重的规定定罪处罚。

第三百四十三条　【非法采矿罪】违反矿产资源法的规定，未取得采矿许可证擅自采矿，擅自进入国家规划矿区、对国民经济具有重要价值的矿区和他人矿区范围采矿，或者擅自开采国家规定实行保护性开采的特定矿种，情节严重的，处三年以下有期徒刑、拘役或者管制，并处或者单处罚金；情节特别严重的，处三年以上七年以下有期徒刑，并处罚金。

【破坏性采矿罪】违反矿产资源法的规定，采取破坏性的开采方法开采矿产资源，造成矿产资源严重破坏的，处五年以下有期徒刑或者拘役，并处罚金。

第三百四十四条　【非法采伐、毁坏国家重点保护植物罪】【非法收购、运输、加工、出售国家重点保护植物、国家重点保护植物制品罪】违反国家规定，非法采伐、毁坏珍贵树木或者国家重点保护的其他植物的，或者非法收购、运输、加工、出售珍贵树木或者国家重点保护的其他植物及其制品的，处三年以下有期徒刑、拘役或者管制，并处罚金；情节严重的，处三年以上七年以下有期徒刑，并处罚金。

第三百四十四条之一 违反国家规定，非法引进、释放或者丢弃外来入侵物种，情节严重的，处三年以下有期徒刑或者拘役，并处或者单处罚金。

第三百四十五条 **【盗伐林木罪】**盗伐森林或者其他林木，数量较大的，处三年以下有期徒刑、拘役或者管制，并处或者单处罚金；数量巨大的，处三年以上七年以下有期徒刑，并处罚金；数量特别巨大的，处七年以上有期徒刑，并处罚金。

【滥伐林木罪】违反森林法的规定，滥伐森林或者其他林木，数量较大的，处三年以下有期徒刑、拘役或者管制，并处或者单处罚金；数量巨大的，处三年以上七年以下有期徒刑，并处罚金。

【非法收购、运输盗伐、滥伐的林木罪】非法收购、运输明知是盗伐、滥伐的林木，情节严重的，处三年以下有期徒刑、拘役或者管制，并处或者单处罚金；情节特别严重的，处三年以上七年以下有期徒刑，并处罚金。

盗伐、滥伐国家级自然保护区内的森林或者其他林木的，从重处罚。

第三百四十六条 **【单位犯破坏环境资源保护罪的处罚规定】**单位犯本节第三百三十八条至第三百四十五条规定之罪的，对单位判处罚金，并对其直接负责的主管人员和其他直接责任人员，依照本节各该条的规定处罚。

第七节 走私、贩卖、运输、制造毒品罪

第三百四十七条 **【走私、贩卖、运输、制造毒品罪】**走私、贩卖、运输、制造毒品，无论数量多少，都应当追究刑事责任，予以刑事处罚。

走私、贩卖、运输、制造毒品，有下列情形之一的，处十五年有期徒刑、无期徒刑或者死刑，并处没收财产：

（一）走私、贩卖、运输、制造鸦片一千克以上、海洛因或者甲基苯丙胺五十克以上或者其他毒品数量大的；

（二）走私、贩卖、运输、制造毒品集团的首要分子；

（三）武装掩护走私、贩卖、运输、制造毒品的；

（四）以暴力抗拒检查、拘留、逮捕，情节严重的；

（五）参与有组织的国际贩毒活动的。

走私、贩卖、运输、制造鸦片二百克以上不满一千克、海洛因或者甲基苯丙胺十克以上不满五十克或者其他毒品数量较大的，处七年以上有期徒刑，并处罚金。

走私、贩卖、运输、制造鸦片不满二百克、海洛因或者甲基苯丙胺不满十克或者其他少量毒品的，处三年以下有期徒刑、拘役或者管制，并处罚金；情节严重的，处三年以上七年以下有期徒刑，并处罚金。

单位犯第二款、第三款、第四款罪的，对单位判处罚金，并对其直接负责的主管人员和其他直接责任人员，依照各该款的规定处罚。

利用、教唆未成年人走私、贩卖、运输、制造毒品，或者向未成年人出售毒品的，从重处罚。

对多次走私、贩卖、运输、制造毒品，未经处理的，毒品数量累计计算。

第三百四十八条　【非法持有毒品罪】非法持有鸦片一千克以上、海洛因或者甲基苯丙胺五十克以上或者其他毒品数量大的，处七年以上有期徒刑或者无期徒刑，并处罚金；非法持有鸦片二百克以上不满一千克、海洛因或者甲基苯丙胺十克以上不满五十克或者其他毒品数量较大的，处三年以下有期徒刑、拘役或者管制，并处罚金；情节严重的，处三年以上七年以下有期徒刑，并处罚金。

第三百四十九条　【包庇毒品犯罪分子罪】【窝藏、转移、隐瞒毒品、毒赃罪】包庇走私、贩卖、运输、制造毒品的犯罪分子的，为犯罪分子窝藏、转移、隐瞒毒品或者犯罪所得的财物的，处三年以下有期徒刑、拘役或者管制；情节严重的，处三年以上十年以下有期徒刑。

缉毒人员或者其他国家机关工作人员掩护、包庇走私、贩卖、运输、制造毒品的犯罪分子的，依照前款的规定从重处罚。

犯前两款罪，事先通谋的，以走私、贩卖、运输、制造毒品罪的共犯论处。

第三百五十条　【非法生产、买卖、运输制毒物品、走私制毒物品罪】违反国家规定，非法生产、买卖、运输醋酸酐、乙醚、三氯甲烷或者其他用于制造毒品的原料、配剂，或者携带上述物品进出境，情节较重的，处三年以下有期徒刑、拘役或者管制，并处罚金；情节严重的，处三年以上七年以下有期徒刑，并处罚金；情节特别严重的，处七年以上有期徒刑，并处罚金或者没收财产。

明知他人制造毒品而为其生产、买卖、运输前款规定的物品的，以制造毒品罪的共犯论处。

单位犯前两款罪的，对单位判处罚金，并对其直接负责的主管人员和其他直接责任人员，依照前两款的规定处罚。

第三百五十一条　【非法种植毒品原植物罪】非法种植罂粟、大麻等毒品原植物的，一律强制铲除。有下列情形之一的，处五年以下有期徒刑、拘役或者管制，并处罚金：

（一）种植罂粟五百株以上不满三千株或者其他毒品原植物数量较大的；

（二）经公安机关处理后又种植的；

（三）抗拒铲除的。

非法种植罂粟三千株以上或者其他毒品原植物数量大的，处五年以上有期徒刑，并处罚金或者没收财产。

非法种植罂粟或者其他毒品原植物，在收获前自动铲除的，可以免除处罚。

第三百五十二条　【非法买卖、运输、携带、持有毒品原植物种子、幼苗罪】非法买卖、运输、携带、持有未经灭活的罂粟等毒品原植物种子或者幼苗，数量较大的，处三年以下有期徒刑、拘役或者管制，并处或者单处罚金。

第三百五十三条　【引诱、教唆、欺骗他人吸毒罪】引诱、教唆、欺骗他人吸食、注射毒品的，处三年以下有期徒刑、拘役或者管制，并处罚金；情节严重的，处三年以上七年以下有期徒刑，并处罚金。

【强迫他人吸毒罪】强迫他人吸食、注射毒品的，处三年以上十年以下有期徒刑，并处罚金。

引诱、教唆、欺骗或者强迫未成年人吸食、注射毒品的，从重处罚。

第三百五十四条　【容留他人吸毒罪】容留他人吸食、注射毒品的，处三年以下有期徒刑、拘役或者管制，并处罚金。

第三百五十五条　【非法提供麻醉药品、精神药品罪】依法从事生产、运输、管理、使用国家管制的麻醉药品、精神药品的人员，违反国家规定，向吸食、注射毒品的人提供国家规定管制的能够使人形成瘾癖的麻醉药品、精神药品的，处三年以下有期徒刑或者拘役，并处罚金；情节严重的，处三年以上七年以下有期徒刑，并处罚金。向走私、贩卖毒品的犯罪分子或者以牟利为目的，向吸食、注射毒品的人提供国家规定管制的能够使人形成瘾癖的麻醉药品、精神药品的，依照本法第三百四十七条的规定定罪处罚。

单位犯前款罪的，对单位判处罚金，并对其直接负责的主管人员和其他直接责任人员，依照前款的规定处罚。

第三百五十五条之一 引诱、教唆、欺骗运动员使用兴奋剂参加国内、国际重大体育竞赛，或者明知运动员参加上述竞赛而向其提供兴奋剂，情节严重的，处三年以下有期徒刑或者拘役，并处罚金。

组织、强迫运动员使用兴奋剂参加国内、国际重大体育竞赛的，依照前款的规定从重处罚。

第三百五十六条 【毒品犯罪的再犯】因走私、贩卖、运输、制造、非法持有毒品罪被判过刑，又犯本节规定之罪的，从重处罚。

第三百五十七条 【毒品犯罪及毒品数量的计算】本法所称的毒品，是指鸦片、海洛因、甲基苯丙胺（冰毒）、吗啡、大麻、可卡因以及国家规定管制的其他能够使人形成瘾癖的麻醉药品和精神药品。

毒品的数量以查证属实的走私、贩卖、运输、制造、非法持有毒品的数量计算，不以纯度折算。

第八节 组织、强迫、引诱、容留、介绍卖淫罪

第三百五十八条 【组织卖淫罪】【强迫卖淫罪】组织、强迫他人卖淫的，处五年以上十年以下有期徒刑，并处罚金；情节严重的，处十年以上有期徒刑或者无期徒刑，并处罚金或者没收财产。

组织、强迫未成年人卖淫的，依照前款的规定从重处罚。

犯前两款罪，并有杀害、伤害、强奸、绑架等犯罪行为的，依照数罪并罚的规定处罚。

【协助组织卖淫罪】为组织卖淫的人招募、运送人员或者有其他协助组织他人卖淫行为的，处五年以下有期徒刑，并处罚金；情节严重的，处五年以上十年以下有期徒刑，并处罚金。

第三百五十九条　【引诱、容留、介绍卖淫罪】引诱、容留、介绍他人卖淫的，处五年以下有期徒刑、拘役或者管制，并处罚金；情节严重的，处五年以上有期徒刑，并处罚金。

【引诱幼女卖淫罪】引诱不满十四周岁的幼女卖淫的，处五年以上有期徒刑，并处罚金。

第三百六十条　【传播性病罪】明知自己患有梅毒、淋病等严重性病卖淫、嫖娼的，处五年以下有期徒刑、拘役或者管制，并处罚金。

第三百六十一条　【其他入罪规定】旅馆业、饮食服务业、文化娱乐业、出租汽车业等单位的人员，利用本单位的条件，组织、强迫、引诱、容留、介绍他人卖淫的，依照本法第三百五十八条、第三百五十九条的规定定罪处罚。

前款所列单位的主要负责人，犯前款罪的，从重处罚。

第三百六十二条　【包庇罪】旅馆业、饮食服务业、文化娱乐业、出租汽车业等单位的人员，在公安机关查处卖淫、嫖娼活动时，为违法犯罪分子通风报信，情节严重的，依照本法第三百一十条的规定定罪处罚。

第九节　制作、贩卖、传播淫秽物品罪

第三百六十三条　【制作、复制、出版、贩卖、传播淫秽物品牟利罪】以牟利为目的，制作、复制、出版、贩卖、传播淫秽物品的，处三年以下有期徒刑、拘役或者管制，并处罚金；情节严重的，处三年以上十年以下有期徒刑，并处罚金；情节特别严重的，处十年以上有期徒刑或者无期徒刑，并处罚金或者没收财产。

【为他人提供书号出版淫秽书刊罪】为他人提供书号，出版淫秽书刊的，处三年以下有期徒刑、拘役或者管制，并处或者单处罚金；明知他人用于出版淫秽书刊而提供书号的，依照前款的规定处罚。

第三百六十四条　【传播淫秽物品罪】传播淫秽的书刊、影片、音像、图片或者其他淫秽物品，情节严重的，处二年以下有期徒刑、拘役或者管制。

【组织播放淫秽音像制品罪】组织播放淫秽的电影、录像等音像制品的，处三年以下有期徒刑、拘役或者管制，并处罚金；情节严重的，处三年以上十年以下有期徒刑，并处罚金。

制作、复制淫秽的电影、录像等音像制品组织播放的，依照第二款的规定从重处罚。

向不满十八周岁的未成年人传播淫秽物品的，从重处罚。

第三百六十五条　【组织淫秽表演罪】组织进行淫秽表演的，处三年以下有期徒刑、拘役或者管制，并处罚金；情节严重的，处三年以上十年以下有期徒刑，并处罚金。

第三百六十六条　【单位犯本节罪的处罚】单位犯本节第三百六十三条、第三百六十四条、第三百六十五条规定之罪的，对单位判处罚金，并对其直接负责的主管人员和其他直接责任人员，依照各该条的规定处罚。

第三百六十七条　【淫秽物品的界定】本法所称淫秽物品，是指具体描绘性行为或者露骨宣扬色情的诲淫性的书刊、影片、录像带、录音带、图片及其他淫秽物品。

有关人体生理、医学知识的科学著作不是淫秽物品。

包含有色情内容的有艺术价值的文学、艺术作品不视为淫秽物品。

第七章　危害国防利益罪

第三百六十八条　【阻碍军人执行职务罪】以暴力、威胁方法阻碍军人依法执行职务的，处三年以下有期徒刑、拘役、管制或者罚金。

【阻碍军事行动罪】故意阻碍武装部队军事行动，造成严重后果的，处五年以下有期徒刑或者拘役。

第三百六十九条　【破坏武器装备、军事设施、军事通信罪】破坏武器装备、军事设施、军事通信的，处三年以下有期徒刑、拘役或者管制；破坏重要武器装备、军事设施、军事通信的，处三年以上十年以下有期徒刑；情节特别严重的，处十年以上有期徒刑、无期徒刑或者死刑。

【过失损坏武器装备、军事设施、军事通信罪】过失犯前款罪，造成严重后果的，处三年以下有期徒刑或者拘役；造成特别严重后果的，处三年以上七年以下有期徒刑。

战时犯前两款罪的，从重处罚。

第三百七十条　【故意提供不合格武器装备、军事设施罪】明知是不合格的武器装备、军事设施而提供给武装部队的，处五年以下有期徒刑或者拘役；情节严重的，处五年以上十年以下有期徒刑；情节特别严重的，处十年以上有期徒刑、无期徒刑或者死刑。

【过失提供武器装备、军事设施、军事通信罪】过失犯前款罪，造成严重后果的，处三年以下有期徒刑或者拘役；造成特别严重后果的，处三年以上七年以下有期徒刑。

单位犯第一款罪的，对单位判处罚金，并对其直接负责的主管人员和其他直接责任人员，依照第一款的规定处罚。

第三百七十一条　【聚众冲击军事禁区罪】聚众冲击军事禁区，严重扰乱军事禁区秩序的，对首要分子，处五年以上十年以下有期徒刑；对其他积极参加的，处五年以下有期徒刑、拘役、管制或者剥夺政治权利。

【聚众扰乱军事管理区秩序罪】聚众扰乱军事管理区秩序，情节严重，致使军事管理区工作无法进行，造成严重损失的，对首要分子，处三年以上七年以下有期徒刑；对其他积极参加的，处三年以下有期徒刑、拘役、管制或者剥夺政治权利。

第三百七十二条　【冒充军人招摇撞骗罪】冒充军人招摇撞骗的，处三年以下有期徒刑、拘役、管制或者剥夺政治权利；情节严重的，处三年以上十年以下有期徒刑。

第三百七十三条　【煽动军人逃离部队罪】【雇用逃离部队军人罪】煽动军人逃离部队或者明知是逃离部队的军人而雇用，情节严重的，处三年以下有期徒刑、拘役或者管制。

第三百七十四条　【接送不合格兵员罪】在征兵工作中徇私舞弊，接送不合格兵员，情节严重的，处三年以下有期徒刑或者拘役；造成特别严重后果的，处三年以上七年以下有期徒刑。

第三百七十五条　【伪造、变造、买卖武装部队公文、证件、印章罪】【盗窃、抢夺武装部队公文、证件、印章罪】伪造、变造、买卖或者盗窃、抢夺武装部队公文、证件、印章的，处三年以下有期徒刑、拘役、管制或者剥夺政治权利；情节严重的，处三年以上十年以下有期徒刑。

【非法生产、买卖武装部队制式服装罪】非法生产、买卖武装部队制式服装，情节严重的，处三年以下有期徒刑、拘役或者管制，并处或者单处罚金。

【伪造、盗窃、买卖、非法提供、非法使用武装部队专用标志罪】伪造、盗窃、买卖或者非法提供、使用武装部队车辆号牌等专用标志，情节严重的，处三年以下有期徒刑、拘役或者管制，并处或者单处罚金；情节特别严重的，处三年以上七年以下有期徒刑，并处罚金。

单位犯第二款、第三款罪的，对单位判处罚金，并对其直接负责的主管人员和其他直接责任人员，依照各该款的规定处罚。

第三百七十六条　【战时拒绝、逃避征召、军事训练罪】预备役人员战时拒绝、逃避征召或者军事训练，情节严重的，处三年以下有期徒刑或者拘役。

【战时拒绝、逃避服役罪】公民战时拒绝、逃避服役，情节严重的，处二年以下有期徒刑或者拘役。

第三百七十七条　【战时故意提供虚假敌情罪】战时故意向武装部队提供虚假敌情，造成严重后果的，处三年以上十年以下有期徒刑；造成特别严重后果的，处十年以上有期徒刑或者无期徒刑。

第三百七十八条　【战时造谣扰乱军心罪】战时造谣惑众，扰乱军心的，处三年以下有期徒刑、拘役或者管制；情节严重的，处三年以上十年以下有期徒刑。

第三百七十九条　【战时窝藏逃离部队军人罪】战时明知是逃离部队的军人而为其提供隐蔽处所、财物，情节严重的，处三年以下有期徒刑或者拘役。

第三百八十条　【战时拒绝、故意延误军事订货罪】战时拒绝或者故意延误军事订货，情节严重的，对单位判处罚金，并对其直接负责的主管人员和其他直接责任人员，处五年以下有期徒刑或者拘役；造成严重后果的，处五年以上有期徒刑。

第三百八十一条　【战时拒绝军事征用罪】战时拒绝军事征收、征用，情节严重的，处三年以下有期徒刑或者拘役。

第八章　贪污贿赂罪

第三百八十二条　【贪污罪】国家工作人员利用职务上的便利，侵吞、窃取、骗取或者以其他手段非法占有公共财物的，是贪污罪。

受国家机关、国有公司、企业、事业单位、人民团体委托管理、经营国有财产的人员，利用职务上的便利，侵吞、窃取、骗取或者以其他手段非法占有国有财物的，以贪污论。

与前两款所列人员勾结，伙同贪污的，以共犯论处。

第三百八十三条　【贪污罪的处罚】对犯贪污罪的，根据情节轻重，分别依照下列规定处罚：

（一）贪污数额较大或者有其他较重情节的，处三年以下有期徒刑或者拘役，并处罚金。

（二）贪污数额巨大或者有其他严重情节的，处三年以上十年以下有期徒刑，并处罚金或者没收财产。

（三）贪污数额特别巨大或者有其他特别严重情节的，处十年以上有期徒刑或者无期徒刑，并处罚金或者没收财产；数额特别巨大，并使国家和人民利益遭受特别重大损失的，处无期徒刑或者死刑，并处没收财产。

对多次贪污未经处理的，按照累计贪污数额处罚。

犯第一款罪，在提起公诉前如实供述自己罪行、真诚悔罪、积极退赃，避免、减少损害结果的发生，有第一项规定情形的，可以从轻、减轻或者免除处罚；有第二项、第三项规定情形的，可以从轻处罚。

犯第一款罪，有第三项规定情形被判处死刑缓期执行的，人民法院根据犯罪情节等情况可以同时决定在其死刑缓期执行二年期满依法减为无期徒刑后，终身监禁，不得减刑、假释。

第三百八十四条　【挪用公款罪】国家工作人员利用职务上的便利，挪用公款归个人使用，进行非法活动的，或者挪用公款数额较大、进行营利活动的，或者挪用公款数额较大、超过三个月未还的，是挪用公款罪，处五年以下有期徒刑或者拘役；情节严重的，处五年以上有期徒刑。挪用公款数额巨大不退还的，处十年以上有期徒刑或者无期徒刑。

挪用用于救灾、抢险、防汛、优抚、扶贫、移民、救济款物归个人使用的，从重处罚。

第三百八十五条　【受贿罪】国家工作人员利用职务上的便利，索取他人财物的，或者非法收受他人财物，为他人谋取利益的，是受贿罪。

国家工作人员在经济往来中，违反国家规定，收受各种名义的回扣、手续费，归个人所有的，以受贿论处。

第三百八十六条　【受贿罪的处罚】对犯受贿罪的，根据受贿所得数额及情节，依照本法第三百八十三条的规定处罚。索贿的从重处罚。

第三百八十七条　【单位受贿罪】国家机关、国有公司、企业、事业单位、人民团体，索取、非法收受他人财物，为他人谋取利益，情节严重的，对单位判处罚金，并对其直接负责的主管人员和其他直接责任人员，处五年以下有期徒刑或者拘役。

前款所列单位，在经济往来中，在帐外暗中收受各种名义的回扣、手续费的，以受贿论，依照前款的规定处罚。

第三百八十八条　【受贿罪】国家工作人员利用本人职权或者地位形成的便利条件，通过其他国家工作人员职务上的行为，为请托人谋取不正当利益，索取请托人财物或者收受请托人财物的，以受贿论处。

第三百八十八条之一　【利用影响力受贿罪】国家工作人员的近亲属或者其他与该国家工作人员关系密切的人，通过该国家工作人员职务上的行为，或者利用该国家工作人员职权或者地位形成的便利条件，通过其他国家工作人员职务上的行为，为请托人谋取不正当利益，索取请托人财物或者收受请托人财物，数额较大或者有其他较重情节的，处三年以下有期徒刑或者拘役，并处罚金；数额巨大或者有其他严重情节的，处三年以上七年以下有期徒刑，并处罚金；数额特别巨大或者有其他特别严重情节的，处七年以上有期徒刑，并处罚金或者没收财产。

离职的国家工作人员或者其近亲属以及其他与其关系密切的人，利用该离职的国家工作人员原职权或者地位形成的便利条件实施前款行为的，依照前款的规定定罪处罚。

第三百八十九条　【行贿罪】为谋取不正当利益，给予国家工作人员以财物的，是行贿罪。

在经济往来中，违反国家规定，给予国家工作人员以财物，数额较大的，或者违反国家规定，给予国家工作人员以各种名义的回扣、手续费的，以行贿论处。

因被勒索给予国家工作人员以财物，没有获得不正当利益的，不是行贿。

第三百九十条　【行贿罪的处罚】对犯行贿罪的，处五年以下有期徒刑或者拘役，并处罚金；因行贿谋取不正当利益，情节严重的，或者使国家利益遭受重大损失的，处五年以上十年以下有期徒刑，并处罚金；情节特别严重的，或者使国家利益遭受特别重大损失的，处十年以上有期徒刑或者无期徒刑，并处罚金或者没收财产。

行贿人在被追诉前主动交待行贿行为的，可以从轻或者减轻处罚。其中，犯罪较轻的，对侦破重大案件起关键作用的，或者有重大立功表现的，可以减轻或者免除处罚。

第三百九十条之一　【对有影响力的人行贿罪】为谋取不正当利益，向国家工作人员的近亲属或者其他与该国家工作人员关系密切的人，或者向离职的国家工作人员或者其近亲属以及其他与其关系密切的人行贿的，处三年以下有期徒刑或者拘役，并处罚金；情节严重的，或者使国家利益遭受重大损失的，处三年以上七年以下有期徒刑，并处罚金；情节特别严重的，或者使国家利益遭受特别重大损失的，处七年以上十年以下有期徒刑，并处罚金。

单位犯前款罪的，对单位判处罚金，并对其直接负责的主管人员和其他直接责任人员，处三年以下有期徒刑或者拘役，并处罚金。

第三百九十一条　【对单位行贿罪】为谋取不正当利益，给予国家机关、国有公司、企业、事业单位、人民团体以财物的，或者在经济往来中，违反国家规定，给予各种名义的回扣、手续费的，处三年以下有期徒刑或者拘役，并处罚金。

单位犯前款罪的，对单位判处罚金，并对其直接负责的主管人员和其他直接责任人员，依照前款的规定处罚。

第三百九十二条　【介绍贿赂罪】向国家工作人员介绍贿赂，情节严重的，处三年以下有期徒刑或者拘役，并处罚金。

介绍贿赂人在被追诉前主动交待介绍贿赂行为的，可以减轻处罚或者免除处罚。

第三百九十三条　【单位行贿罪】单位为谋取不正当利益而行贿，或者违反国家规定，给予国家工作人员以回扣、手续费，情节严重的，对单位判处罚金，并对其直接负责的主管人员和其他直接责任人员，处五年以下有期徒刑或者拘役，并处罚金。因行贿取得的违法所得归个人所有的，依照本法第三百八十九条、第三百九十条的规定定罪处罚。

第三百九十四条　【贪污罪】国家工作人员在国内公务活动或者对外交往中接受礼物，依照国家规定应当交公而不交公，数额较大的，依照本法第三百八十二条、第三百八十三条的规定定罪处罚。

第三百九十五条　【巨额财产来源不明罪】国家工作人员的财产、支出明显超过合法收入，差额巨大的，可以责令该国家工作人员说明来源，不能说明来源的，差额部分以非法所得论，处五年以下有期徒刑或者拘役；差额特别巨大的，处五年以上十年以下有期徒刑。财产的差额部分予以追缴。

【隐瞒境外存款罪】国家工作人员在境外的存款，应当依照国家规定申报。数额较大、隐瞒不报的，处二年以下有期徒刑或者拘役；情节较轻的，由其所在单位或者上级主管机关酌情给予行政处分。

第三百九十六条　【私分国有资产罪】国家机关、国有公司、企业、事业单位、人民团体，违反国家规定，以单位名义将国有资产集体私分给个人，数额较大的，对其直接负责的主管人员和其他直接责任人员，处三年以下有期徒刑或者拘役，并处或者单处罚金；数额巨大的，处三年以上七年以下有期徒刑，并处罚金。

【私分罚没财物罪】司法机关、行政执法机关违反国家规定，将应当上缴国家的罚没财物，以单位名义集体私分给个人的，依照前款的规定处罚。

第九章　渎职罪

第三百九十七条　【滥用职权罪】【玩忽职守罪】国家机关工作人员滥用职权或者玩忽职守，致使公共财产、国家和人民利益遭受重大损失的，处三年以下有期徒刑或者拘役；情节特别严重的，处三年以上七年以下有期徒刑。本法另有规定的，依照规定。

国家机关工作人员徇私舞弊，犯前款罪的，处五年以下有期徒刑或者拘役；情节特别严重的，处五年以上十年以下有期徒刑。本法另有规定的，依照规定。

第三百九十八条　【故意泄露国家秘密罪】【过失泄露国家秘密罪】国家机关工作人员违反保守国家秘密法的规定，故意或者过失泄露国家秘密，情节严重的，处三年以下有期徒刑或者拘役；情节特别严重的，处三年以上七年以下有期徒刑。

非国家机关工作人员犯前款罪的，依照前款的规定酌情处罚。

第三百九十九条　【徇私枉法罪】司法工作人员徇私枉法、徇情枉法，对明知是无罪的人而使他受追诉、对明知是有罪的人而故意包庇不使他受追诉，或者在刑事审判活动中故意违背事实和法律作枉法裁判的，处五年以下有期徒刑或者拘役；情节严重的，处五年以上十年以下有期徒刑；情节特别严重的，处十年以上有期徒刑。

【民事、行政枉法裁判罪】在民事、行政审判活动中故意违背事实和法律作枉法裁判，情节严重的，处五年以下有期徒刑或者拘役；情节特别严重的，处五年以上十年以下有期徒刑。

【执行判决、裁定失职罪】【执行判决、裁定滥用职权罪】在执行判决、裁定活动中，严重不负责任或者滥用职权，不依法采取诉讼保全措施、不履行法定执行职责，或者违法采取诉讼保全措施、强制执行措施，致使当事人或者其他人的利益遭受重大损失的，处五年以下有期徒刑或者拘役；致使当事人或者其他人的利益遭受特别重大损失的，处五年以上十年以下有期徒刑。

司法工作人员收受贿赂，有前三款行为的，同时又构成本法第三百八十五条规定之罪的，依照处罚较重的规定定罪处罚。

第三百九十九条之一　【枉法仲裁罪】依法承担仲裁职责的人员，在仲裁活动中故意违背事实和法律作枉法裁决，情节严重的，处三年以下有期徒刑或者拘役；情节特别严重的，处三年以上七年以下有期徒刑。

第四百条　【私放在押人员罪】司法工作人员私放在押的犯罪嫌疑人、被告人或者罪犯的，处五年以下有期徒刑或者拘役；情节严重的，处五年以上十年以下有期徒刑；情节特别严重的，处十年以上有期徒刑。

【失职致使在押人员脱逃罪】司法工作人员由于严重不负责任，致使在押的犯罪嫌疑人、被告人或者罪犯脱逃，造成严重后果的，处三年以下有期徒刑或者拘役；造成特别严重后果的，处三年以上十年以下有期徒刑。

第四百零一条　【徇私舞弊减刑、假释、暂予监外执行罪】司法工作人员徇私舞弊，对不符合减刑、假释、暂予监外执行条件的罪犯，予以减刑、假释或者暂予监外执行的，处三年以下有期徒刑或者拘役；情节严重的，处三年以上七年以下有期徒刑。

第四百零二条　【徇私舞弊不移交刑事案件罪】行政执法人员徇私舞弊，对依法应当移交司法机关追究刑事责任的不移交，情节严重的，处三年以下有期徒刑或者拘役；造成严重后果的，处三年以上七年以下有期徒刑。

第四百零三条　【滥用管理公司、证券职权罪】国家有关主管部门的国家机关工作人员，徇私舞弊，滥用职权，对不符合法律规定条件的公司设立、登记申请或者股票、债券发行、上市申请，予以批准或者登记，致使公共财产、国家和人民利益遭受重大损失的，处五年以下有期徒刑或者拘役。

上级部门强令登记机关及其工作人员实施前款行为的，对其直接负责的主管人员，依照前款的规定处罚。

第四百零四条　【徇私舞弊不征、少征税款罪】税务机关的工作人员徇私舞弊，不征或者少征应征税款，致使国家税收遭受重大损失的，处五年以下有期徒刑或者拘役；造成特别重大损失的，处五年以上有期徒刑。

第四百零五条　【徇私舞弊发售发票、抵扣税款、出口退税罪】税务机关的工作人员违反法律、行政法规的规定，在办理发售发票、抵扣税款、出口退税工作中，徇私舞弊，致使国家利益遭受重大损失的，处五年以下有期徒刑或者拘役；致使国家利益遭受特别重大损失的，处五年以上有期徒刑。

【违法提供出口退税凭证罪】其他国家机关工作人员违反国家规定，在提供出口货物报关单、出口收汇核销单等出口退税凭证的工作中，徇私舞弊，致使国家利益遭受重大损失的，依照前款的规定处罚。

第四百零六条　【国家机关工作人员签订、履行合同失职被骗罪】国家机关工作人员在签订、履行合同过程中，因严重不负责任被诈骗，致使国家利益遭受重大损失的，处三年以下有期徒刑或者拘役；致使国家利益遭受特别重大损失的，处三年以上七年以下有期徒刑。

第四百零七条　【违法发放林木采伐许可证罪】林业主管部门的工作人员违反森林法的规定，超过批准的年采伐限额发放林木采伐许可证或者违反规定滥发林木采伐许可证，情节严重，致使森林遭受严重破坏的，处三年以下有期徒刑或者拘役。

第四百零八条　【环境监管失职罪】负有环境保护监督管理职责的国家机关工作人员严重不负责任，导致发生重大环境污染事故，致使公私财产遭受重大损失或者造成人身伤亡的严重后果的，处三年以下有期徒刑或者拘役。

第四百零八条之一　【食品监管渎职罪】负有食品药品安全监督管理职责的国家机关工作人员，滥用职权或者玩忽职守，有下列情形之一，造成严重后果或者有其他严重情节的，处五年以下有期徒刑或者拘役；造成特别严重后果或者有其他特别严重情节的，处五年以上十年以下有期徒刑：

（一）瞒报、谎报食品安全事故、药品安全事件的；

（二）对发现的严重食品药品安全违法行为未按规定查处的；

（三）在药品和特殊食品审批审评过程中，对不符合条件的申请准予许可的；

（四）依法应当移交司法机关追究刑事责任不移交的；

（五）有其他滥用职权或者玩忽职守行为的。

徇私舞弊犯前款罪的，从重处罚。

第四百零九条　【传染病防治失职罪】从事传染病防治的政府卫生行政部门的工作人员严重不负责任，导致传染病传播或者流行，情节严重的，处三年以下有期徒刑或者拘役。

第四百一十条　【非法批准征用、占用土地罪】【非法低价出让国有土地使用权罪】国家机关工作人员徇私舞弊，违反土地管理法规，滥用职权，非法批准征收、征用、占用土地，或者非法低价出让国有土地使用权，情节严重的，处三年以下有期徒刑或者拘役；致使国家或者集体利益遭受特别重大损失的，处三年以上七年以下有期徒刑。

第四百一十一条　【放纵走私罪】海关工作人员徇私舞弊，放纵走私，情节严重的，处五年以下有期徒刑或者拘役；情节特别严重的，处五年以上有期徒刑。

第四百一十二条　【商检徇私舞弊罪】国家商检部门、商检机构的工作人员徇私舞弊，伪造检验结果的，处五年以下有期徒刑或者拘役；造成严重后果的，处五年以上十年以下有期徒刑。

【商检失职罪】前款所列人员严重不负责任，对应当检验的物品不检验，或者延误检验出证、错误出证，致使国家利益遭受重大损失的，处三年以下有期徒刑或者拘役。

第四百一十三条　【动植物检疫徇私舞弊罪】动植物检疫机关的检疫人员徇私舞弊，伪造检疫结果的，处五年以下有期徒刑或者拘役；造成严重后果的，处五年以上十年以下有期徒刑。

【动植物检疫失职罪】 前款所列人员严重不负责任，对应当检疫的检疫物不检疫，或者延误检疫出证、错误出证，致使国家利益遭受重大损失的，处三年以下有期徒刑或者拘役。

第四百一十四条　【放纵制售伪劣商品犯罪行为罪】 对生产、销售伪劣商品犯罪行为负有追究责任的国家机关工作人员，徇私舞弊，不履行法律规定的追究职责，情节严重的，处五年以下有期徒刑或者拘役。

第四百一十五条　【办理偷越国（边）境人员出入境证件罪】【放行偷越国（边）境人员罪】 负责办理护照、签证以及其他出入境证件的国家机关工作人员，对明知是企图偷越国（边）境的人员，予以办理出入境证件的，或者边防、海关等国家机关工作人员，对明知是偷越国（边）境的人员，予以放行的，处三年以下有期徒刑或者拘役；情节严重的，处三年以上七年以下有期徒刑。

第四百一十六条　【不解救被拐卖、绑架妇女、儿童罪】 对被拐卖、绑架的妇女、儿童负有解救职责的国家机关工作人员，接到被拐卖、绑架的妇女、儿童及其家属的解救要求或者接到其他人的举报，而对被拐卖、绑架的妇女、儿童不进行解救，造成严重后果的，处五年以下有期徒刑或者拘役。

【阻碍解救被拐卖、绑架妇女、儿童罪】 负有解救职责的国家机关工作人员利用职务阻碍解救的，处二年以上七年以下有期徒刑；情节较轻的，处二年以下有期徒刑或者拘役。

第四百一十七条　【帮助犯罪分子逃避处罚罪】 有查禁犯罪活动职责的国家机关工作人员，向犯罪分子通风报信、提供便利，帮助犯罪分子逃避处罚的，处三年以下有期徒刑或者拘役；情节严重的，处三年以上十年以下有期徒刑。

第四百一十八条　【招收公务员、学生徇私舞弊罪】 国家机关工作人员在招收公务员、学生工作中徇私舞弊，情节严重的，处三年以下有期徒刑或者拘役。

第四百一十九条　【失职造成珍贵文物损毁、流失罪】 国家机关工作人员严重不负责任，造成珍贵文物损毁或者流失，后果严重的，处三年以下有期徒刑或者拘役。

第十章　军人违反职责罪

第四百二十条　【军人违反职责罪的概念】军人违反职责，危害国家军事利益，依照法律应当受刑罚处罚的行为，是军人违反职责罪。

第四百二十一条　【战时违抗命令罪】战时违抗命令，对作战造成危害的，处三年以上十年以下有期徒刑；致使战斗、战役遭受重大损失的，处十年以上有期徒刑、无期徒刑或者死刑。

第四百二十二条　【隐瞒、谎报军情罪】【拒传、假传军令罪】故意隐瞒、谎报军情或者拒传、假传军令，对作战造成危害的，处三年以上十年以下有期徒刑；致使战斗、战役遭受重大损失的，处十年以上有期徒刑、无期徒刑或者死刑。

第四百二十三条　【投降罪】在战场上贪生怕死，自动放下武器投降敌人的，处三年以上十年以下有期徒刑；情节严重的，处十年以上有期徒刑或者无期徒刑。

投降后为敌人效劳的，处十年以上有期徒刑、无期徒刑或者死刑。

第四百二十四条　【战时临阵脱逃罪】战时临阵脱逃的，处三年以下有期徒刑；情节严重的，处三年以上十年以下有期徒刑；致使战斗、战役遭受重大损失的，处十年以上有期徒刑、无期徒刑或者死刑。

第四百二十五条　【擅离、玩忽军事职守罪】指挥人员和值班、值勤人员擅离职守或者玩忽职守，造成严重后果的，处三年以下有期徒刑或者拘役；造成特别严重后果的，处三年以上七年以下有期徒刑。

战时犯前款罪的，处五年以上有期徒刑。

第四百二十六条　【阻碍执行军事职务罪】以暴力、威胁方法，阻碍指挥人员或者值班、值勤人员执行职务的，处五年以下有期徒刑或者拘役；情节严重的，处五年以上十年以下有期徒刑；情节特别严重的，处十年以上有期徒刑或者无期徒刑。战时从重处罚。

第四百二十七条　【指使部属违反职责罪】滥用职权，指使部属进行违反职责的活动，造成严重后果的，处五年以下有期徒刑或者拘役；情节特别严重的，处五年以上十年以下有期徒刑。

第四百二十八条　【违令作战消极罪】指挥人员违抗命令，临阵畏缩，作战消极，造成严重后果的，处五年以下有期徒刑；致使战斗、战役遭受重大损失或者有其他特别严重情节的，处五年以上有期徒刑。

第四百二十九条　【拒不救援友邻部队罪】在战场上明知友邻部队处境危急请求救援，能救援而不救援，致使友邻部队遭受重大损失的，对指挥人员，处五年以下有期徒刑。

第四百三十条　【军人叛逃罪】在履行公务期间，擅离岗位，叛逃境外或者在境外叛逃，危害国家军事利益的，处五年以下有期徒刑或者拘役；情节严重的，处五年以上有期徒刑。

驾驶航空器、舰船叛逃的，或者有其他特别严重情节的，处十年以上有期徒刑、无期徒刑或者死刑。

第四百三十一条　【非法获取军事秘密罪】以窃取、刺探、收买方法，非法获取军事秘密的，处五年以下有期徒刑；情节严重的，处五年以上十年以下有期徒刑；情节特别严重的，处十年以上有期徒刑。

【为境外窃取、刺探、收买、非法提供军事秘密罪】为境外的机构、组织、人员窃取、刺探、收买、非法提供军事秘密的，处五年以上十年以下有期徒刑；情节严重的，处十年以上有期徒刑、无期徒刑或者死刑。

第四百三十二条　【故意泄露军事秘密罪】【过失泄露军事秘密罪】违反保守国家秘密法规，故意或者过失泄露军事秘密，情节严重的，处五年以下有期徒刑或者拘役；情节特别严重的，处五年以上十年以下有期徒刑。

战时犯前款罪的，处五年以上十年以下有期徒刑；情节特别严重的，处十年以上有期徒刑或者无期徒刑。

第四百三十三条　【战时造谣惑众罪】战时造谣惑众，动摇军心的，处三年以下有期徒刑；情节严重的，处三年以上十年以下有期徒刑；情节特别严重的，处十年以上有期徒刑或者无期徒刑。

第四百三十四条　【战时自伤罪】战时自伤身体，逃避军事义务的，处三年以下有期徒刑；情节严重的，处三年以上七年以下有期徒刑。

第四百三十五条　【逃离部队罪】违反兵役法规，逃离部队，情节严重的，处三年以下有期徒刑或者拘役。

战时犯前款罪的，处三年以上七年以下有期徒刑。

第四百三十六条　【武器装备肇事罪】违反武器装备使用规定，情节严重，因而发生责任事故，致人重伤、死亡或者造成其他严重后果的，处三年以下有期徒刑或者拘役；后果特别严重的，处三年以上七年以下有期徒刑。

第四百三十七条　【擅自改变武器装备编配用途罪】违反武器装备管理规定，擅自改变武器装备的编配用途，造成严重后果的，处三年以下有期徒刑或者拘役；造成特别严重后果的，处三年以上七年以下有期徒刑。

第四百三十八条　【盗窃、抢夺武器装备、军用物资罪】盗窃、抢夺武器装备或者军用物资的，处五年以下有期徒刑或者拘役；情节严重的，处五年以上十年以下有期徒刑；情节特别严重的，处十年以上有期徒刑、无期徒刑或者死刑。

盗窃、抢夺枪支、弹药、爆炸物的，依照本法第一百二十七条的规定处罚。

第四百三十九条　【非法出卖、转让武器装备罪】非法出卖、转让军队武器装备的，处三年以上十年以下有期徒刑；出卖、转让大量武器装备或者有其他特别严重情节的，处十年以上有期徒刑、无期徒刑或者死刑。

第四百四十条　【遗弃武器装备罪】违抗命令，遗弃武器装备的，处五年以下有期徒刑或者拘役；遗弃重要或者大量武器装备的，或者有其他严重情节的，处五年以上有期徒刑。

第四百四十一条　【遗失武器装备罪】遗失武器装备，不及时报告或者有其他严重情节的，处三年以下有期徒刑或者拘役。

第四百四十二条　【擅自出卖、转让军队房地产罪】违反规定，擅自出卖、转让军队房地产，情节严重的，对直接责任人员，处三年以下有期徒刑或者拘役；情节特别严重的，处三年以上十年以下有期徒刑。

第四百四十三条　【虐待部属罪】滥用职权，虐待部属，情节恶劣，致人重伤或者造成其他严重后果的，处五年以下有期徒刑或者拘役；致人死亡的，处五年以上有期徒刑。

第四百四十四条　【遗弃伤病军人罪】在战场上故意遗弃伤病军人，情节恶劣的，对直接责任人员，处五年以下有期徒刑。

第四百四十五条　【战时拒不救治伤病军人罪】战时在救护治疗职位上，有条件救治而拒不救治危重伤病军人的，处五年以下有期徒刑或者拘役；造成伤病军人重残、死亡或者有其他严重情节的，处五年以上十年以下有期徒刑。

第四百四十六条　【战时残害居民、掠夺居民财物罪】战时在军事行动地区，残害无辜居民或者掠夺无辜居民财物的，处五年以下有期徒刑；情节严重的，处五年以上十年以下有期徒刑；情节特别严重的，处十年以上有期徒刑、无期徒刑或者死刑。

第四百四十七条　【私放俘虏罪】私放俘虏的，处五年以下有期徒刑；私放重要俘虏、私放俘虏多人或者有其他严重情节的，处五年以上有期徒刑。

第四百四十八条　【虐待俘虏罪】虐待俘虏，情节恶劣的，处三年以下有期徒刑。

第四百四十九条　【战时缓刑】在战时，对被判处三年以下有期徒刑没有现实危险宣告缓刑的犯罪军人，允许其戴罪立功，确有立功表现时，可以撤销原判刑罚，不以犯罪论处。

第四百五十条　【本章适用范围】本章适用于中国人民解放军的现役军官、文职干部、士兵及具有军籍的学员和中国人民武装警察部队的现役警官、文职干部、士兵及具有军籍的学员以及文职人员、执行军事任务的预备役人员和其他人员。

第四百五十一条　【战时的概念】本章所称战时，是指国家宣布进入战争状态、部队受领作战任务或者遭敌突然袭击时。

部队执行戒严任务或者处置突发性暴力事件时，以战时论。

附　　则

第四百五十二条　【施行日期】本法自 1997 年 10 月 1 日起施行。

列于本法附件一的全国人民代表大会常务委员会制定的条例、补充规定和决定，已纳入本法或者已不适用，自本法施行之日起，予以废止。

列于本法附件二的全国人民代表大会常务委员会制定的补充规定和决定予以保留。其中，有关行政处罚和行政措施的规定继续有效；有关刑事责任的规定已纳入本法，自本法施行之日起，适用本法规定。

附件一：

全国人民代表大会常务委员会制定的下列条例、补充规定和决定，已纳入本法或者已不适用，自本法施行之日起，予以废止：

1. 中华人民共和国惩治军人违反职责罪暂行条例
2. 关于严惩严重破坏经济的罪犯的决定
3. 关于严惩严重危害社会治安的犯罪分子的决定
4. 关于惩治走私罪的补充规定
5. 关于惩治贪污罪贿赂罪的补充规定
6. 关于惩治泄露国家秘密犯罪的补充规定
7. 关于惩治捕杀国家重点保护的珍贵、濒危野生动物犯罪的补充规定
8. 关于惩治侮辱中华人民共和国国旗国徽罪的决定
9. 关于惩治盗掘古文化遗址古墓葬犯罪的补充规定
10. 关于惩治劫持航空器犯罪分子的决定
11. 关于惩治假冒注册商标犯罪的补充规定
12. 关于惩治生产、销售伪劣商品犯罪的决定
13. 关于惩治侵犯著作权的犯罪的决定
14. 关于惩治违反公司法的犯罪的决定
15. 关于处理逃跑或者重新犯罪的劳改犯和劳教人员的决定

附件二：

全国人民代表大会常务委员会制定的下列补充规定和决定予以保留，其中，有关行政处罚和行政措施的规定继续有效；有关刑事责任的规定已纳入本法，自本法施行之日起，适用本法规定：

1. 关于禁毒的决定①
2. 关于惩治走私、制作、贩卖、传播淫秽物品的犯罪分子的决定

① 根据《中华人民共和国禁毒法》第七十一条的规定，本决定自2008年6月1日起废止。

3. 关于严禁卖淫嫖娼的决定①
4. 关于严惩拐卖、绑架妇女、儿童的犯罪分子的决定
5. 关于惩治偷税、抗税犯罪的补充规定②
6. 关于严惩组织、运送他人偷越国（边）境犯罪的补充规定③
7. 关于惩治破坏金融秩序犯罪的决定
8. 关于惩治虚开、伪造和非法出售增值税专用发票犯罪的决定

---

① 根据《全国人民代表大会常务委员会关于废止有关收容教育法律规定和制度的决定》，该决定中第四条第二款、第四款，以及据此实行的收容教育制度自 2019 年 12 月 29 日起废止。

② 根据《全国人民代表大会常务委员会关于废止部分法律的决定》，该补充规定自 2009 年 6 月 27 日起废止。

③ 根据《全国人民代表大会常务委员会关于废止部分法律的决定》，该补充规定自 2009 年 6 月 27 日起废止。

一、综　合

全国人民代表大会常务委员会关于《中华人民共和国刑法》第二百九十四条第一款的解释

（2002 年 4 月 28 日第九届全国人民代表大会常务委员会第二十七次会议通过）

全国人民代表大会常务委员会讨论了刑法第二百九十四条第一款规定的“黑社会性质的组织”的含义问题，解释如下：

刑法第二百九十四条第一款规定的“黑社会性质的组织”应当同时具备以下特征：

（一）形成较稳定的犯罪组织，人数较多，有明确的组织者、领导者，骨干成员基本固定；

（二）有组织地通过违法犯罪活动或者其他手段获取经济利益，具有一定的经济实力，以支持该组织的活动；

（三）以暴力、威胁或者其他手段，有组织地多次进行违法犯罪活动，为非作恶，欺压、残害群众；

（四）通过实施违法犯罪活动，或者利用国家工作人员的包庇或者纵容，称霸一方，在一定区域或者行业内，形成非法控制或者重大影响，严重破坏经济、社会生活秩序。

现予公告。

全国人民代表大会常务委员会关于《中华人民共和国刑法》第三百八十四条第一款的解释

（2002年4月28日第九届全国人民代表大会常务委员会第二十七次会议通过）

全国人民代表大会常务委员会讨论了刑法第三百八十四条第一款规定的国家工作人员利用职务上的便利，挪用公款“归个人使用”的含义问题，解释如下：

有下列情形之一的，属于挪用公款“归个人使用”：

（一）将公款供本人、亲友或者其他自然人使用的；

（二）以个人名义将公款供其他单位使用的；

（三）个人决定以单位名义将公款供其他单位使用，谋取个人利益的。

现予公告。

全国人民代表大会常务委员会关于《中华人民共和国刑法》第三百一十三条的解释

（2002 年 8 月 29 日第九届全国人民代表大会常务委员会第二十九次会议通过）

全国人民代表大会常务委员会讨论了刑法第三百一十三条规定的“对人民法院的判决、裁定有能力执行而拒不执行，情节严重”的含义问题，解释如下：

刑法第三百一十三条规定的“人民法院的判决、裁定”，是指人民法院依法作出的具有执行内容并已发生法律效力的判决、裁定。人民法院为依法执行支付令、生效的调解书、仲裁裁决、公证债权文书等所作的裁定属于该条规定的裁定。

下列情形属于刑法第三百一十三条规定的“有能力执行而拒不执行，情节严重”的情形：

（一）被执行人隐藏、转移、故意毁损财产或者无偿转让财产、以明显不合理的低价转让财产，致使判决、裁定无法执行的；

（二）担保人或者被执行人隐藏、转移、故意毁损或者转让已向人民法院提供担保的财产，致使判决、裁定无法执行的；

（三）协助执行义务人接到人民法院协助执行通知书后，拒不协助执行，致使判决、裁定无法执行的；

（四）被执行人、担保人、协助执行义务人与国家机关工作人员通谋，利用国家机关工作人员的职权妨害执行，致使判决、裁定无法执行的；

（五）其他有能力执行而拒不执行，情节严重的情形。

国家机关工作人员有上述第四项行为的，以拒不执行判决、裁定罪的共犯追究刑事责任。国家机关工作人员收受贿赂或者滥用职权，有上述第四项行为的，同时又构成刑法第三百八十五条、第三百九十七条规定之罪的，依照处罚较重的规定定罪处罚。

现予公告。

全国人民代表大会常务委员会关于《中华人民共和国刑法》第九章渎职罪主体适用问题的解释

(2002 年 12 月 28 日第九届全国人民代表大会常务委员会第三十一次会议通过)

全国人大常委会根据司法实践中遇到的情况，讨论了刑法第九章渎职罪主体的适用问题，解释如下：

在依照法律、法规规定行使国家行政管理职权的组织中从事公务的人员，或者在受国家机关委托代表国家机关行使职权的组织中从事公务的人员，或者虽未列入国家机关人员编制但在国家机关中从事公务的人员，在代表国家机关行使职权时，有渎职行为，构成犯罪的，依照刑法关于渎职罪的规定追究刑事责任。

现予公告。

全国人民代表大会常务委员会关于《中华人民共和国刑法》有关信用卡规定的解释

（2004 年 12 月 29 日第十届全国人民代表大会常务委员会第十三次会议通过）

全国人民代表大会常务委员会根据司法实践中遇到的情况，讨论了刑法规定的“信用卡”的含义问题，解释如下：

刑法规定的“信用卡”，是指由商业银行或者其他金融机构发行的具有消费支付、信用贷款、转账结算、存取现金等全部功能或者部分功能的电子支付卡。

现予公告。

全国人民代表大会常务委员会关于《中华人民共和国刑法》有关文物的规定适用于具有科学价值的古脊椎动物化石、古人类化石的解释

（2005年12月29日第十届全国人民代表大会常务委员会第十九次会议通过）

全国人民代表大会常务委员会根据司法实践中遇到的情况，讨论了关于走私、盗窃、损毁、倒卖或者非法转让具有科学价值的古脊椎动物化石、古人类化石的行为适用刑法有关规定的问题，解释如下：

刑法有关文物的规定，适用于具有科学价值的古脊椎动物化石、古人类化石。

现予公告。

全国人民代表大会常务委员会关于《中华人民共和国刑法》有关出口退税、抵扣税款的其他发票规定的解释

（2005年12月29日第十届全国人民代表大会常务委员会第十九次会议通过）

全国人民代表大会常务委员会根据司法实践中遇到的情况，讨论了刑法规定的“出口退税、抵扣税款的其他发票”的含义问题，解释如下：

刑法规定的“出口退税、抵扣税款的其他发票”，是指除增值税专用发票以外的，具有出口退税、抵扣税款功能的收付款凭证或者完税凭证。

现予公告。

全国人民代表大会常务委员会关于《中华人民共和国刑法》第九十三条第二款的解释

（2000年4月29日第九届全国人民代表大会常务委员会第十五次会议通过　根据2009年8月27日第十一届全国人民代表大会常务委员会第十次会议《关于修改部分法律的决定》修正）

全国人民代表大会常务委员会讨论了村民委员会等村基层组织人员在从事哪些工作时属于刑法第九十三条第二款规定的"其他依照法律从事公务的人员"，解释如下：

村民委员会等村基层组织人员协助人民政府从事下列行政管理工作，属于刑法第九十三条第二款规定的"其他依照法律从事公务的人员"：

（一）救灾、抢险、防汛、优抚、扶贫、移民、救济款物的管理；

（二）社会捐助公益事业款物的管理；

（三）国有土地的经营和管理；

（四）土地征收、征用补偿费用的管理；

（五）代征、代缴税款；

（六）有关计划生育、户籍、征兵工作；

（七）协助人民政府从事的其他行政管理工作。

村民委员会等村基层组织人员从事前款规定的公务，利用职务上的便利，非法占有公共财物、挪用公款、索取他人财物或者非法收受他人财物，构成犯罪的，适用刑法第三百八十二条和第三百八十三条贪污罪、第三百八十四条挪用公款罪、第三百八十五条和第三百八十六条受贿罪的规定。

现予公告。

全国人民代表大会常务委员会关于《中华人民共和国刑法》第二百二十八条、第三百四十二条、第四百一十条的解释

（2001 年 8 月 31 日第九届全国人民代表大会常务委员会第二十三次会议通过　根据 2009 年 8 月 27 日第十一届全国人民代表大会常务委员会第十次会议《关于修改部分法律的决定》修正）

全国人民代表大会常务委员会讨论了刑法第二百二十八条、第三百四十二条、第四百一十条规定的“违反土地管理法规”和第四百一十条规定的“非法批准征收、征用、占用土地”的含义问题，解释如下：

刑法第二百二十八条、第三百四十二条、第四百一十条规定的“违反土地管理法规”，是指违反土地管理法、森林法、草原法等法律以及有关行政法规中关于土地管理的规定。

刑法第四百一十条规定的“非法批准征收、征用、占用土地”，是指非法批准征收、征用、占用耕地、林地等农用地以及其他土地。

现予公告。

全国人民代表大会常务委员会关于《中华人民共和国刑法》第三十条的解释

（2014 年 4 月 24 日第十二届全国人民代表大会常务委员会第八次会议通过）

全国人民代表大会常务委员会根据司法实践中遇到的情况，讨论了刑法第三十条的含义及公司、企业、事业单位、机关、团体等单位实施刑法规定的危害社会的行为，法律未规定追究单位的刑事责任的，如何适用刑法有关规定的问题，解释如下：

公司、企业、事业单位、机关、团体等单位实施刑法规定的危害社会的行为，刑法分则和其他法律未规定追究单位的刑事责任的，对组织、策划、实施该危害社会行为的人依法追究刑事责任。

现予公告。

全国人民代表大会常务委员会关于《中华人民共和国刑法》第一百五十八条、第一百五十九条的解释

（2014 年 4 月 24 日第十二届全国人民代表大会常务委员会第八次会议通过）

全国人民代表大会常务委员会讨论了公司法修改后刑法第一百五十八条、第一百五十九条对实行注册资本实缴登记制、认缴登记制的公司的适用范围问题，解释如下：

刑法第一百五十八条、第一百五十九条的规定，只适用于依法实行注册资本实缴登记制的公司。

现予公告。

全国人民代表大会常务委员会关于《中华人民共和国刑法》第二百六十六条的解释

（2014 年 4 月 24 日第十二届全国人民代表大会常务委员会第八次会议通过）

全国人民代表大会常务委员会根据司法实践中遇到的情况，讨论了刑法第二百六十六条的含义及骗取养老、医疗、工伤、失业、生育等社会保险金或者其他社会保障待遇的行为如何适用刑法有关规定的问题，解释如下：

以欺诈、伪造证明材料或者其他手段骗取养老、医疗、工伤、失业、生育等社会保险金或者其他社会保障待遇的，属于刑法第二百六十六条规定的诈骗公私财物的行为。

现予公告。

全国人民代表大会常务委员会关于《中华人民共和国刑法》第三百四十一条、第三百一十二条的解释

(2014 年 4 月 24 日第十二届全国人民代表大会常务委员会第八次会议通过)

全国人民代表大会常务委员会根据司法实践中遇到的情况，讨论了刑法第三百四十一条第一款规定的非法收购国家重点保护的珍贵、濒危野生动物及其制品的含义和收购刑法第三百四十一条第二款规定的非法狩猎的野生动物如何适用刑法有关规定的问题，解释如下：

知道或者应当知道是国家重点保护的珍贵、濒危野生动物及其制品，为食用或者其他目的而非法购买的，属于刑法第三百四十一条第一款规定的非法收购国家重点保护的珍贵、濒危野生动物及其制品的行为。

知道或者应当知道是刑法第三百四十一条第二款规定的非法狩猎的野生动物而购买的，属于刑法第三百一十二条第一款规定的明知是犯罪所得而收购的行为。

现予公告。

全国人民代表大会常务委员会关于对中华人民共和国缔结或者参加的国际条约所规定的罪行行使刑事管辖权的决定

(1987年6月23日第六届全国人民代表大会常务委员会第二十一次会议通过)

第六届全国人民代表大会常务委员会第二十一次会议决定，对于中华人民共和国缔结或者参加的国际条约所规定的罪行，中华人民共和国在所承担条约义务的范围内，行使刑事管辖权。

附：

几个公约的有关条款

一、《关于防止和惩处侵害应受国际保护人员包括外交代表的罪行的公约》

第三条第二款：

“每一缔约国应同样采取必要措施，于嫌疑犯在本国领土内，而本国不依第八条规定将该犯引渡至本条第一款所指明的国家时，对这些罪行确定其管辖权。”

第七条：

“缔约国于嫌疑犯在其领土内时，如不予以引渡，则应毫无例外，并不得不当稽延，将案件交付主管当局，以便依照本国法律规定的程序提起刑事诉讼。”

二、《海牙公约》

第四条第二款：

“当被指称的罪犯在缔约国领土内，而该国未按第八条的规定将此人引渡给本条第一款所指的任一国家时，该缔约国应同样采取必要措施，对这种罪行实施管辖权。”

第七条：

“在其境内发现被指称的罪犯的缔约国，如不将此人引渡，则不论罪行是否在其境内发生，应无例外地将此案件提交其主管当局以便起诉。该当局按照本国法律以对待任何严重性质的普通罪行案件的同样方式作出决定。”

三、《蒙特利尔公约》

第五条第二款：

“当被指称的罪犯在缔约国领土内，而该国未按第八条的规定将此人引渡给本条第一款所指的任一国家时，该缔约国应同样采取必要措施，对第一条第一款（甲）、（乙）和（丙）项所指的罪行，以及对第一条第二款所列与这些款项有关的罪行实施管辖权。”

第七条与《海牙公约》第七条相同。

四、《核材料实体保护公约》

第八条第二款：

“每一缔约国应同样采取必要措施，以便在被控犯人在该国领土内未按第十一条规定将其引渡给第一款所述任何国家时，对这些罪行确立其管辖权。”

五、《反对劫持人质国际公约》

第五条第二款：

“每一缔约国于嫌疑犯在本国领土内，而不将该嫌疑犯引渡至本条第一款所指国家时，也应采取必要措施，对第一条所称的罪行确立其管辖权。”

第八条第一款：

“领土内发现嫌疑犯的缔约国，如不将该人引渡，应毫无例外地而且不论罪行是否在其领土内发生，通过该国法律规定的程序，将案件送交该国主管机关，以便提起公诉。此等机关应按该国法律处理任何普通严重罪行案件的方式作出判决。”

全国人民代表大会常务委员会关于惩治破坏金融秩序犯罪的决定

（1995 年 6 月 30 日第八届全国人民代表大会常务委员会第十四次会议通过　1995 年 6 月 30 日中华人民共和国主席令第 52 号公布　自公布之日起施行）

为了惩治伪造货币和金融票据诈骗、信用证诈骗、非法集资诈骗等破坏金融秩序的犯罪，特作如下决定：

一、伪造货币的，处 3 年以上 10 年以下有期徒刑，并处 5 万元以上 50 万元以下罚金。有下列情形之一的，处 10 年以上有期徒刑、无期徒刑或者死刑，并处没收财产：

（一）伪造货币集团的首要分子；

（二）伪造货币数额特别巨大的；

（三）有其他特别严重情节的。

二、出售、购买伪造的货币或者明知是伪造的货币而运输，数额较大的，处 3 年以下有期徒刑或者拘役，并处 2 万元以上 20 万元以下罚金；数额巨大的，处 3 年以上 10 年以下有期徒刑，并处 5 万元以上 50 万元以下罚金；数额特别巨大的，处 10 年以上有期徒刑或者无期徒刑，并处没收财产。

银行或者其他金融机构的工作人员购买伪造的货币或者利用职务上的便利，以伪造的货币换取货币的，处 3 年以上 10 年以下有期徒刑，并处 2 万元以上 20 万元以下罚金；数额巨大或者有其他严重情节的，处 10 年以上有期徒刑或者无期徒刑，并处没收财产；情节较轻的，处 3 年以下有期徒刑或者拘役，并处或者单处 1 万元以上 10 万元以下罚金。

伪造货币并出售或者运输伪造的货币的，依照第一条的规定从重处罚。

三、走私伪造的货币的，依照全国人民代表大会常务委员会《关于惩治走私罪的补充规定》的有关规定处罚。

四、明知是伪造的货币而持有、使用，数额较大的，处3年以下有期徒刑或者拘役，并处1万元以上10万元以下罚金；数额巨大的，处3年以上10年以下有期徒刑，并处2万元以上20万元以下罚金；数额特别巨大的，处10年以上有期徒刑，并处5万元以上50万元以下罚金或者没收财产。

五、变造货币，数额较大的，处3年以下有期徒刑或者拘役，并处1万元以上10万元以下罚金；数额巨大的，处3年以上10年以下有期徒刑，并处2万元以上20万元以下罚金。

六、未经中国人民银行批准，擅自设立商业银行或者其他金融机构的，处3年以下有期徒刑或者拘役，并处或者单处2万元以上20万元以下罚金；情节严重的，处3年以上10年以下有期徒刑，并处5万元以上50万元以下罚金。

伪造、变造、转让商业银行或者其他金融机构经营许可证的，依照前款的规定处罚。

单位犯前两款罪的，对单位判处罚金，并对直接负责的主管人员和其他直接责任人员，依照第一款的规定处罚。

七、非法吸收公众存款或者变相吸收公众存款，扰乱金融秩序的，处3年以下有期徒刑或者拘役，并处或者单处2万元以上20万元以下罚金；数额巨大或者有其他严重情节的，处3年以上10年以下有期徒刑，并处5万元以上50万元以下罚金。

单位犯前款罪的，对单位判处罚金，并对直接负责的主管人员和其他直接责任人员，依照前款的规定处罚。

八、以非法占有为目的，使用诈骗方法非法集资的，处3年以下有期徒刑或者拘役，并处2万元以上20万元以下罚金；数额巨大或者有其他严重情节的，处3年以上10年以下有期徒刑，并处5万元以上50万元以下罚金；数额特别巨大或者有其他特别严重情节的，处10年以上有期徒刑、无期徒刑或者死刑，并处没收财产。

单位犯前款罪的，对单位判处罚金，并对直接负责的主管人员和其他直接责任人员，依照前款的规定处罚。

九、银行或者其他金融机构的工作人员违反法律、行政法规规定，向关系人发放信用贷款或者发放担保贷款的条件优于其他借款人同类贷款的条件，造成较大损失的，处5年以下有期徒刑或者拘役，并处1万元以上 10 万元以下罚金；造成重大损失的，处 5 年以上有期徒刑，并处 2 万元以上 20 万元以下罚金。

银行或者其他金融机构的工作人员违反法律、行政法规规定，玩忽职守或者滥用职权，向关系人以外的其他人发放贷款，造成重大损失的，处 5 年以下有期徒刑或者拘役，并处 1 万元以上 10 万元以下罚金；造成特别重大损失的，处 5 年以上有期徒刑，并处 2 万元以上 20 万元以下罚金。

单位犯前两款罪的，对单位判处罚金，并对直接负责的主管人员和其他直接责任人员，依照前两款的规定处罚。

十、有下列情形之一，以非法占有为目的，诈骗银行或者其他金融机构的贷款，数额较大的，处 5 年以下有期徒刑或者拘役，并处 2 万元以上 20 万元以下罚金；数额巨大或者有其他严重情节的，处 5 年以上 10 年以下有期徒刑，并处 5 万元以上 50 万元以下罚金；数额特别巨大或者有其他特别严重情节的，处 10 年以上有期徒刑或者无期徒刑，并处没收财产：

（一）编造引进资金、项目等虚假理由的；

（二）使用虚假的经济合同的；

（三）使用虚假的证明文件的；

（四）使用虚假的产权证明作担保的；

（五）以其他方法诈骗贷款的。

十一、有下列情形之一，伪造、变造金融票证的，处 5 年以下有期徒刑或者拘役，并处 2 万元以上 20 万元以下罚金；情节严重的，处 5 年以上 10 年以下有期徒刑，并处 5 万元以上 50 万元以下罚金；情节特别严重的，处 10 年以上有期徒刑或者无期徒刑，并处没收财产：

（一）伪造、变造汇票、本票、支票的；

（二）伪造、变造委托收款凭证、汇款凭证、银行存单等其他银行结算凭证的；

（三）伪造、变造信用证或者附随的单据、文件的；

（四）伪造信用卡的。

单位犯前款罪的，对单位判处罚金，并对直接负责的主管人员和其他责任人员，依照前款的规定处罚。

十二、有下列情形之一，进行金融票据诈骗活动，数额较大的，处

5 年以下有期徒刑或者拘役，并处 2 万元以上 20 万元以下罚金；数额巨大或者有其他严重情节的，处 5 年以上 10 年以下有期徒刑，并处 5 万元以上 50 万元以下罚金；数额特别巨大或者有其他特别严重情节的，处 10 年以上有期徒刑、无期徒刑或者死刑，并处没收财产：

（一）明知是伪造、变造的汇票、本票、支票而使用的；

（二）明知是作废的汇票、本票、支票而使用的；

（三）冒用他人的汇票、本票、支票的；

（四）签发空头支票或者与其预留印鉴不符的支票，骗取财物的；

（五）汇票、本票的出票人签发无资金保证的汇票、本票或者在出票时作虚假记载，骗取财物的。

使用伪造、变造的委托收款凭证、汇款凭证、银行存单等其他银行结算凭证的，依照前款的规定处罚。

单位犯前两款罪的，对单位判处罚金，并对直接负责的主管人员和其他直接责任人员，依照第一款的规定处罚。

十三、有下列情形之一，进行信用证诈骗活动的，处 5 年以下有期徒刑或者拘役，并处 2 万元以上 20 万元以下罚金；数额巨大或者有其他严重情节的，处 5 年以上 10 年以下有期徒刑，并处 5 万元以上 50 万元以下罚金；数额特别巨大或者有其他特别严重情节的，处 10 年以上有期徒刑、无期徒刑或者死刑，并处没收财产：

（一）使用伪造、变造的信用证或者附随的单据、文件的；

（二）使用作废的信用证的；

（三）骗取信用证的；

（四）以其他方法进行信用证诈骗活动的。

单位犯前款罪的，对单位判处罚金，并对直接负责的主管人员和其他直接责任人员，依照前款的规定处罚。

十四、有下列情形之一，进行信用卡诈骗活动，数额较大的，处 5 年以下有期徒刑或者拘役，并处 2 万元以上 20 万元以下罚金；数额巨大或者有其他严重情节的，处 5 年以上 10 年以下有期徒刑，并处 5 万元以上 50 万元以下罚金；数额特别巨大或者有其他特别严重情节的，处 10 年以上有期徒刑或者无期徒刑，并处没收财产：

（一）使用伪造的信用卡的；

（二）使用作废的信用卡的；

（三）冒用他人信用卡的；

（四）恶意透支的。

盗窃信用卡并使用的，依照刑法关于盗窃罪的规定处罚。

十五、银行或者其他金融机构的工作人员违反规定为他人出具信用证或者其他保函、票据、资信证明，造成较大损失的，处 5 年以下有期徒刑或者拘役；造成重大损失的，处 5 年以上有期徒刑。

单位犯前款罪的，对单位判处罚金，并对直接负责的主管人员和其他直接负责人员，依照前款的规定处罚。

十六、有下列情形之一，进行保险诈骗活动，数额较大的，处 5 年以下有期徒刑或者拘役，并处 1 万元以上 10 万元以下罚金；数额巨大或者有其他严重情节的，处 5 年以上 10 年以下有期徒刑，并处 2 万元以上 20 万元以下罚金；数额特别巨大或者有其他特别严重情节的，处 10 年以上有期徒刑，并处没收财产：

（一）投保人故意虚构保险标的，骗取保险金的；

（二）投保人、被保险人或者受益人对发生的保险事故编造虚假的原因或者夸大损失的程度，骗取保险金的；

（三）投保人、被保险人或者受益人编造未曾发生的保险事故，骗取保险金的；

（四）投保人、被保险人故意造成财产损失的保险事故，骗取保险金的；

（五）投保人、受益人故意造成被保险人死亡、伤残或者疾病，骗取保险金的。

有前款第（四）项、第（五）项所列行为，同时构成其他犯罪的，依照刑法数罪并罚的规定处罚。

保险事故的鉴定人、证明人、财产评估人故意提供虚假的证明文件，为他人诈骗提供条件的，以保险诈骗的共犯论处。

单位犯第一款罪的，对单位判处罚金，并对直接负责的主管人员和其他直接责任人员，依照第一款的规定处罚。

十七、保险公司的工作人员利用职务上的便利，故意编造未曾发生的保险事故进行虚假理赔，骗取保险金的，分别依照全国人民代表大会常务委员会《关于惩治贪污罪贿赂罪的补充规定》和《关于惩治违反公司法的犯罪的决定》的有关规定处罚。

十八、银行或者其他金融机构的工作人员在金融业务活动中索取、收受贿赂，或者违反国家规定收受各种名义的回扣、手续费的，分别依照全国人民代表大会常务委员会《关于惩治贪污罪贿赂罪的补充规定》和《关于惩治违反公司法的犯罪的决定》的有关规定处罚。

十九、银行或者其他金融机构的工作人员利用职务上的便利，挪用单位或者客户资金的，分别依照全国人民代表大会常务委员会《关于惩治贪污罪贿赂罪的补充规定》和《关于惩治违反公司法的犯罪的决定》的有关规定处罚。

二十、银行或者其他金融机构的工作人员，与本决定规定的进行金融诈骗活动的犯罪分子串通，为其诈骗活动提供帮助的，以共犯论处。

二十一、有本决定第二条、第四条、第五条、第十一条、第十二条、第十四条、第十六条规定的行为，情节轻微不构成犯罪的，可以由公安机关处 15 日以下拘留、5000 元以下罚款。

二十二、犯本决定规定之罪的违法所得应当予以追缴或者责令退赔被害人；供犯罪使用的财物一律没收。

伪造、变造的货币，伪造、变造、作废的票据、信用证、信用卡或者其他银行结算凭证一律收缴，上交中国人民银行统一销毁。

收缴伪造、变造的货币的具体办法由中国人民银行制定。

二十三、本决定所称的货币是指人民币和外币。

二十四、本决定自公布之日起施行。

全国人民代表大会常务委员会关于惩治虚开、伪造和非法出售增值税专用发票犯罪的决定

(1995 年 10 月 30 日第八届全国人民代表大会常务委员会第十六次会议通过　1995 年 10 月 30 日中华人民共和国主席令第 57 号公布　自公布之日起施行)

为了惩治虚开、伪造和非法出售增值税专用发票和其他发票进行偷税、骗税等犯罪活动，保障国家税收，特作如下决定：

一、虚开增值税专用发票的，处 3 年以下有期徒刑或者拘役，并处 2 万元以上 20 万元以下罚金；虚开的税款数额较大或者有其他严重情节的，处 3 年以上 10 年以下有期徒刑，并处 5 万元以上 50 万元以下罚金；虚开的税款数额巨大或者有其他特别严重情节的，处 10 年以上有期徒刑或者无期徒刑，并处没收财产。

有前款行为骗取国家税款，数额特别巨大、情节特别严重、给国家利益造成特别重大损失的，处无期徒刑或者死刑，并处没收财产。

虚开增值税专用发票的犯罪集团的首要分子，分别依照前两款的规定从重处罚。

虚开增值税专用发票是指有为他人虚开、为自己虚开、让他人为自己虚开、介绍他人虚开增值税专用发票行为之一的。

二、伪造或者出售伪造的增值税专用发票的，处 3 年以下有期徒刑或者拘役，并处 2 万元以上 20 万元以下罚金；数量较大或者有其他严重情节的，处 3 年以上 10 年以下有期徒刑，并处 5 万元以上 50 万元以下罚金；数量巨大或者有其他特别严重情节的，处 10 年以上有期徒刑或者无期徒刑，并处没收财产。

伪造并出售伪造的增值税专用发票，数量特别巨大、情节特别严重、严重破坏经济秩序的，处无期徒刑或者死刑，并处没收财产。

伪造、出售伪造的增值税专用发票的犯罪集团的首要分子，分别依照前两款的规定从重处罚。

三、非法出售增值税专用发票的，处 3 年以下有期徒刑或者拘役，并处 2 万元以上 20 万元以下罚金；数量较大的，处 3 年以上 10 年以下有期徒刑，并处 5 万元以上 50 万元以下罚金；数量巨大的，处 10 年以上有期徒刑或者无期徒刑，并处没收财产。

四、非法购买增值税专用发票或者购买伪造的增值税专用发票的，处 5 年以下有期徒刑、拘役，并处或者单处 2 万元以上 20 万元以下罚金。

非法购买增值税专用发票或者购买伪造的增值税专用发票又虚开或者出售的，分别依照第一条、第二条、第三条的规定处罚。

五、虚开用于骗取出口退税、抵扣税款的其他发票的，依照本决定第一条的规定处罚。

虚开用于骗取出口退税、抵扣税款的其他发票是指有为他人虚开、为自己虚开、让他人为自己虚开、介绍他人虚开用于骗取出口退税、抵扣税款的其他发票行为之一的。

六、伪造、擅自制造或者出售伪造、擅自制造的可以用于骗取出口退税、抵扣税款的其他发票的，处 3 年以下有期徒刑或者拘役，并处 2 万元以上 20 万元以下罚金；数量巨大的，处 3 年以上 7 年以下有期徒刑，并处 5 万元以上 50 万元以下罚金；数量特别巨大的，处 7 年以上有期徒刑，并处没收财产。

伪造、擅自制造或者出售伪造、擅自制造的前款规定以外的其他发票的，比照刑法第一百二十四条的规定处罚。

非法出售可以用于骗取出口退税、抵扣税款的其他发票的，依照第一款的规定处罚。

非法出售前款规定以外的其他发票的，比照刑法第一百二十四条的规定处罚。

七、盗窃增值税专用发票或者其他发票的，依照刑法关于盗窃罪的规定处罚。

使用欺骗手段骗取增值税专用发票或者其他发票的，依照刑法关于诈骗罪的规定处罚。

八、税务机关或者其他国家机关的工作人员有下列情形之一的，依照本决定的有关规定从重处罚：

（一）与犯罪分子相勾结，实施本决定规定的犯罪的；

（二）明知是虚开的发票，予以退税或者抵扣税款的；

（三）明知犯罪分子实施本决定规定的犯罪，而提供其他帮助的。

九、税务机关的工作人员违反法律、行政法规的规定，在发售发票、抵扣税款、出口退税工作中玩忽职守，致使国家利益遭受重大损失的，处5年以下有期徒刑或者拘役；致使国家利益遭受特别重大损失的，处5年以上有期徒刑。

十、单位犯本决定第一条、第二条、第三条、第四条、第五条、第六条、第七条第二款规定之罪的，对单位判处罚金，并对直接负责的主管人员和其他直接责任人员依照各该条的规定追究刑事责任。

十一、有本决定第二条、第三条、第四条第一款、第六条规定的行为，情节显著轻微，尚不构成犯罪的，由公安机关处15日以下拘留、5000元以下罚款。

十二、对追缴犯本决定规定之罪的犯罪分子的非法抵扣和骗取的税款，由税务机关上交国库，其他的违法所得和供犯罪使用的财物一律没收。

供本决定规定的犯罪所使用的发票和伪造的发票一律没收。

十三、本决定自公布之日起施行。

全国人民代表大会常务委员会关于惩治骗购外汇、逃汇和非法买卖外汇犯罪的决定

（1998年12月29日第九届全国人民代表大会常务委员会第六次会议通过　1998年12月29日中华人民共和国主席令第14号公布　自公布之日起施行）

为了惩治骗购外汇、逃汇和非法买卖外汇的犯罪行为，维护国家外汇管理秩序，对刑法作如下补充修改：

一、有下列情形之一，骗购外汇，数额较大的，处五年以下有期徒刑或者拘役，并处骗购外汇数额百分之五以上百分之三十以下罚金；数额巨大或者有其他严重情节的，处五年以上十年以下有期徒刑，并处骗购外汇数额百分之五以上百分之三十以下罚金；数额特别巨大或者有其他特别严重情节的，处十年以上有期徒刑或者无期徒刑，并处骗购外汇数额百分之五以上百分之三十以下罚金或者没收财产：

（一）使用伪造、变造的海关签发的报关单、进口证明、外汇管理部门核准件等凭证和单据的；

（二）重复使用海关签发的报关单、进口证明、外汇管理部门核准件等凭证和单据的；

（三）以其他方式骗购外汇的。

伪造、变造海关签发的报关单、进口证明、外汇管理部门核准件等凭证和单据，并用于骗购外汇的，依照前款的规定从重处罚。

明知用于骗购外汇而提供人民币资金的，以共犯论处。

单位犯前三款罪的，对单位依照第一款的规定判处罚金，并对其直接负责的主管人员和其他直接责任人员，处五年以下有期徒刑或者拘役；数额巨大或者有其他严重情节的，处五年以上十年以下有期徒刑；数额特别巨大或者有其他特别严重情节的，处十年以上有期徒刑或者无

期徒刑。

二、买卖伪造、变造的海关签发的报关单、进口证明、外汇管理部门核准件等凭证和单据或者国家机关的其他公文、证件、印章的，依照刑法第二百八十条的规定定罪处罚。

三、将刑法第一百九十条修改为：公司、企业或者其他单位，违反国家规定，擅自将外汇存放境外，或者将境内的外汇非法转移到境外，数额较大的，对单位判处逃汇数额百分之五以上百分之三十以下罚金，并对其直接负责的主管人员和其他直接责任人员处五年以下有期徒刑或者拘役；数额巨大或者有其他严重情节的，对单位判处逃汇数额百分之五以上百分之三十以下罚金，并对其直接负责的主管人员和其他直接责任人员处五年以上有期徒刑。

四、在国家规定的交易场所以外非法买卖外汇，扰乱市场秩序，情节严重的，依照刑法第二百二十五条的规定定罪处罚。

单位犯前款罪的，依照刑法第二百三十一条的规定处罚。

五、海关、外汇管理部门以及金融机构、从事对外贸易经营活动的公司、企业或者其他单位的工作人员与骗购外汇或者逃汇的行为人通谋，为其提供购买外汇的有关凭证或者其他便利的，或者明知是伪造、变造的凭证和单据而售汇、付汇的，以共犯论，依照本决定从重处罚。

六、海关、外汇管理部门的工作人员严重不负责任，造成大量外汇被骗购或者逃汇，致使国家利益遭受重大损失的，依照刑法第三百九十七条的规定定罪处罚。

七、金融机构、从事对外贸易经营活动的公司、企业的工作人员严重不负责任，造成大量外汇被骗购或者逃汇，致使国家利益遭受重大损失的，依照刑法第一百六十七条的规定定罪处罚。

八、犯本决定规定之罪，依法被追缴、没收的财物和罚金，一律上缴国库。

九、本决定自公布之日起施行。

全国人民代表大会常务委员会关于取缔邪教组织、防范和惩治邪教活动的决定

（1999年10月30日第九届全国人民代表大会常务委员会第十二次会议通过）

为了维护社会稳定，保护人民利益，保障改革开放和社会主义现代化建设的顺利进行，必须取缔邪教组织、防范和惩治邪教活动。根据宪法和有关法律，特作如下决定：

一、坚决依法取缔邪教组织，严厉惩治邪教组织的各种犯罪活动。邪教组织冒用宗教、气功或者其他名义，采用各种手段扰乱社会秩序，危害人民群众生命财产安全和经济发展，必须依法取缔，坚决惩治。人民法院、人民检察院和公安、国家安全、司法行政机关要各司其职，共同做好这项工作。对组织和利用邪教组织破坏国家法律、行政法规实施，聚众闹事，扰乱社会秩序，以迷信邪说蒙骗他人，致人死亡，或者奸淫妇女、诈骗财物等犯罪活动，依法予以严惩。

二、坚持教育与惩罚相结合，团结、教育绝大多数被蒙骗的群众，依法严惩极少数犯罪分子。在依法处理邪教组织的工作中，要把不明真相参与邪教活动的人同组织和利用邪教组织进行非法活动、蓄意破坏社会稳定的犯罪分子区别开来。对受蒙骗的群众不予追究。对构成犯罪的组织者、策划者、指挥者和骨干分子，坚决依法追究刑事责任；对于自首或者有立功表现的，可以依法从轻、减轻或者免除处罚。

三、在全体公民中深入持久地开展宪法和法律的宣传教育，普及科学文化知识。依法取缔邪教组织，惩治邪教活动，有利于保护正常的宗教活动和公民的宗教信仰自由。要使广大人民群众充分认识邪教组织严重危害人类、危害社会的实质，自觉反对和抵制邪教组织的影响，进一步增强法制观念，遵守国家法律。

四、防范和惩治邪教活动，要动员和组织全社会的力量，进行综合治理。各级人民政府和司法机关应当认真落实责任制，把严防邪教组织的滋生和蔓延，防范和惩治邪教活动作为一项重要任务长期坚持下去，维护社会稳定。

全国人民代表大会常务委员会关于严禁卖淫嫖娼的决定

（1991年9月4日第七届全国人民代表大会常务委员会第二十一次会议通过　根据2009年8月27日第十一届全国人民代表大会常务委员会第十次会议《关于修改部分法律的决定》修正）

为了严禁卖淫、嫖娼，严惩组织、强迫、引诱、容留、介绍他人卖淫的犯罪分子，维护社会治安秩序和良好的社会风气，对刑法有关规定作如下补充修改：

一、组织他人卖淫的，处10年以上有期徒刑或者无期徒刑，并处1万元以下罚金或者没收财产；情节特别严重的，处死刑，并处没收财产。

协助组织他人卖淫的，处3年以上10年以下有期徒刑，并处1万元以下罚金；情节严重的，处10年以上有期徒刑，并处1万元以下罚金或者没收财产。

二、强迫他人卖淫的，处5年以上10年以下有期徒刑，并处1万元以下罚金；有下列情形之一的，处10年以上有期徒刑或者无期徒刑，并处1万元以下罚金或者没收财产；情节特别严重的，处死刑，并处没收财产：

（一）强迫不满14岁的幼女卖淫的；

（二）强迫多人卖淫或者多次强迫他人卖淫的；

（三）强奸后迫使卖淫的；

（四）造成被强迫卖淫的人重伤、死亡或者其他严重后果的。

三、引诱、容留、介绍他人卖淫的，处5年以下有期徒刑或者拘役，并处5000元以下罚金；情节严重的，处5年以上有期徒刑，并处1万元以下罚金；情节较轻的，依照《中华人民共和国治安管理处罚法》的规定处罚。

引诱不满14岁的幼女卖淫的，依照本决定第二条关于强迫不满14岁的幼女卖淫的规定处罚。

四、卖淫、嫖娼的，依照《中华人民共和国治安管理处罚法》的规定处罚。

对卖淫、嫖娼的，可以由公安机关会同有关部门强制集中进行法律、道德教育和生产劳动，使之改掉恶习。期限为6个月至2年。具体办法由国务院规定。

因卖淫、嫖娼被公安机关处理后又卖淫、嫖娼的，实行劳动教养，并由公安机关处5000元以下罚款。

对卖淫、嫖娼的，一律强制进行性病检查。对患有性病的，进行强制治疗。

五、明知自己患有梅毒、淋病等严重性病卖淫、嫖娼的，处5年以下有期徒刑、拘役或者管制，并处5000元以下罚金。

嫖宿不满14岁的幼女的，依照刑法关于强奸罪的规定处罚。

六、旅馆业、饮食服务业、文化娱乐业、出租汽车业等单位的人员，利用本单位的条件，组织、强迫、引诱、容留、介绍他人卖淫的，依照本决定第一条、第二条、第三条的规定处罚。

前款所列单位的主要负责人，有前款规定的行为的，从重处罚。

七、旅馆业、饮食服务业、文化娱乐业、出租汽车业等单位，对发生在本单位的卖淫、嫖娼活动，放任不管、不采取措施制止的，由公安机关处1万元以上10万元以下罚款，并可以责令其限期整顿、停业整顿，经整顿仍不改正的，由工商行政主管部门吊销营业执照；对直接负责的主管人员和其他直接责任人员，由本单位或者上级主管部门予以行政处分，由公安机关处1000元以下罚款。

八、旅馆业、饮食服务业、文化娱乐业、出租汽车业等单位的负责人和职工，在公安机关查处卖淫、嫖娼活动时，隐瞒情况或者为违法犯罪分子通风报信的，依照刑法第一百六十二条的规定处罚。

九、有查禁卖淫、嫖娼活动职责的国家工作人员，为使违法犯罪分子逃避处罚，向其通风报信、提供便利的，依照刑法第一百八十八条的规定处罚。

犯前款罪，事前与犯罪分子通谋的，以共同犯罪论处。

十、组织、强迫、引诱、容留、介绍他人卖淫以及卖淫的非法所得予以没收。

罚没收入一律上缴国库。

十一、本决定自公布之日起施行。

全国人民代表大会常务委员会关于维护互联网安全的决定

（2000年12月28日第九届全国人民代表大会常务委员会第十九次会议通过　根据2009年8月27日第十一届全国人民代表大会常务委员会第十次会议《关于修改部分法律的决定》修正）

我国的互联网，在国家大力倡导和积极推动下，在经济建设和各项事业中得到日益广泛的应用，使人们的生产、工作、学习和生活方式已经开始并将继续发生深刻的变化，对于加快我国国民经济、科学技术的发展和社会服务信息化进程具有重要作用。同时，如何保障互联网的运行安全和信息安全问题已经引起全社会的普遍关注。为了兴利除弊，促进我国互联网的健康发展，维护国家安全和社会公共利益，保护个人、法人和其他组织的合法权益，特作如下决定：

一、为了保障互联网的运行安全，对有下列行为之一，构成犯罪的，依照刑法有关规定追究刑事责任：

（一）侵入国家事务、国防建设、尖端科学技术领域的计算机信息系统；

（二）故意制作、传播计算机病毒等破坏性程序，攻击计算机系统及通信网络，致使计算机系统及通信网络遭受损害；

（三）违反国家规定，擅自中断计算机网络或者通信服务，造成计算机网络或者通信系统不能正常运行。

二、为了维护国家安全和社会稳定，对有下列行为之一，构成犯罪的，依照刑法有关规定追究刑事责任：

（一）利用互联网造谣、诽谤或者发表、传播其他有害信息，煽动颠覆国家政权、推翻社会主义制度，或者煽动分裂国家、破坏国家统一；

（二）通过互联网窃取、泄露国家秘密、情报或者军事秘密；

（三）利用互联网煽动民族仇恨、民族歧视，破坏民族团结；

（四）利用互联网组织邪教组织、联络邪教组织成员，破坏国家法律、行政法规实施。

三、为了维护社会主义市场经济秩序和社会管理秩序，对有下列行为之一，构成犯罪的，依照刑法有关规定追究刑事责任：

（一）利用互联网销售伪劣产品或者对商品、服务作虚假宣传；

（二）利用互联网损害他人商业信誉和商品声誉；

（三）利用互联网侵犯他人知识产权；

（四）利用互联网编造并传播影响证券、期货交易或者其他扰乱金融秩序的虚假信息；

（五）在互联网上建立淫秽网站、网页，提供淫秽站点链接服务，或者传播淫秽书刊、影片、音像、图片。

四、为了保护个人、法人和其他组织的人身、财产等合法权利，对有下列行为之一，构成犯罪的，依照刑法有关规定追究刑事责任：

（一）利用互联网侮辱他人或者捏造事实诽谤他人；

（二）非法截获、篡改、删除他人电子邮件或者其他数据资料，侵犯公民通信自由和通信秘密；

（三）利用互联网进行盗窃、诈骗、敲诈勒索。

五、利用互联网实施本决定第一条、第二条、第三条、第四条所列行为以外的其他行为，构成犯罪的，依照刑法有关规定追究刑事责任。

六、利用互联网实施违法行为，违反社会治安管理，尚不构成犯罪的，由公安机关依照《治安管理处罚法》予以处罚；违反其他法律、行政法规，尚不构成犯罪的，由有关行政管理部门依法给予行政处罚；对直接负责的主管人员和其他直接责任人员，依法给予行政处分或者纪律处分。

利用互联网侵犯他人合法权益，构成民事侵权的，依法承担民事责任。

七、各级人民政府及有关部门要采取积极措施，在促进互联网的应用和网络技术的普及过程中，重视和支持对网络安全技术的研究和开发，增强网络的安全防护能力。有关主管部门要加强对互联网的运行安全和信息安全的宣传教育，依法实施有效的监督管理，防范和制止利用互联网进行的各种违法活动，为互联网的健康发展创造良好的社会环境。从事互联网业务的单位要依法开展活动，发现互联网上出现违法犯罪行为和有害信息时，要采取措施，停止传输有害信息，并及时向有关机关报告。任何单位和个人在利用互联网时，都要遵纪守法，抵制各种违法犯罪行为和有害信息。人民法院、人民检察院、公安机关、国家安全机关要各司其职，密切配合，依法严厉打击利用互联网实施的各种犯罪活动。要动员全社会的力量，依靠全社会的共同努力，保障互联网的运行安全与信息安全，促进社会主义精神文明和物质文明建设。

全国人民代表大会常务委员会关于严惩拐卖、绑架妇女、儿童的犯罪分子的决定

（1991年9月4日第七届全国人民代表大会常务委员会第二十一次会议通过　根据2009年8月27日第十一届全国人民代表大会常务委员会第十次会议《关于修改部分法律的决定》修正）

为了严惩拐卖、绑架妇女、儿童的犯罪分子，保护妇女、儿童的人身安全，维护社会治安秩序，对刑法有关规定作如下补充修改：

一、拐卖妇女、儿童的，处5年以上10年以下有期徒刑，并处1万元以下罚金；有下列情形之一的，处10年以上有期徒刑或者无期徒刑，并处1万元以下罚金或者没收财产；情节特别严重的，处死刑，并处没收财产：

（一）拐卖妇女、儿童集团的首要分子；

（二）拐卖妇女、儿童三人以上的；

（三）奸淫被拐卖的妇女的；

（四）诱骗、强迫被拐卖的妇女卖淫或者将被拐卖的妇女卖给他人迫使其卖淫的；

（五）造成被拐卖的妇女、儿童或者其亲属重伤、死亡或者其他严重后果的；

（六）将妇女、儿童卖往境外的。

拐卖妇女、儿童是指以出卖为目的，有拐骗、收买、贩卖、接送、中转妇女、儿童的行为之一的。

二、以出卖为目的，使用暴力、胁迫或者麻醉方法绑架妇女、儿童的，处10年以上有期徒刑或者无期徒刑，并处1万元以下罚金或者没收财产；情节特别严重的，处死刑，并处没收财产。

以出卖或者勒索财物为目的，偷盗婴幼儿的，依照本条第一款的规

定处罚。

以勒索财物为目的绑架他人的，依照本条第一款的规定处罚。

三、严禁收买被拐卖、绑架的妇女、儿童。收买被拐卖、绑架的妇女、儿童的，处3年以下有期徒刑、拘役或者管制。

收买被拐卖、绑架的妇女，强行与其发生性关系的，依照刑法关于强奸罪的规定处罚。

收买被拐卖、绑架的妇女、儿童，非法剥夺、限制其人身自由或者有伤害、侮辱、虐待等犯罪行为的，依照刑法的有关规定处罚。

收买被拐卖、绑架的妇女、儿童，并有本条第二款、第三款规定的犯罪行为的，依照刑法关于数罪并罚的规定处罚。

收买被拐卖、绑架的妇女、儿童又出卖的，依照本决定第一条的规定处罚。

收买被拐卖、绑架的妇女、儿童，按照被买妇女的意愿，不阻碍其返回原居住地的，对被买儿童没有虐待行为，不阻碍对其进行解救的，可以不追究刑事责任。

四、任何个人或者组织不得阻碍对被拐卖、绑架的妇女、儿童的解救，并不得向被拐卖、绑架的妇女、儿童及其家属或者解救人索要收买妇女、儿童的费用和生活费用；对已经索取的收买妇女、儿童的费用和生活费用，予以追回。

以暴力、威胁方法阻碍国家工作人员解救被收买的妇女、儿童的，依照刑法第一百五十七条的规定处罚；协助转移、隐藏或者以其他方法阻碍国家工作人员解救被收买的妇女、儿童，未使用暴力、威胁方法的，依照治安管理处罚法的规定处罚。

聚众阻碍国家工作人员解救被收买的妇女、儿童的首要分子，处5年以下有期徒刑或者拘役；其他参与者，依照本条第二款的规定处罚。

五、各级人民政府对被拐卖、绑架的妇女、儿童负有解救职责，解救工作由公安机关会同有关部门负责执行。负有解救职责的国家工作人员接到被拐卖、绑架的妇女、儿童及其家属的解救要求或者接到其他人的举报，而对被拐卖、绑架的妇女、儿童不进行解救，造成严重后果的，依照刑法第一百八十七条的规定处罚；情节较轻的，予以行政处分。

负有解救职责的国家工作人员利用职务阻碍解救的，处2年以上7

年以下有期徒刑；情节较轻的，处 2 年以下有期徒刑或者拘役。

六、拐卖、绑架妇女、儿童的非法所得予以没收。

罚没收入一律上缴国库。

七、本决定自公布之日起施行。

全国人民代表大会常务委员会关于惩治走私、制作、贩卖、传播淫秽物品的犯罪分子的决定

(1990年12月28日第七届全国人民代表大会常务委员会第十七次会议通过　根据2009年8月27日第十一届全国人民代表大会常务委员会第十次会议《关于修改部分法律的决定》修正)

为了惩治走私、制作、贩卖、传播淫秽的书刊、影片、录像带、录音带、图片或者其他淫秽物品的犯罪分子，维护社会治安秩序，加强社会主义精神文明建设，抵制资产阶级腐朽思想的侵蚀，特作如下决定：

一、以牟利或者传播为目的，走私淫秽物品的，依照关于惩治走私罪的补充规定处罚。不是为了牟利、传播，携带、邮寄少量淫秽物品进出境的，依照海关法的有关规定处罚。

二、以牟利为目的，制作、复制、出版、贩卖、传播淫秽物品的，处3年以下有期徒刑或者拘役，并处罚金；情节严重的，处3年以上10年以下有期徒刑，并处罚金；情节特别严重的，处10年以上有期徒刑或者无期徒刑，并处罚金或者没收财产。情节较轻的，由公安机关依照治安管理处罚法的有关规定处罚。

为他人提供书号，出版淫秽书刊的，处3年以下有期徒刑或者拘役，并处或者单处罚金；明知他人用于出版淫秽书刊而提供书号的，依照前款的规定处罚。

三、在社会上传播淫秽的书刊、影片、录像带、录音带、图片或者其他淫秽物品，情节严重的，处2年以下有期徒刑或者拘役。情节较轻的，由公安机关依照治安管理处罚法的有关规定处罚。

组织播放淫秽的电影、录像等音像制品的，处3年以下有期徒刑或者拘役，可以并处罚金；情节严重的，处3年以上10年以下有期徒刑，并处罚金。情节较轻的，由公安机关依照治安管理处罚法的有关规定处罚。

制作、复制淫秽的电影、录像等音像制品组织播放的，依照第二款的规定从重处罚。

向不满 18 岁的未成年人传播淫秽物品的，从重处罚。

不满 16 岁的未成年人传抄、传看淫秽的图片、书刊或者其他淫秽物品的，家长、学校应当加强管教。

四、利用淫秽物品进行流氓犯罪的，依照刑法第一百六十条的规定处罚；流氓犯罪集团的首要分子，或者进行流氓犯罪活动危害特别严重的，依照关于严惩严重危害社会治安的犯罪分子的决定第一条的规定，可以在刑法规定的最高刑以上处刑，直至判处死刑。

利用淫秽物品传授犯罪方法的，依照关于严惩严重危害社会治安的犯罪分子的决定第二条的规定处罚，情节特别严重的，处无期徒刑或者死刑。

五、单位有本决定第一条、第二条、第三条规定的违法犯罪行为的，对其直接负责的主管人员和其他直接责任人员，依照各该条的规定处罚，对单位判处罚金或者予以罚款，行政主管部门并可以责令停业整顿或者吊销执照。

六、有下列情节之一的，依照本决定有关规定从重处罚：

（一）犯罪集团的首要分子；

（二）国家工作人员利用工作职务便利，走私、制作、复制、出版、贩卖、传播淫秽物品的；

（三）管理录像、照像、复印等设备的人员，利用所管理的设备，犯有本决定第二条、第三条、第四条规定的违法犯罪行为的；

（四）成年人教唆不满 18 岁的未成年人走私、制作、复制、贩卖、传播淫秽物品的。

七、淫秽物品和走私、制作、复制、出版、贩卖、传播淫秽物品的违法所得以及属于本人所有的犯罪工具，予以没收。没收的淫秽物品，按照国家规定销毁。罚没收入一律上缴国库。

八、本决定所称淫秽物品，是指具体描绘性行为或者露骨宣扬色情的诲淫性的书刊、影片、录像带、录音带、图片及其他淫秽物品。

有关人体生理、医学知识的科学著作不是淫秽物品。

包含有色情内容的有艺术价值的文学、艺术作品不视为淫秽物品。

淫秽物品的种类和目录，由国务院有关主管部门规定。

九、本决定自公布之日起施行。

全国人大常委会关于授权最高人民法院、最高人民检察院在部分地区开展刑事案件认罪认罚从宽制度试点工作的决定

（2016 年 9 月 3 日第十二届全国人民代表大会常务委员会第二十二次会议通过）

为进一步落实宽严相济刑事政策，完善刑事诉讼程序，合理配置司法资源，提高办理刑事案件的质量与效率，确保无罪的人不受刑事追究，有罪的人受到公正惩罚，维护当事人的合法权益，促进司法公正，第十二届全国人民代表大会常务委员会第二十二次会议决定：授权最高人民法院、最高人民检察院在北京、天津、上海、重庆、沈阳、大连、南京、杭州、福州、厦门、济南、青岛、郑州、武汉、长沙、广州、深圳、西安开展刑事案件认罪认罚从宽制度试点工作。对犯罪嫌疑人、刑事被告人自愿如实供述自己的罪行，对指控的犯罪事实没有异议，同意人民检察院量刑建议并签署具结书的案件，可以依法从宽处理。试点工作应当遵循刑法、刑事诉讼法的基本原则，保障犯罪嫌疑人、刑事被告人的辩护权和其他诉讼权利，保障被害人的合法权益，维护社会公共利益，完善诉讼权利告知程序，强化监督制约，严密防范并依法惩治滥用职权、徇私枉法行为，确保司法公正。

最高人民法院、最高人民检察院会同有关部门根据本决定，遵循刑法、刑事诉讼法的基本原则，制定试点办法，对适用条件、从宽幅度、办理程序、证据标准、律师参与等作出具体规定，报全国人民代表大会常务委员会备案。试点期限为二年，自试点办法印发之日起算。

2014 年 6 月 27 日第十二届全国人民代表大会常务委员会第九次会议授权最高人民法院、最高人民检察院在上述地区开展的刑事案件速裁程序试点工作，按照新的试点办法继续试行。

最高人民法院、最高人民检察院应当加强对试点工作的组织领导和监督检查，保证试点工作积极、稳妥、有序进行。试点进行中，最高人民法院、最高人民检察院应当就试点情况向全国人民代表大会常务委员会作出中期报告。试点期满后，对实践证明可行的，应当修改完善有关法律；对实践证明不宜调整的，恢复施行有关法律规定。

本决定自 2016 年 9 月 4 日起施行。

全国人民代表大会常务委员会关于在中华人民共和国成立七十周年之际对部分服刑罪犯予以特赦的决定

（2019 年 6 月 29 日第十三届全国人民代表大会常务委员会第十一次会议通过）

第十三届全国人民代表大会常务委员会第十一次会议审议了全国人民代表大会常务委员会委员长会议关于提请审议《全国人民代表大会常务委员会关于在中华人民共和国成立七十周年之际对部分服刑罪犯予以特赦的决定（草案）》的议案，为庆祝中华人民共和国成立 70 周年，体现依法治国理念和人道主义精神，根据宪法，决定对依据 2019 年 1 月 1 日前人民法院作出的生效判决正在服刑的下列罪犯实行特赦：

一、参加过中国人民抗日战争、中国人民解放战争的；

二、中华人民共和国成立以后，参加过保卫国家主权、安全和领土完整对外作战的；

三、中华人民共和国成立以后，为国家重大工程建设做过较大贡献并获得省部级以上“劳动模范”“先进工作者”“五一劳动奖章”等荣誉称号的；

四、曾系现役军人并获得个人一等功以上奖励的；

五、因防卫过当或者避险过当，被判处三年以下有期徒刑或者剩余刑期在一年以下的；

六、年满七十五周岁、身体严重残疾且生活不能自理的；

七、犯罪的时候不满十八周岁，被判处三年以下有期徒刑或者剩余刑期在一年以下的；

八、丧偶且有未成年子女或者有身体严重残疾、生活不能自理的子女，确需本人抚养的女性，被判处三年以下有期徒刑或者剩余刑期在一年以下的；

九、被裁定假释已执行五分之一以上假释考验期的，或者被判处管制的。

上述九类对象中，具有以下情形之一的，不得特赦：

（一）第二、三、四、七、八、九类对象中系贪污受贿犯罪，军人违反职责犯罪，故意杀人、强奸、抢劫、绑架、放火、爆炸、投放危险物质或者有组织的暴力性犯罪，黑社会性质的组织犯罪，贩卖毒品犯罪，危害国家安全犯罪，恐怖活动犯罪的罪犯，其他有组织犯罪的主犯，累犯的；

（二）第二、三、四、九类对象中剩余刑期在十年以上的和仍处于无期徒刑、死刑缓期执行期间的；

（三）曾经被特赦又因犯罪被判处刑罚的；

（四）不认罪悔改的；

（五）经评估具有现实社会危险性的。

对本决定施行之日符合上述条件的服刑罪犯，经人民法院依法作出裁定后，予以释放。

本决定自 2019 年 6 月 29 日起施行。

二、审理及法律适用

最高人民法院、最高人民检察院、公安部关于依法适用正当防卫制度的指导意见

（2020 年 8 月 28 日　法发〔2020〕31 号）

为依法准确适用正当防卫制度，维护公民的正当防卫权利，鼓励见义勇为，弘扬社会正气，把社会主义核心价值观融入刑事司法工作，根据《中华人民共和国刑法》和《中华人民共和国刑事诉讼法》的有关规定，结合工作实际，制定本意见。

一、总体要求

1. 把握立法精神，严格公正办案。正当防卫是法律赋予公民的权利。要准确理解和把握正当防卫的法律规定和立法精神，对于符合正当防卫成立条件的，坚决依法认定。要切实防止“谁能闹谁有理”“谁死伤谁有理”的错误做法，坚决捍卫“法不能向不法让步”的法治精神。

2. 立足具体案情，依法准确认定。要立足防卫人防卫时的具体情境，综合考虑案件发生的整体经过，结合一般人在类似情境下的可能反应，依法准确把握防卫的时间、限度等条件。要充分考虑防卫人面临不法侵害时的紧迫状态和紧张心理，防止在事后以正常情况下冷静理性、客观精确的标准去评判防卫人。

3. 坚持法理情统一，维护公平正义。认定是否构成正当防卫、是否防卫过当以及对防卫过当裁量刑罚时，要注重查明前因后果，分清是非曲直，确保案件处理于法有据、于理应当、于情相容，符合人民群众的公平正义观念，实现法律效果与社会效果的有机统一。

4. 准确把握界限，防止不当认定。对于以防卫为名行不法侵害之实

的违法犯罪行为，要坚决避免认定为正当防卫或者防卫过当。对于虽具有防卫性质，但防卫行为明显超过必要限度造成重大损害的，应当依法认定为防卫过当。

二、正当防卫的具体适用

5. 准确把握正当防卫的起因条件。正当防卫的前提是存在不法侵害。不法侵害既包括侵犯生命、健康权利的行为，也包括侵犯人身自由、公私财产等权利的行为；既包括犯罪行为，也包括违法行为。不应将不法侵害不当限缩为暴力侵害或者犯罪行为。对于非法限制他人人身自由、非法侵入他人住宅等不法侵害，可以实行防卫。不法侵害既包括针对本人的不法侵害，也包括危害国家、公共利益或者针对他人的不法侵害。对于正在进行的拉拽方向盘、殴打司机等妨害安全驾驶、危害公共安全的违法犯罪行为，可以实行防卫。成年人对于未成年人正在实施的针对其他未成年人的不法侵害，应当劝阻、制止；劝阻、制止无效的，可以实行防卫。

6. 准确把握正当防卫的时间条件。正当防卫必须是针对正在进行的不法侵害。对于不法侵害已经形成现实、紧迫危险的，应当认定为不法侵害已经开始；对于不法侵害虽然暂时中断或者被暂时制止，但不法侵害人仍有继续实施侵害的现实可能性的，应当认定为不法侵害仍在进行；在财产犯罪中，不法侵害人虽已取得财物，但通过追赶、阻击等措施能够追回财物的，可以视为不法侵害仍在进行；对于不法侵害人确已失去侵害能力或者确已放弃侵害的，应当认定为不法侵害已经结束。对于不法侵害是否已经开始或者结束，应当立足防卫人在防卫时所处情境，按照社会公众的一般认知，依法作出合乎情理的判断，不能苛求防卫人。对于防卫人因为恐慌、紧张等心理，对不法侵害是否已经开始或者结束产生错误认识的，应当根据主客观相统一原则，依法作出妥当处理。

7. 准确把握正当防卫的对象条件。正当防卫必须针对不法侵害人进行。对于多人共同实施不法侵害的，既可以针对直接实施不法侵害的人进行防卫，也可以针对在现场共同实施不法侵害的人进行防卫。明知侵害人是无刑事责任能力人或者限制刑事责任能力人的，应当尽量使用其他方式避免或者制止侵害；没有其他方式可以避免、制止不法侵害，或者不法侵害严重危及人身安全的，可以进行反击。

8. *准确把握正当防卫的意图条件。*正当防卫必须是为了使国家、公共利益、本人或者他人的人身、财产和其他权利免受不法侵害。对于故意以语言、行为等挑动对方侵害自己再予以反击的防卫挑拨，不应认定为防卫行为。

9. *准确界分防卫行为与相互斗殴。*防卫行为与相互斗殴具有外观上的相似性，准确区分两者要坚持主客观相统一原则，通过综合考量案发起因、对冲突升级是否有过错、是否使用或者准备使用凶器、是否采用明显不相当的暴力、是否纠集他人参与打斗等客观情节，准确判断行为人的主观意图和行为性质。

因琐事发生争执，双方均不能保持克制而引发打斗，对于有过错的一方先动手且手段明显过激，或者一方先动手，在对方努力避免冲突的情况下仍继续侵害的，还击一方的行为一般应当认定为防卫行为。

双方因琐事发生冲突，冲突结束后，一方又实施不法侵害，对方还击，包括使用工具还击的，一般应当认定为防卫行为。不能仅因行为人事先进行防卫准备，就影响对其防卫意图的认定。

10. *防止将滥用防卫权的行为认定为防卫行为。*对于显著轻微的不法侵害，行为人在可以辨识的情况下，直接使用足以致人重伤或者死亡的方式进行制止的，不应认定为防卫行为。不法侵害系因行为人的重大过错引发，行为人在可以使用其他手段避免侵害的情况下，仍故意使用足以致人重伤或者死亡的方式还击的，不应认定为防卫行为。

三、防卫过当的具体适用

11. *准确把握防卫过当的认定条件。*根据刑法第二十条第二款的规定，认定防卫过当应当同时具备“明显超过必要限度”和“造成重大损害”两个条件，缺一不可。

12. *准确认定“明显超过必要限度”。*防卫是否“明显超过必要限度”，应当综合不法侵害的性质、手段、强度、危害程度和防卫的时机、手段、强度、损害后果等情节，考虑双方力量对比，立足防卫人防卫时所处情境，结合社会公众的一般认知作出判断。在判断不法侵害的危害程度时，不仅要考虑已经造成的损害，还要考虑造成进一步损害的紧迫危险性和现实可能性。不应当苛求防卫人必须采取与不法侵害基本相当的反击方式和强度。通过综合考量，对于防卫行为与不法侵害相差悬殊、明显过激的，应当认定防卫明显超过必要限度。

13. 准确认定“造成重大损害”。“造成重大损害”是指造成不法侵害人重伤、死亡。造成轻伤及以下损害的，不属于重大损害。防卫行为虽然明显超过必要限度但没有造成重大损害的，不应认定为防卫过当。

14. 准确把握防卫过当的刑罚裁量。防卫过当应当负刑事责任，但是应当减轻或者免除处罚。要综合考虑案件情况，特别是不法侵害人的过错程度、不法侵害的严重程度以及防卫人面对不法侵害的恐慌、紧张等心理，确保刑罚裁量适当、公正。对于因侵害人实施严重贬损他人人格尊严、严重违反伦理道德的不法侵害，或者多次、长期实施不法侵害所引发的防卫过当行为，在量刑时应当充分考虑，以确保案件处理既经得起法律检验，又符合社会公平正义观念。

四、特殊防卫的具体适用

15. 准确理解和把握“行凶”。根据刑法第二十条第三款的规定，下列行为应当认定为“行凶”：（1）使用致命性凶器，严重危及他人人身安全的；（2）未使用凶器或者未使用致命性凶器，但是根据不法侵害的人数、打击部位和力度等情况，确已严重危及他人人身安全的。虽然尚未造成实际损害，但已对人身安全造成严重、紧迫危险的，可以认定为“行凶”。

16. 准确理解和把握“杀人、抢劫、强奸、绑架”。刑法第二十条第三款规定的“杀人、抢劫、强奸、绑架”，是指具体犯罪行为而不是具体罪名。在实施不法侵害过程中存在杀人、抢劫、强奸、绑架等严重危及人身安全的暴力犯罪行为的，如以暴力手段抢劫枪支、弹药、爆炸物或者以绑架手段拐卖妇女、儿童的，可以实行特殊防卫。有关行为没有严重危及人身安全的，应当适用一般防卫的法律规定。

17. 准确理解和把握“其他严重危及人身安全的暴力犯罪”。刑法第二十条第三款规定的“其他严重危及人身安全的暴力犯罪”，应当是与杀人、抢劫、强奸、绑架行为相当，并具有致人重伤或者死亡的紧迫危险和现实可能的暴力犯罪。

18. 准确把握一般防卫与特殊防卫的关系。对于不符合特殊防卫起因条件的防卫行为，致不法侵害人伤亡的，如果没有明显超过必要限度，也应当认定为正当防卫，不负刑事责任。

五、工作要求

19. 做好侦查取证工作。公安机关在办理涉正当防卫案件时，要依法及时、全面收集与案件相关的各类证据，为案件的依法公正处理奠定事实根基。取证工作要及时，对冲突现场有视听资料、电子数据等证据材料的，应当第一时间调取；对冲突过程的目击证人，要第一时间询问。取证工作要全面，对证明案件事实有价值的各类证据都应当依法及时收集，特别是涉及判断是否属于防卫行为、是正当防卫还是防卫过当以及有关案件前因后果等的证据。

20. 依法公正处理案件。要全面审查事实证据，认真听取各方意见，高度重视犯罪嫌疑人、被告人及其辩护人提出的正当防卫或者防卫过当的辩解、辩护意见，并及时核查，以准确认定事实、正确适用法律。要及时披露办案进展等工作信息，回应社会关切。对于依法认定为正当防卫的案件，根据刑事诉讼法的规定，及时作出不予立案、撤销案件、不批准逮捕、不起诉的决定或者被告人无罪的判决。对于防卫过当案件，应当依法适用认罪认罚从宽制度；对于犯罪情节轻微，依法不需要判处刑罚或者免除刑罚的，人民检察院可以作出不起诉决定。对于不法侵害人涉嫌犯罪的，应当依法及时追诉。人民法院审理第一审的涉正当防卫案件，社会影响较大或者案情复杂的，由人民陪审员和法官组成合议庭进行审理；社会影响重大的，由人民陪审员和法官组成七人合议庭进行审理。

21. 强化释法析理工作。要围绕案件争议焦点和社会关切，以事实为根据、以法律为准绳，准确、细致地阐明案件处理的依据和理由，强化法律文书的释法析理，有效回应当事人和社会关切，使办案成为全民普法的法治公开课，达到办理一案、教育一片的效果。要尽最大可能做好矛盾化解工作，促进社会和谐稳定。

22. 做好法治宣传工作。要认真贯彻“谁执法、谁普法”的普法责任制，做好以案说法工作，使正当防卫案件的处理成为全民普法和宣扬社会主义核心价值观的过程。要加大涉正当防卫指导性案例、典型案例的发布力度，旗帜鲜明保护正当防卫者和见义勇为人的合法权益，弘扬社会正气，同时引导社会公众依法、理性、和平解决琐事纠纷，消除社会戾气，增进社会和谐。

最高人民法院关于审理未成年人刑事案件具体应用法律若干问题的解释

（2005 年 12 月 12 日最高人民法院审判委员会第 1373 次会议通过 2006 年 1 月 11 日最高人民法院公告公布 自 2006 年 1 月 23 日起施行 法释〔2006〕1 号）

为正确审理未成年人刑事案件，贯彻“教育为主，惩罚为辅”的原则，根据刑法等有关法律的规定，现就审理未成年人刑事案件具体应用法律的若干问题解释如下：

第一条 本解释所称未成年人刑事案件，是指被告人实施被指控的犯罪时已满十四周岁不满十八周岁的案件。

第二条 刑法第十七条规定的“周岁”，按照公历的年、月、日计算，从周岁生日的第二天起算。

第三条 审理未成年人刑事案件，应当查明被告人实施被指控的犯罪时的年龄。裁判文书中应当写明被告人出生的年、月、日。

第四条 对于没有充分证据证明被告人实施被指控的犯罪时已经达到法定刑事责任年龄且确实无法查明的，应当推定其没有达到相应法定刑事责任年龄。

相关证据足以证明被告人实施被指控的犯罪时已经达到法定刑事责任年龄，但是无法准确查明被告人具体出生日期的，应当认定其达到相应法定刑事责任年龄。

第五条 已满十四周岁不满十六周岁的人实施刑法第十七条第二款规定以外的行为，如果同时触犯了刑法第十七条第二款规定的，应当依照刑法第十七条第二款的规定确定罪名，定罪处罚。

第六条 已满十四周岁不满十六周岁的人偶尔与幼女发生性行为，情节轻微、未造成严重后果的，不认为是犯罪。

第七条 已满十四周岁不满十六周岁的人使用轻微暴力或者威胁，强行索要其他未成年人随身携带的生活、学习用品或者钱财数量不大，且未造成被害人轻微伤以上或者不敢正常到校学习、生活等危害后果的，不认为是犯罪。

已满十六周岁不满十八周岁的人具有前款规定情形的，一般也不认为是犯罪。

第八条 已满十六周岁不满十八周岁的人出于以大欺小、以强凌弱或者寻求精神刺激，随意殴打其他未成年人、多次对其他未成年人强拿硬要或者任意损毁公私财物，扰乱学校及其他公共场所秩序，情节严重的，以寻衅滋事罪定罪处罚。

第九条 已满十六周岁不满十八周岁的人实施盗窃行为未超过三次，盗窃数额虽已达到“数额较大”标准，但案发后能如实供述全部盗窃事实并积极退赃，且具有下列情形之一的，可以认定为“情节显著轻微危害不大”，不认为是犯罪：

（一）系又聋又哑的人或者盲人；

（二）在共同盗窃中起次要或者辅助作用，或者被胁迫；

（三）具有其他轻微情节的。

已满十六周岁不满十八周岁的人盗窃未遂或者中止的，可不认为是犯罪。

已满十六周岁不满十八周岁的人盗窃自己家庭或者近亲属财物，或者盗窃其他亲属财物但其他亲属要求不予追究的，可以不按犯罪处理。

第十条 已满十四周岁不满十六周岁的人盗窃、诈骗、抢夺他人财物，为窝藏赃物、抗拒抓捕或者毁灭罪证，当场使用暴力，故意伤害致人重伤或者死亡，或者故意杀人的，应当分别以故意伤害罪或者故意杀人罪定罪处罚。

已满十六周岁不满十八周岁的人犯盗窃、诈骗、抢夺罪，为窝藏赃物、抗拒抓捕或者毁灭罪证而当场使用暴力或者以暴力相威胁的，应当依照刑法第二百六十九条的规定定罪处罚；情节轻微的，可不以抢劫罪定罪处罚。

第十一条 对未成年罪犯适用刑罚，应当充分考虑是否有利于未成年罪犯的教育和矫正。

对未成年罪犯量刑应当依照刑法第六十一条的规定，并充分考虑未成年人实施犯罪行为的动机和目的、犯罪时的年龄、是否初次犯罪、犯罪后的悔罪表现、个人成长经历和一贯表现等因素。对符合管制、缓刑、单处罚金或者免予刑事处罚适用条件的未成年罪犯，应当依法适用管制、缓刑、单处罚金或者免予刑事处罚。

第十二条 行为人在达到法定刑事责任年龄前后均实施了犯罪行为，只能依法追究其达到法定刑事责任年龄后实施的犯罪行为的刑事责任。

行为人在年满十八周岁前后实施了不同种犯罪行为，对其年满十八周岁以前实施的犯罪应当依法从轻或者减轻处罚。行为人在年满十八周岁前后实施了同种犯罪行为，在量刑时应当考虑对年满十八周岁以前实施的犯罪，适当给予从轻或者减轻处罚。

第十三条 未成年人犯罪只有罪行极其严重的，才可以适用无期徒刑。对已满十四周岁不满十六周岁的人犯罪一般不判处无期徒刑。

第十四条 除刑法规定"应当"附加剥夺政治权利外，对未成年犯罪一般不判处附加剥夺政治权利。

如果对未成年犯罪判处附加剥夺政治权利的，应当依法从轻判处。

对实施被指控犯罪时未成年、审判时已成年的罪犯判处附加剥夺政治权利，适用前款的规定。

第十五条 对未成年罪犯实施刑法规定的"并处"没收财产或者罚金的犯罪，应当依法判处相应的财产刑；对未成年罪犯实施刑法规定的"可以并处"没收财产或者罚金的犯罪，一般不判处财产刑。

对未成年罪犯判处罚金刑时，应当依法从轻或者减轻判处，并根据犯罪情节，综合考虑其缴纳罚金的能力，确定罚金数额。但罚金的最低数额不得少于五百元人民币。

对被判处罚金刑的未成年罪犯，其监护人或者其他人自愿代为垫付罚金的，人民法院应当允许。

第十六条 对未成年罪犯符合刑法第七十二条第一款规定的，可以宣告缓刑。如果同时具有下列情形之一，对其适用缓刑确实不致再危害社会的，应当宣告缓刑：

（一）初次犯罪；

（二）积极退赃或赔偿被害人经济损失；

（三）具备监护、帮教条件。

第十七条 未成年罪犯根据其所犯罪行，可能被判处拘役、三年以下有期徒刑，如果悔罪表现好，并具有下列情形之一的，应当依照刑法第三十七条的规定免予刑事处罚：

（一）系又聋又哑的人或者盲人；

（二）防卫过当或者避险过当；

（三）犯罪预备、中止或者未遂；

（四）共同犯罪中从犯、胁从犯；

（五）犯罪后自首或者有立功表现；

（六）其他犯罪情节轻微不需要判处刑罚的。

第十八条 对未成年罪犯的减刑、假释，在掌握标准上可以比照成年罪犯依法适度放宽。

未成年罪犯能认罪服法，遵守监规，积极参加学习、劳动的，即可视为“确有悔改表现”予以减刑，其减刑的幅度可以适当放宽，间隔的时间可以相应缩短。符合刑法第八十一条第一款规定的，可以假释。

未成年罪犯在服刑期间已经成年的，对其减刑、假释可以适用上述规定。

第十九条 刑事附带民事案件的未成年被告人有个人财产的，应当由本人承担民事赔偿责任，不足部分由监护人予以赔偿，但单位担任监护人的除外。

被告人对被害人物质损失的赔偿情况，可以作为量刑情节予以考虑。

第二十条 本解释自2006年1月23日起施行。

《最高人民法院关于办理未成年人刑事案件适用法律的若干问题的解释》（法发〔1995〕9号）自本解释公布之日起不再执行。

最高人民法院关于审理单位犯罪案件具体应用法律有关问题的解释

（1999年6月18日最高人民法院审判委员会第1069次会议通过 1999年6月25日最高人民法院公告公布 自1999年7月3日起施行 法释〔1999〕14号）

为依法惩治单位犯罪活动，根据刑法的有关规定，现对审理单位犯罪案件具体应用法律的有关问题解释如下：

第一条 刑法第三十条规定的“公司、企业、事业单位”，既包括国有、集体所有的公司、企业、事业单位，也包括依法设立的合资经营、合作经营企业和具有法人资格的独资、私营等公司、企业、事业单位。

第二条 个人为进行违法犯罪活动而设立的公司、企业、事业单位实施犯罪的，或者公司、企业、事业单位设立后，以实施犯罪为主要活动的，不以单位犯罪论处。

第三条 盗用单位名义实施犯罪，违法所得由实施犯罪的个人私分的，依照刑法有关自然人犯罪的规定定罪处罚。

最高人民法院关于依法妥善审理高空抛物、坠物案件的意见

（2019年10月21日　法发〔2019〕25号）

近年来，高空抛物、坠物事件不断发生，严重危害公共安全，侵害人民群众合法权益，影响社会和谐稳定。为充分发挥司法审判的惩罚、规范和预防功能，依法妥善审理高空抛物、坠物案件，切实维护人民群众“头顶上的安全”，保障人民安居乐业，维护社会公平正义，依据《中华人民共和国刑法》《中华人民共和国侵权责任法》等相关法律，提出如下意见。

一、加强源头治理，监督支持依法行政，有效预防和惩治高空抛物、坠物行为

1. 树立预防和惩治高空抛物、坠物行为的基本理念。人民法院要切实贯彻以人民为中心的发展理念，将预防和惩治高空抛物、坠物行为作为当前和今后一段时期的重要任务，充分发挥司法职能作用，保护人民群众生命财产安全。要积极推动预防和惩治高空抛物、坠物行为的综合治理、协同治理工作，及时排查整治安全隐患，确保人民群众“头顶上的安全”，不断增强人民群众的幸福感、安全感。要努力实现依法制裁、救济损害与维护公共安全、保障人民群众安居乐业的有机统一，促进社会和谐稳定。

2. 积极推动将高空抛物、坠物行为的预防与惩治纳入诉源治理机制建设。切实发挥人民法院在诉源治理中的参与、推动、规范和保障作用，加强与公安、基层组织等的联动，积极推动和助力有关部门完善防范高空抛物、坠物的工作举措，形成有效合力。注重发挥司法建议作用，对在审理高空抛物、坠物案件中发现行政机关、基层组织、物业服务企业等有关单位存在的工作疏漏、隐患风险等问题，及时提出司法建议，督促整改。

3. 充分发挥行政审判促进依法行政的职能作用。注重发挥行政审

判对预防和惩治高空抛物、坠物行为的积极作用，切实保护受害人依法申请行政机关履行保护其人身权、财产权等合法权益法定职责的权利，监督行政机关依法行使行政职权、履行相应职责。受害人等行政相对方对行政机关在履职过程中违法行使职权或者不作为提起行政诉讼的，人民法院应当依法及时受理。

二、依法惩处构成犯罪的高空抛物、坠物行为，切实维护人民群众生命财产安全

4. 充分认识高空抛物、坠物行为的社会危害性。高空抛物、坠物行为损害人民群众人身、财产安全，极易造成人身伤亡和财产损失，引发社会矛盾纠纷。人民法院要高度重视高空抛物、坠物行为的现实危害，深刻认识运用刑罚手段惩治情节和后果严重的高空抛物、坠物行为的必要性和重要性，依法惩治此类犯罪行为，有效防范、坚决遏制此类行为发生。

5. 准确认定高空抛物犯罪。对于高空抛物行为，应当根据行为人的动机、抛物场所、抛掷物的情况以及造成的后果等因素，全面考量行为的社会危害程度，准确判断行为性质，正确适用罪名，准确裁量刑罚。

故意从高空抛弃物品，尚未造成严重后果，但足以危害公共安全的，依照刑法第一百一十四条规定的以危险方法危害公共安全罪定罪处罚；致人重伤、死亡或者使公私财产遭受重大损失的，依照刑法第一百一十五条第一款的规定处罚。为伤害、杀害特定人员实施上述行为的，依照故意伤害罪、故意杀人罪定罪处罚。

6. 依法从重惩治高空抛物犯罪。具有下列情形之一的，应当从重处罚，一般不得适用缓刑：(1) 多次实施的；(2) 经劝阻仍继续实施的；(3) 受过刑事处罚或者行政处罚后又实施的；(4) 在人员密集场所实施的；(5) 其他情节严重的情形。

7. 准确认定高空坠物犯罪。过失导致物品从高空坠落，致人死亡、重伤，符合刑法第二百三十三条、第二百三十五条规定的，依照过失致人死亡罪、过失致人重伤罪定罪处罚。在生产、作业中违反有关安全管理规定，从高空坠落物品，发生重大伤亡事故或者造成其他严重后果的，依照刑法第一百三十四条第一款的规定，以重大责任事故罪定罪处罚。

三、坚持司法为民、公正司法，依法妥善审理高空抛物、坠物民事案件

8. 加强高空抛物、坠物民事案件的审判工作。人民法院在处理高空抛物、坠物民事案件时，要充分认识此类案件中侵权行为给人民群众生命、健康、财产造成的严重损害，把维护人民群众合法权益放在首位。针对此类案件直接侵权人查找难、影响面广、处理难度大等特点，要创新审判方式，坚持多措并举，依法严惩高空抛物行为人，充分保护受害人。

9. 做好诉讼服务与立案释明工作。人民法院对高空抛物、坠物案件，要坚持有案必立、有诉必理，为受害人线上线下立案提供方便。在受理从建筑物中抛掷物品、坠落物品造成他人损害的纠纷案件时，要向当事人释明尽量提供具体明确的侵权人，尽量限缩“可能加害的建筑物使用人”范围，减轻当事人诉累。对侵权人不明又不能依法追加其他责任人的，引导当事人通过多元化纠纷解决机制化解矛盾、补偿损失。

10. 综合运用民事诉讼证据规则。人民法院在适用侵权责任法第八十七条裁判案件时，对能够证明自己不是侵权人的“可能加害的建筑物使用人”，依法予以免责。要加大依职权调查取证力度，积极主动向物业服务企业、周边群众、技术专家等询问查证，加强与公安部门、基层组织等沟通协调，充分运用日常生活经验法则，最大限度查找确定直接侵权人并依法判决其承担侵权责任。

11. 区分坠落物、抛掷物的不同法律适用规则。建筑物及其搁置物、悬挂物发生脱落、坠落造成他人损害的，所有人、管理人或者使用人不能证明自己没有过错的，人民法院应当适用侵权责任法第八十五条的规定，依法判决其承担侵权责任；有其他责任人的，所有人、管理人或者使用人赔偿后向其他责任人主张追偿权的，人民法院应予支持。从建筑物中抛掷物品造成他人损害的，应当尽量查明直接侵权人，并依法判决其承担侵权责任。

12. 依法确定物业服务企业的责任。物业服务企业不履行或者不完全履行物业服务合同约定或者法律法规规定、相关行业规范确定的维修、养护、管理和维护义务，造成建筑物及其搁置物、悬挂物发生脱落、坠落致使他人损害的，人民法院依法判决其承担侵权责任。有其他责任人的，物业服务企业承担责任后，向其他责任人行使追偿权的，人

民法院应予支持。物业服务企业隐匿、销毁、篡改或者拒不向人民法院提供相应证据，导致案件事实难以认定的，应当承担相应的不利后果。

13. 完善相关的审判程序机制。人民法院在审理疑难复杂或社会影响较大的高空抛物、坠物民事案件时，要充分运用人民陪审员、合议庭、主审法官会议等机制，充分发挥院、庭长的监督职责。涉及侵权责任法第八十七条适用的，可以提交院审判委员会讨论决定。

四、注重多元化解，坚持多措并举，不断完善预防和调处高空抛物、坠物纠纷的工作机制

14. 充分发挥多元解纷机制的作用。人民法院应当将高空抛物、坠物民事案件的处理纳入到建设一站式多元解纷机制的整体工作中，加强诉前、诉中调解工作，有效化解矛盾纠纷，努力实现法律效果与社会效果相统一。要根据每一个高空抛物、坠物案件的具体特点，带着对受害人的真挚感情，为当事人解难题、办实事，尽力做好调解工作，力促案结事了人和。

15. 推动完善社会救助工作。要充分运用诉讼费缓减免和司法救助制度，依法及时对经济上确有困难的高空抛物、坠物案件受害人给予救济。通过案件裁判、规则指引积极引导当事人参加社会保险转移风险、分担损失。支持各级政府有关部门探索建立高空抛物事故社会救助基金或者进行试点工作，对受害人损害进行合理分担。

16. 积极完善工作举措。要通过多种形式特别是人民群众喜闻乐见的方式加强法治宣传，持续强化以案释法工作，充分发挥司法裁判规范、指导、评价、引领社会价值的重要作用，大力弘扬社会主义核心价值观，形成良好社会风尚。要深入调研高空抛物、坠物案件的司法适用疑难问题，认真总结审判经验。对审理高空抛物、坠物案件中发现的新情况、新问题，及时层报最高人民法院。

最高人民法院、最高人民检察院、公安部关于依法惩治妨害公共交通工具安全驾驶违法犯罪行为的指导意见

（2019年1月8日）

各省、自治区、直辖市高级人民法院、人民检察院、公安厅（局），新疆维吾尔自治区高级人民法院生产建设兵团分院，新疆生产建设兵团人民检察院、公安局：

近期，一些地方接连发生在公共交通工具上妨害安全驾驶的行为。有的乘客仅因琐事纷争，对正在驾驶公共交通工具的驾驶人员实施暴力干扰行为，造成重大人员伤亡、财产损失，严重危害公共安全，社会反响强烈。为依法惩治妨害公共交通工具安全驾驶违法犯罪行为，维护公共交通安全秩序，保护人民群众生命财产安全，根据有关法律规定，制定本意见。

一、准确认定行为性质，依法从严惩处妨害安全驾驶犯罪

（一）乘客在公共交通工具行驶过程中，抢夺方向盘、变速杆等操纵装置，殴打、拉拽驾驶人员，或者有其他妨害安全驾驶行为，危害公共安全，尚未造成严重后果的，依照刑法第一百一十四条的规定，以以危险方法危害公共安全罪定罪处罚；致人重伤、死亡或者使公私财产遭受重大损失的，依照刑法第一百一十五条第一款的规定，以以危险方法危害公共安全罪定罪处罚。

实施前款规定的行为，具有以下情形之一的，从重处罚：

1. 在夜间行驶或者恶劣天气条件下行驶的公共交通工具上实施的；

2. 在临水、临崖、急弯、陡坡、高速公路、高架道路、桥隧路段及其他易发生危险的路段实施的；

3. 在人员、车辆密集路段实施的；

4. 在实际载客10人以上或者时速60公里以上的公共交通工具上实

施的；

5. 经他人劝告、阻拦后仍然继续实施的；

6. 持械袭击驾驶人员的；

7. 其他严重妨害安全驾驶的行为。

实施上述行为，即使尚未造成严重后果，一般也不得适用缓刑。

（二）乘客在公共交通工具行驶过程中，随意殴打其他乘客，追逐、辱骂他人，或者起哄闹事，妨害公共交通工具运营秩序，符合刑法第二百九十三条规定的，以寻衅滋事罪定罪处罚；妨害公共交通工具安全行驶，危害公共安全的，依照刑法第一百一十四条、第一百一十五条第一款的规定，以以危险方法危害公共安全罪定罪处罚。

（三）驾驶人员在公共交通工具行驶过程中，与乘客发生纷争后违规操作或者擅离职守，与乘客厮打、互殴，危害公共安全，尚未造成严重后果的，依照刑法第一百一十四条的规定，以以危险方法危害公共安全罪定罪处罚；致人重伤、死亡或者使公私财产遭受重大损失的，依照刑法第一百一十五条第一款的规定，以以危险方法危害公共安全罪定罪处罚。

（四）对正在进行的妨害安全驾驶的违法犯罪行为，乘客等人员有权采取措施予以制止。制止行为造成违法犯罪行为人损害，符合法定条件的，应当认定为正当防卫。

（五）正在驾驶公共交通工具的驾驶人员遭到妨害安全驾驶行为侵害时，为避免公共交通工具倾覆或者人员伤亡等危害后果发生，采取紧急制动或者躲避措施，造成公共交通工具、交通设施损坏或者人身损害，符合法定条件的，应当认定为紧急避险。

（六）以暴力、威胁方法阻碍国家机关工作人员依法处置妨害安全驾驶违法犯罪行为、维护公共交通秩序的，依照刑法第二百七十七条的规定，以妨害公务罪定罪处罚；暴力袭击正在依法执行职务的人民警察的，从重处罚。

（七）本意见所称公共交通工具，是指公共汽车、公路客运车，大、中型出租车等车辆。

二、加强协作配合，有效维护公共交通安全秩序

妨害公共交通工具安全驾驶行为具有高度危险性，极易诱发重大交通事故，造成重大人身伤亡、财产损失，严重威胁公共安全。各级人民法院、人民检察院和公安机关要高度重视妨害安全驾驶行为的现实危害，深刻认识维护公共交通秩序对于保障人民群众生命财产安全与社会和谐稳定的重大意义，准确认定行为性质，依法从严惩处，充分发挥刑罚的震慑、教育作用，预防、减少妨害安全驾驶不法行为发生。

公安机关接到妨害安全驾驶相关警情后要及时处警，采取果断措施予以处置；要妥善保护事发现场，全面收集、提取证据，特别是注意收集行车记录仪、道路监控等视听资料。人民检察院应当对公安机关的立案、侦查活动进行监督；对于公安机关提请批准逮捕、移送审查起诉的案件，符合逮捕、起诉条件的，应当依法予以批捕、起诉。人民法院应当及时公开、公正审判。对于妨害安全驾驶行为构成犯罪的，严格依法追究刑事责任；尚不构成犯罪但构成违反治安管理行为的，依法给予治安管理处罚。

在办理案件过程中，人民法院、人民检察院和公安机关要综合考虑公共交通工具行驶速度、通行路段情况、载客情况、妨害安全驾驶行为的严重程度及对公共交通安全的危害大小、行为人认罪悔罪表现等因素，全面准确评判，充分彰显强化保障公共交通安全的价值导向。

三、强化宣传警示教育，提升公众交通安全意识

人民法院、人民检察院、公安机关要积极回应人民群众关切，对于社会影响大、舆论关注度高的重大案件，在依法办案的同时要视情向社会公众发布案件进展情况。要广泛拓展传播渠道，尤其是充分运用微信公众号、微博等网络新媒体，及时通报案件信息、澄清事实真相，借助焦点案事件向全社会传递公安和司法机关坚决惩治妨害安全驾驶违法犯罪的坚定决心，提升公众的安全意识、规则意识和法治意识。

办案单位要切实贯彻“谁执法、谁普法”的普法责任制，以各种有效形式开展以案释法，选择妨害安全驾驶犯罪的典型案例进行庭审直播，或者邀请专家学者、办案人员进行解读，阐明妨害安全驾驶行为的违法性、危害性。要坚持弘扬社会正气，选择及时制止妨害安全驾驶行为的见义勇为事例进行褒扬，向全社会广泛宣传制止妨害安全驾驶行为的正当性、必要性。

各地各相关部门要认真贯彻执行。执行中遇有问题，请及时上报。

最高人民法院、最高人民检察院、公安部关于办理醉酒驾驶机动车刑事案件适用法律若干问题的意见

（2013 年 12 月 18 日　法发〔2013〕15 号）

为保障法律的正确、统一实施，依法惩处醉酒驾驶机动车犯罪，维护公共安全和人民群众生命财产安全，根据刑法、刑事诉讼法的有关规定，结合侦查、起诉、审判实践，制定本意见。

一、在道路上驾驶机动车，血液酒精含量达到 80 毫克/100 毫升以上的，属于醉酒驾驶机动车，依照刑法第一百三十三条之一第一款的规定，以危险驾驶罪定罪处罚。

前款规定的“道路”“机动车”，适用道路交通安全法的有关规定。

二、醉酒驾驶机动车，具有下列情形之一的，依照刑法第一百三十三条之一第一款的规定，从重处罚：

（一）造成交通事故且负事故全部或者主要责任，或者造成交通事故后逃逸，尚未构成其他犯罪的；

（二）血液酒精含量达到 200 毫克/100 毫升以上的；

（三）在高速公路、城市快速路上驾驶的；

（四）驾驶载有乘客的营运机动车的；

（五）有严重超员、超载或者超速驾驶，无驾驶资格驾驶机动车，使用伪造或者变造的机动车牌证等严重违反道路交通安全法的行为的；

（六）逃避公安机关依法检查，或者拒绝、阻碍公安机关依法检查尚未构成其他犯罪的；

（七）曾因酒后驾驶机动车受过行政处罚或者刑事追究的；

（八）其他可以从重处罚的情形。

三、醉酒驾驶机动车，以暴力、威胁方法阻碍公安机关依法检查，又构成妨害公务罪等其他犯罪的，依照数罪并罚的规定处罚。

四、对醉酒驾驶机动车的被告人判处罚金，应当根据被告人的醉酒程度、是否造成实际损害、认罪悔罪态度等情况，确定与主刑相适应的罚金数额。

五、公安机关在查处醉酒驾驶机动车的犯罪嫌疑人时，对查获经过、呼气酒精含量检验和抽取血样过程应当制作记录；有条件的，应当拍照、录音或者录像；有证人的，应当收集证人证言。

六、血液酒精含量检验鉴定意见是认定犯罪嫌疑人是否醉酒的依据。犯罪嫌疑人经呼气酒精含量检验达到本意见第一条规定的醉酒标准，在抽取血样之前脱逃的，可以以呼气酒精含量检验结果作为认定其醉酒的依据。

犯罪嫌疑人在公安机关依法检查时，为逃避法律追究，在呼气酒精含量检验或者抽取血样前又饮酒，经检验其血液酒精含量达到本意见第一条规定的醉酒标准的，应当认定为醉酒。

七、办理醉酒驾驶机动车刑事案件，应当严格执行刑事诉讼法的有关规定，切实保障犯罪嫌疑人、被告人的诉讼权利，在法定诉讼期限内及时侦查、起诉、审判。

对醉酒驾驶机动车的犯罪嫌疑人、被告人，根据案件情况，可以拘留或者取保候审。对符合取保候审条件，但犯罪嫌疑人、被告人不能提出保证人，也不交纳保证金的，可以监视居住。对违反取保候审、监视居住规定的犯罪嫌疑人、被告人，情节严重的，可以予以逮捕。

最高人民法院关于审理交通肇事刑事案件具体应用法律若干问题的解释

（2000 年 11 月 10 日最高人民法院审判委员会第 1136 次会议通过
2000 年 11 月 15 日最高人民法院公告公布　自 2000 年 11 月 21 日起施行
法释〔2000〕33 号）

为依法惩处交通肇事犯罪活动，根据刑法有关规定，现将审理交通肇事刑事案件具体应用法律的若干问题解释如下：

第一条　从事交通运输人员或者非交通运输人员，违反交通运输管理法规发生重大交通事故，在分清事故责任的基础上，对于构成犯罪的，依照刑法第一百三十三条的规定定罪处罚。

第二条　交通肇事具有下列情形之一的，处 3 年以下有期徒刑或者拘役：

（一）死亡 1 人或者重伤 3 人以上，负事故全部或者主要责任的；

（二）死亡 3 人以上，负事故同等责任的；

（三）造成公共财产或者他人财产直接损失，负事故全部或者主要责任，无能力赔偿数额在 30 万元以上的。

交通肇事致 1 人以上重伤，负事故全部或者主要责任，并具有下列情形之一的，以交通肇事罪定罪处罚：

（一）酒后、吸食毒品后驾驶机动车辆的；

（二）无驾驶资格驾驶机动车辆的；

（三）明知是安全装置不全或者安全机件失灵的机动车辆而驾驶的；

（四）明知是无牌证或者已报废的机动车辆而驾驶的；

（五）严重超载驾驶的；

（六）为逃避法律追究逃离事故现场的。

第三条　“交通运输肇事后逃逸”，是指行为人具有本解释第二条第一款规定和第二款第（一）至（五）项规定的情形之一，在发生交通事故后，为逃避法律追究而逃跑的行为。

第四条 交通肇事具有下列情形之一的，属于“有其他特别恶劣情节”，处3年以上7年以下有期徒刑：

（一）死亡2人以上或者重伤5人以上，负事故全部或者主要责任的；

（二）死亡6人以上，负事故同等责任的；

（三）造成公共财产或者他人财产直接损失，负事故全部或者主要责任，无能力赔偿数额在60万元以上的。

第五条 “因逃逸致人死亡”，是指行为人在交通肇事后为逃避法律追究而逃跑，致使被害人因得不到救助而死亡的情形。

交通肇事后，单位主管人员、机动车辆所有人、承包人或者乘车人指使肇事人逃逸，致使被害人因得不到救助而死亡的，以交通肇事罪的共犯论处。

第六条 行为人在交通肇事后为逃避法律追究，将被害人带离事故现场后隐藏或者遗弃，致使被害人无法得到救助而死亡或者严重残疾的，应当分别依照刑法第二百三十二条、第二百三十四条第二款的规定，以故意杀人罪或者故意伤害罪定罪处罚。

第七条 单位主管人员、机动车辆所有人或者机动车辆承包人指使、强令他人违章驾驶造成重大交通事故，具有本解释第二条规定情形之一的，以交通肇事罪定罪处罚。

第八条 在实行公共交通管理的范围内发生重大交通事故的，依照刑法第一百三十三条和本解释的有关规定办理。

在公共交通管理的范围外，驾驶机动车辆或者使用其他交通工具致人伤亡或者致使公共财产或者他人财产遭受重大损失，构成犯罪的，分别依照刑法第一百三十四条、第一百三十五条、第二百三十三条等规定定罪处罚。

第九条 各省、自治区、直辖市高级人民法院可以根据本地实际情况，在30万元至60万元、60万元至100万元的幅度内，确定本地区执行本解释第二条第一款第（三）项、第四条第（三）项的起点数额标准，并报最高人民法院备案。

最高人民法院、最高人民检察院关于办理危害药品安全刑事案件适用法律若干问题的解释

（2014年9月22日最高人民法院审判委员会第1626次会议、2014年3月17日最高人民检察院第十二届检察委员会第18次会议通过　2014年11月3日最高人民法院、最高人民检察院公告公布　自2014年12月1日起施行　法释〔2014〕14号）

为依法惩治危害药品安全犯罪，保障人民群众生命健康安全，维护药品市场秩序，根据《中华人民共和国刑法》的规定，现就办理这类刑事案件适用法律的若干问题解释如下：

第一条　生产、销售假药，具有下列情形之一的，应当酌情从重处罚：

（一）生产、销售的假药以孕产妇、婴幼儿、儿童或者危重病人为主要使用对象的；

（二）生产、销售的假药属于麻醉药品、精神药品、医疗用毒性药品、放射性药品、避孕药品、血液制品、疫苗的；

（三）生产、销售的假药属于注射剂药品、急救药品的；

（四）医疗机构、医疗机构工作人员生产、销售假药的；

（五）在自然灾害、事故灾难、公共卫生事件、社会安全事件等突发事件期间，生产、销售用于应对突发事件的假药的；

（六）两年内曾因危害药品安全违法犯罪活动受过行政处罚或者刑事处罚的；

（七）其他应当酌情从重处罚的情形。

第二条　生产、销售假药，具有下列情形之一的，应当认定为刑法第一百四十一条规定的“对人体健康造成严重危害”：

（一）造成轻伤或者重伤的；

（二）造成轻度残疾或者中度残疾的；

（三）造成器官组织损伤导致一般功能障碍或者严重功能障碍的；

（四）其他对人体健康造成严重危害的情形。

第三条 生产、销售假药，具有下列情形之一的，应当认定为刑法第一百四十一条规定的“其他严重情节”：

（一）造成较大突发公共卫生事件的；

（二）生产、销售金额二十万元以上不满五十万元的；

（三）生产、销售金额十万元以上不满二十万元，并具有本解释第一条规定情形之一的；

（四）根据生产、销售的时间、数量、假药种类等，应当认定为情节严重的。

第四条 生产、销售假药，具有下列情形之一的，应当认定为刑法第一百四十一条规定的“其他特别严重情节”：

（一）致人重度残疾的；

（二）造成三人以上重伤、中度残疾或者器官组织损伤导致严重功能障碍的；

（三）造成五人以上轻度残疾或者器官组织损伤导致一般功能障碍的；

（四）造成十人以上轻伤的；

（五）造成重大、特别重大突发公共卫生事件的；

（六）生产、销售金额五十万元以上的；

（七）生产、销售金额二十万元以上不满五十万元，并具有本解释第一条规定情形之一的；

（八）根据生产、销售的时间、数量、假药种类等，应当认定为情节特别严重的。

第五条 生产、销售劣药，具有本解释第二条规定情形之一的，应当认定为刑法第一百四十二条规定的“对人体健康造成严重危害”。

生产、销售劣药，致人死亡，或者具有本解释第四条第一项至第五项规定情形之一的，应当认定为刑法第一百四十二条规定的“后果特别严重”。

生产、销售劣药，具有本解释第一条规定情形之一的，应当酌情从重处罚。

第六条 以生产、销售假药、劣药为目的，实施下列行为之一的，应当认定为刑法第一百四十一条、第一百四十二条规定的“生产”：

（一）合成、精制、提取、储存、加工炮制药品原料的行为；

（二）将药品原料、辅料、包装材料制成成品过程中，进行配料、混合、制剂、储存、包装的行为；

（三）印制包装材料、标签、说明书的行为。

医疗机构、医疗机构工作人员明知是假药、劣药而有偿提供给他人使用，或者为出售而购买、储存的行为，应当认定为刑法第一百四十一条、第一百四十二条规定的“销售”。

第七条 违反国家药品管理法律法规，未取得或者使用伪造、变造的药品经营许可证，非法经营药品，情节严重的，依照刑法第二百二十五条的规定以非法经营罪定罪处罚。

以提供给他人生产、销售药品为目的，违反国家规定，生产、销售不符合药用要求的非药品原料、辅料，情节严重的，依照刑法第二百二十五条的规定以非法经营罪定罪处罚。

实施前两款行为，非法经营数额在十万元以上，或者违法所得数额在五万元以上的，应当认定为刑法第二百二十五条规定的“情节严重”；非法经营数额在五十万元以上，或者违法所得数额在二十五万元以上的，应当认定为刑法第二百二十五条规定的“情节特别严重”。

实施本条第二款行为，同时又构成生产、销售伪劣产品罪、以危险方法危害公共安全罪等犯罪的，依照处罚较重的规定定罪处罚。

第八条 明知他人生产、销售假药、劣药，而有下列情形之一的，以共同犯罪论处：

（一）提供资金、贷款、账号、发票、证明、许可证件的；

（二）提供生产、经营场所、设备或者运输、储存、保管、邮寄、网络销售渠道等便利条件的；

（三）提供生产技术或者原料、辅料、包装材料、标签、说明书的；

（四）提供广告宣传等帮助行为的。

第九条 广告主、广告经营者、广告发布者违反国家规定，利用广告对药品作虚假宣传，情节严重的，依照刑法第二百二十二条的规定以虚假广告罪定罪处罚。

第十条 实施生产、销售假药、劣药犯罪，同时构成生产、销售伪劣产品、侵犯知识产权、非法经营、非法行医、非法采供血等犯罪的，依照处罚较重的规定定罪处罚。

第十一条 对实施本解释规定之犯罪的犯罪分子，应当依照刑法规定的条件，严格缓刑、免予刑事处罚的适用。对于适用缓刑的，应当同时宣告禁止令，禁止犯罪分子在缓刑考验期内从事药品生产、销售及相关活动。

销售少量根据民间传统配方私自加工的药品，或者销售少量未经批准进口的国外、境外药品，没有造成他人伤害后果或者延误诊治，情节显著轻微危害不大的，不认为是犯罪。

第十二条 犯生产、销售假药罪的，一般应当依法判处生产、销售金额二倍以上的罚金。共同犯罪的，对各共同犯罪人合计判处的罚金应当在生产、销售金额的二倍以上。

第十三条 单位犯本解释规定之罪的，对单位判处罚金，并对直接负责的主管人员和其他直接责任人员，依照本解释规定的自然人犯罪的定罪量刑标准处罚。

第十四条 是否属于刑法第一百四十一条、第一百四十二条规定的"假药""劣药"难以确定的，司法机关可以根据地市级以上药品监督管理部门出具的认定意见等相关材料进行认定。必要时，可以委托省级以上药品监督管理部门设置或者确定的药品检验机构进行检验。

第十五条 本解释所称"生产、销售金额"，是指生产、销售假药、劣药所得和可得的全部违法收入。

第十六条 本解释规定的"轻伤""重伤"按照《人体损伤程度鉴定标准》进行鉴定。

本解释规定的"轻度残疾""中度残疾""重度残疾"按照相关伤残等级评定标准进行评定。

第十七条 本解释发布施行后，《最高人民法院、最高人民检察院关于办理生产、销售假药、劣药刑事案件具体应用法律若干问题的解释》（法释〔2009〕9号）同时废止；之前发布的司法解释和规范性文件与本解释不一致的，以本解释为准。

最高人民法院、最高人民检察院关于办理危害食品安全刑事案件适用法律若干问题的解释

（2013 年 4 月 28 日最高人民法院审判委员会第 1576 次会议、2013 年 4 月 28 日最高人民检察院第十二届检察委员会第 5 次会议通过 2013 年 5 月 2 日最高人民法院、最高人民检察院公告公布 自 2013 年 5 月 4 日起施行 法释〔2013〕12 号）

为依法惩治危害食品安全犯罪，保障人民群众身体健康、生命安全，根据刑法有关规定，对办理此类刑事案件适用法律的若干问题解释如下：

第一条 生产、销售不符合食品安全标准的食品，具有下列情形之一的，应当认定为刑法第一百四十三条规定的“足以造成严重食物中毒事故或者其他严重食源性疾病”：

（一）含有严重超出标准限量的致病性微生物、农药残留、兽药残留、重金属、污染物质以及其他危害人体健康的物质的；

（二）属于病死、死因不明或者检验检疫不合格的畜、禽、兽、水产动物及其肉类、肉类制品的；

（三）属于国家为防控疾病等特殊需要明令禁止生产、销售的；

（四）婴幼儿食品中生长发育所需营养成分严重不符合食品安全标准的；

（五）其他足以造成严重食物中毒事故或者严重食源性疾病的情形。

第二条 生产、销售不符合食品安全标准的食品，具有下列情形之一的，应当认定为刑法第一百四十三条规定的“对人体健康造成严重危害”：

（一）造成轻伤以上伤害的；

（二）造成轻度残疾或者中度残疾的；

（三）造成器官组织损伤导致一般功能障碍或者严重功能障碍的；

（四）造成十人以上严重食物中毒或者其他严重食源性疾病的；

（五）其他对人体健康造成严重危害的情形。

第三条 生产、销售不符合食品安全标准的食品，具有下列情形之一的，应当认定为刑法第一百四十三条规定的“其他严重情节”：

（一）生产、销售金额二十万元以上的；

（二）生产、销售金额十万元以上不满二十万元，不符合食品安全标准的食品数量较大或者生产、销售持续时间较长的；

（三）生产、销售金额十万元以上不满二十万元，属于婴幼儿食品的；

（四）生产、销售金额十万元以上不满二十万元，一年内曾因危害食品安全违法犯罪活动受过行政处罚或者刑事处罚的；

（五）其他情节严重的情形。

第四条 生产、销售不符合食品安全标准的食品，具有下列情形之一的，应当认定为刑法第一百四十三条规定的“后果特别严重”：

（一）致人死亡或者重度残疾的；

（二）造成三人以上重伤、中度残疾或者器官组织损伤导致严重功能障碍的；

（三）造成十人以上轻伤、五人以上轻度残疾或者器官组织损伤导致一般功能障碍的；

（四）造成三十人以上严重食物中毒或者其他严重食源性疾病的；

（五）其他特别严重的后果。

第五条 生产、销售有毒、有害食品，具有本解释第二条规定情形之一的，应当认定为刑法第一百四十四条规定的“对人体健康造成严重危害”。

第六条 生产、销售有毒、有害食品，具有下列情形之一的，应当认定为刑法第一百四十四条规定的“其他严重情节”：

（一）生产、销售金额二十万元以上不满五十万元的；

（二）生产、销售金额十万元以上不满二十万元，有毒、有害食品的数量较大或者生产、销售持续时间较长的；

（三）生产、销售金额十万元以上不满二十万元，属于婴幼儿食品的；

（四）生产、销售金额十万元以上不满二十万元，一年内曾因危害食品安全违法犯罪活动受过行政处罚或者刑事处罚的；

（五）有毒、有害的非食品原料毒害性强或者含量高的；

（六）其他情节严重的情形。

第七条 生产、销售有毒、有害食品，生产、销售金额五十万元以上，或者具有本解释第四条规定的情形之一的，应当认定为刑法第一百四十四条规定的“致人死亡或者有其他特别严重情节”。

第八条 在食品加工、销售、运输、贮存等过程中，违反食品安全标准，超限量或者超范围滥用食品添加剂，足以造成严重食物中毒事故或者其他严重食源性疾病的，依照刑法第一百四十三条的规定以生产、销售不符合安全标准的食品罪定罪处罚。

在食用农产品种植、养殖、销售、运输、贮存等过程中，违反食品安全标准，超限量或者超范围滥用添加剂、农药、兽药等，足以造成严重食物中毒事故或者其他严重食源性疾病的，适用前款的规定定罪处罚。

第九条 在食品加工、销售、运输、贮存等过程中，掺入有毒、有害的非食品原料，或者使用有毒、有害的非食品原料加工食品的，依照刑法第一百四十四条的规定以生产、销售有毒、有害食品罪定罪处罚。

在食用农产品种植、养殖、销售、运输、贮存等过程中，使用禁用农药、兽药等禁用物质或者其他有毒、有害物质的，适用前款的规定定罪处罚。

在保健食品或者其他食品中非法添加国家禁用药物等有毒、有害物质的，适用第一款的规定定罪处罚。

第十条 生产、销售不符合食品安全标准的食品添加剂，用于食品的包装材料、容器、洗涤剂、消毒剂，或者用于食品生产经营的工具、设备等，构成犯罪的，依照刑法第一百四十条的规定以生产、销售伪劣产品罪定罪处罚。

第十一条 以提供给他人生产、销售食品为目的，违反国家规定，生产、销售国家禁止用于食品生产、销售的非食品原料，情节严重的，依照刑法第二百二十五条的规定以非法经营罪定罪处罚。

违反国家规定，生产、销售国家禁止生产、销售、使用的农药、兽药，饲料、饲料添加剂，或者饲料原料、饲料添加剂原料，情节严重的，依照前款的规定定罪处罚。

实施前两款行为，同时又构成生产、销售伪劣产品罪，生产、销售伪劣农药、兽药罪等其他犯罪的，依照处罚较重的规定定罪处罚。

第十二条 违反国家规定，私设生猪屠宰厂（场），从事生猪屠宰、销售等经营活动，情节严重的，依照刑法第二百二十五条的规定以非法经营罪定罪处罚。

实施前款行为，同时又构成生产、销售不符合安全标准的食品罪，生产、销售有毒、有害食品罪等其他犯罪的，依照处罚较重的规定定罪处罚。

第十三条 生产、销售不符合食品安全标准的食品，有毒、有害食品，符合刑法第一百四十三条、第一百四十四条规定的，以生产、销售不符合安全标准的食品罪或者生产、销售有毒、有害食品罪定罪处罚。同时构成其他犯罪的，依照处罚较重的规定定罪处罚。

生产、销售不符合食品安全标准的食品，无证据证明足以造成严重食物中毒事故或者其他严重食源性疾病，不构成生产、销售不符合安全标准的食品罪，但是构成生产、销售伪劣产品罪等其他犯罪的，依照该其他犯罪定罪处罚。

第十四条 明知他人生产、销售不符合食品安全标准的食品，有毒、有害食品，具有下列情形之一的，以生产、销售不符合安全标准的食品罪或者生产、销售有毒、有害食品罪的共犯论处：

（一）提供资金、贷款、账号、发票、证明、许可证件的；

（二）提供生产、经营场所或者运输、贮存、保管、邮寄、网络销售渠道等便利条件的；

（三）提供生产技术或者食品原料、食品添加剂、食品相关产品的；

（四）提供广告等宣传的。

第十五条 广告主、广告经营者、广告发布者违反国家规定，利用广告对保健食品或者其他食品作虚假宣传，情节严重的，依照刑法第二百二十二条的规定以虚假广告罪定罪处罚。

第十六条 负有食品安全监督管理职责的国家机关工作人员，滥用职权或者玩忽职守，导致发生重大食品安全事故或者造成其他严重后果，同时构成食品监管渎职罪和徇私舞弊不移交刑事案件罪、商检徇私舞弊罪、动植物检疫徇私舞弊罪、放纵制售伪劣商品犯罪行为罪等其他渎职犯罪的，依照处罚较重的规定定罪处罚。

负有食品安全监督管理职责的国家机关工作人员滥用职权或者玩忽职守，不构成食品监管渎职罪，但构成前款规定的其他渎职犯罪的，依照该其他犯罪定罪处罚。

负有食品安全监督管理职责的国家机关工作人员与他人共谋，利用其职务行为帮助他人实施危害食品安全犯罪行为，同时构成渎职犯罪和危害食品安全犯罪共犯的，依照处罚较重的规定定罪处罚。

第十七条 犯生产、销售不符合安全标准的食品罪，生产、销售有毒、有害食品罪，一般应当依法判处生产、销售金额二倍以上的罚金。

第十八条 对实施本解释规定之犯罪的犯罪分子，应当依照刑法规定的条件严格适用缓刑、免予刑事处罚。根据犯罪事实、情节和悔罪表现，对于符合刑法规定的缓刑适用条件的犯罪分子，可以适用缓刑，但是应当同时宣告禁止令，禁止其在缓刑考验期限内从事食品生产、销售及相关活动。

第十九条 单位实施本解释规定的犯罪的，依照本解释规定的定罪量刑标准处罚。

第二十条 下列物质应当认定为“有毒、有害的非食品原料”：

（一）法律、法规禁止在食品生产经营活动中添加、使用的物质；

（二）国务院有关部门公布的《食品中可能违法添加的非食用物质名单》《保健食品中可能非法添加的物质名单》上的物质；

（三）国务院有关部门公告禁止使用的农药、兽药以及其他有毒、有害物质；

（四）其他危害人体健康的物质。

第二十一条 “足以造成严重食物中毒事故或者其他严重食源性疾病”“有毒、有害非食品原料”难以确定的，司法机关可以根据检验报告并结合专家意见等相关材料进行认定。必要时，人民法院可以依法通知有关专家出庭作出说明。

第二十二条 最高人民法院、最高人民检察院此前发布的司法解释与本解释不一致的，以本解释为准。

最高人民法院、最高人民检察院关于办理生产、销售伪劣商品刑事案件具体应用法律若干问题的解释

（2001年4月5日最高人民法院审判委员会第1168次会议、2001年3月20日最高人民检察院第九届检察委员会第84次会议通过　2001年4月9日最高人民法院、最高人民检察院公告公布　自2001年4月10日起施行　法释〔2001〕10号）

为依法惩治生产、销售伪劣商品犯罪活动，根据刑法有关规定，现就办理这类案件具体应用法律的若干问题解释如下：

第一条　刑法第一百四十条规定的“在产品中掺杂、掺假”，是指在产品中掺入杂质或者异物，致使产品质量不符合国家法律、法规或者产品明示质量标准规定的质量要求，降低、失去应有使用性能的行为。

刑法第一百四十条规定的“以假充真”，是指以不具有某种使用性能的产品冒充具有该种使用性能的产品的行为。

刑法第一百四十条规定的“以次充好”，是指以低等级、低档次产品冒充高等级、高档次产品，或者以残次、废旧零配件组合、拼装后冒充正品或者新产品的行为。

刑法第一百四十条规定的“不合格产品”，是指不符合《中华人民共和国产品质量法》第二十六条第二款规定的质量要求的产品。

对本条规定的上述行为难以确定的，应当委托法律、行政法规规定的产品质量检验机构进行鉴定。

第二条　刑法第一百四十条、第一百四十九条规定的“销售金额”，是指生产者、销售者出售伪劣产品后所得和应得的全部违法收入。

伪劣产品尚未销售，货值金额达到刑法第一百四十条规定的销售金额三倍以上的，以生产、销售伪劣产品罪（未遂）定罪处罚。

货值金额以违法生产、销售的伪劣产品的标价计算；没有标价的，按照同类合格产品的市场中间价格计算。货值金额难以确定的，按照国家计划委员会、最高人民法院、最高人民检察院、公安部 1997 年 4 月 22 日联合发布的《扣押、追缴、没收物品估价管理办法》的规定，委托指定的估价机构确定。

多次实施生产、销售伪劣产品行为，未经处理的，伪劣产品的销售金额或者货值金额累计计算。

第三条 经省级以上药品监督管理部门设置或者确定的药品检验机构鉴定，生产、销售的假药具有下列情形之一的，应认定为刑法第一百四十一条规定的“足以严重危害人体健康”：

（一）含有超标准的有毒有害物质的；

（二）不含所标明的有效成份，可能贻误诊治的；

（三）所标明的适应症或者功能主治超出规定范围，可能造成贻误诊治的；

（四）缺乏所标明的急救必需的有效成份的。

生产、销售的假药被使用后，造成轻伤、重伤或者其他严重后果的，应认定为“对人体健康造成严重危害”。

生产、销售的假药被使用后，致人严重残疾，3 人以上重伤、10 人以上轻伤或者造成其他特别严重后果的，应认定为“对人体健康造成特别严重危害”。

第四条 经省级以上卫生行政部门确定的机构鉴定，食品中含有可能导致严重食物中毒事故或者其他严重食源性疾患的超标准的有害细菌或者其他污染物的，应认定为刑法第一百四十三条规定的“足以造成严重食物中毒事故或者其他严重食源性疾患”。

生产、销售不符合卫生标准的食品被食用后，造成轻伤、重伤或者其他严重后果的，应认定为“对人体健康造成严重危害”。

生产、销售不符合卫生标准的食品被食用后，致人死亡、严重残疾、3 人以上重伤，10 人以上轻伤或者造成其他特别严重后果的。应认定为“后果特别严重”。

第五条 生产、销售的有毒、有害食品被食用后，造成轻伤、重伤或者其他严重后果的，应认定为刑法第一百四十四条规定的“对人体健康造成严重危害”。

生产、销售的有毒、有害食品被食用后，致人严重残疾、3 人以上重伤、10 人以上轻伤或者造成其他特别严重后果的，应认定为“对人体健康造成特别严重危害”。

第六条 生产、销售不符合标准的医疗器械、医用卫生材料，致人轻伤或者其他严重后果的，应认定为刑法第一百四十五条规定的“对人体健康造成严重危害”。

生产、销售不符合标准的医疗器械、医用卫生材料，造成感染病毒性肝炎等难以治愈的疾病、1 人以上重伤、3 人以上轻伤或者其他严重后果的，应认定为“后果特别严重”。

生产、销售不符合标准的医疗器械、医用卫生材料，致人死亡、严重残疾、感染艾滋病、3 人以上重伤、10 人以上轻伤或者造成其他特别严重后果的，应认定为“情节特别恶劣”。

医疗机构或者个人，知道或者应当知道是不符合保障人体健康的国家标准、行业标准的医疗器械、医用卫生材料而购买、使用，对人体健康造成严重危害的，以销售不符合标准的医用器材罪定罪处罚。

没有国家标准、行业标准的医疗器械，注册产品标准可视为“保障人体健康的行业标准”。

第七条 刑法第一百四十七条规定的生产、销售伪劣农药、兽药、化肥、种子罪中“使生产遭受较大损失”，一般以 2 万元为起点；“重大损失”，一般以 10 万元为起点；“特别重大损失”，一般以 50 万元为起点。

第八条 国家机关工作人员徇私舞弊，对生产、销售伪劣商品犯罪不履行法律规定的查处职责，具有下列情形之一的，属于刑法第四百一十四条规定的“情节严重”：

(一)放纵生产、销售假药或者有毒、有害食品犯罪行为的；

(二)放纵依法可能判处 2 年有期徒刑以上刑罚的生产、销售、伪劣商品犯罪行为的；

(三)对 3 个以上有生产、销售伪劣商品犯罪行为的单位或者个人不履行追究职责的；

(四)致使国家和人民利益遭受重大损失或者造成恶劣影响的。

第九条 知道或者应当知道他人实施生产、销售伪劣商品犯罪，而为其提供贷款、资金、账号、发票、证明、许可证件，或者提供生产、经营场所或者运输、仓储、保管、邮寄等便利条件，或者提供制假生产技术的，以生产、销售伪劣商品犯罪的共犯论处。

第十条 实施生产、销售伪劣商品犯罪，同时构成侵犯知识产权、非法经营等其他犯罪的，依照处罚较重的规定定罪处罚。

第十一条 实施刑法第一百四十条至第一百四十八条规定的犯罪，又以暴力、威胁方法抗拒查处，构成其他犯罪的，依照数罪并罚的规定处罚。

第十二条 国家机关工作人员参与生产、销售伪劣商品犯罪的，从重处罚。

最高人民法院、最高人民检察院关于办理走私刑事案件适用法律若干问题的解释

（2014年2月24日最高人民法院审判委员会第1608次会议、2014年6月13日最高人民检察院第十二届检察委员会第23次会议通过 2014年8月12日最高人民法院、最高人民检察院公告公布 自2014年9月10日起施行 法释〔2014〕10号）

为依法惩治走私犯罪活动，根据刑法有关规定，现就办理走私刑事案件适用法律的若干问题解释如下：

第一条 走私武器、弹药，具有下列情形之一的，可以认定为刑法第一百五十一条第一款规定的“情节较轻”：

（一）走私以压缩气体等非火药为动力发射枪弹的枪支二支以上不满五支的；

（二）走私气枪铅弹五百发以上不满二千五百发，或者其他子弹十发以上不满五十发的；

（三）未达到上述数量标准，但属于犯罪集团的首要分子，使用特种车辆从事走私活动，或者走私的武器、弹药被用于实施犯罪等情形的；

（四）走私各种口径在六十毫米以下常规炮弹、手榴弹或者枪榴弹等分别或者合计不满五枚的。

具有下列情形之一的，依照刑法第一百五十一条第一款的规定处七年以上有期徒刑，并处罚金或者没收财产：

（一）走私以火药为动力发射枪弹的枪支一支，或者以压缩气体等非火药为动力发射枪弹的枪支五支以上不满十支的；

（二）走私第一款第二项规定的弹药，数量在该项规定的最高数量以上不满最高数量五倍的；

（三）走私各种口径在六十毫米以下常规炮弹、手榴弹或者枪榴弹等分别或者合计达到五枚以上不满十枚，或者各种口径超过六十毫米以上常规炮弹合计不满五枚的；

（四）达到第一款第一、二、四项规定的数量标准，且属于犯罪集团的首要分子，使用特种车辆从事走私活动，或者走私的武器、弹药被用于实施犯罪等情形的。

具有下列情形之一的，应当认定为刑法第一百五十一条第一款规定的“情节特别严重”：

（一）走私第二款第一项规定的枪支，数量超过该项规定的数量标准的；

（二）走私第一款第二项规定的弹药，数量在该项规定的最高数量标准五倍以上的；

（三）走私第二款第三项规定的弹药，数量超过该项规定的数量标准，或者走私具有巨大杀伤力的非常规炮弹一枚以上的；

（四）达到第二款第一项至第三项规定的数量标准，且属于犯罪集团的首要分子，使用特种车辆从事走私活动，或者走私的武器、弹药被用于实施犯罪等情形的。

走私其他武器、弹药，构成犯罪的，参照本条各款规定的标准处罚。

第二条 刑法第一百五十一条第一款规定的“武器、弹药”的种类，参照《中华人民共和国进口税则》及《中华人民共和国禁止进出境物品表》的有关规定确定。

第三条 走私枪支散件，构成犯罪的，依照刑法第一百五十一条第一款的规定，以走私武器罪定罪处罚。成套枪支散件以相应数量的枪支计，非成套枪支散件以每三十件为一套枪支散件计。

第四条 走私各种弹药的弹头、弹壳，构成犯罪的，依照刑法第一百五十一条第一款的规定，以走私弹药罪定罪处罚。具体的定罪量刑标准，按照本解释第一条规定的数量标准的五倍执行。

走私报废或者无法组装并使用的各种弹药的弹头、弹壳，构成犯罪的，依照刑法第一百五十三条的规定，以走私普通货物、物品罪定罪处罚；属于废物的，依照刑法第一百五十二条第二款的规定，以走私废物罪定罪处罚。

弹头、弹壳是否属于前款规定的“报废或者无法组装并使用”或者“废物”，由国家有关技术部门进行鉴定。

第五条 走私国家禁止或者限制进出口的仿真枪、管制刀具，构成犯罪的，依照刑法第一百五十一条第三款的规定，以走私国家禁止进出口的货物、物品罪定罪处罚。具体的定罪量刑标准，适用本解释第十一条第一款第六、七项和第二款的规定。

走私的仿真枪经鉴定为枪支，构成犯罪的，依照刑法第一百五十一条第一款的规定，以走私武器罪定罪处罚。不以牟利或者从事违法犯罪活动为目的，且无其他严重情节的，可以依法从轻处罚；情节轻微不需要判处刑罚的，可以免予刑事处罚。

第六条 走私伪造的货币，数额在二千元以上不满二万元，或者数量在二百张（枚）以上不满二千张（枚）的，可以认定为刑法第一百五十一条第一款规定的“情节较轻”。

具有下列情形之一的，依照刑法第一百五十一条第一款的规定处七年以上有期徒刑，并处罚金或者没收财产：

（一）走私数额在二万元以上不满二十万元，或者数量在二千张（枚）以上不满二万张（枚）的；

（二）走私数额或者数量达到第一款规定的标准，且具有走私的伪造货币流入市场等情节的。

具有下列情形之一的，应当认定为刑法第一百五十一条第一款规定的“情节特别严重”：

（一）走私数额在二十万元以上，或者数量在二万张（枚）以上的；

（二）走私数额或者数量达到第二款第一项规定的标准，且属于犯罪集团的首要分子，使用特种车辆从事走私活动，或者走私的伪造货币流入市场等情形的。

第七条 刑法第一百五十一条第一款规定的“货币”，包括正在流通的人民币和境外货币。伪造的境外货币数额，折合成人民币计算。

第八条 走私国家禁止出口的三级文物二件以下的，可以认定为刑法第一百五十一条第二款规定的“情节较轻”。

具有下列情形之一的，依照刑法第一百五十一条第二款的规定处五年以上十年以下有期徒刑，并处罚金：

（一）走私国家禁止出口的二级文物不满三件，或者三级文物三件以上不满九件的；

（二）走私国家禁止出口的三级文物不满三件，且具有造成文物严重毁损或者无法追回等情节的。

具有下列情形之一的，应当认定为刑法第一百五十一条第二款规定的“情节特别严重”：

（一）走私国家禁止出口的一级文物一件以上，或者二级文物三件以上，或者三级文物九件以上的；

（二）走私国家禁止出口的文物达到第二款第一项规定的数量标准，且属于犯罪集团的首要分子，使用特种车辆从事走私活动，或者造成文物严重毁损、无法追回等情形的。

第九条 走私国家一、二级保护动物未达到本解释附表中（一）规定的数量标准，或者走私珍贵动物制品数额不满二十万元的，可以认定为刑法第一百五十一条第二款规定的“情节较轻”。

具有下列情形之一的，依照刑法第一百五十一条第二款的规定处五年以上十年以下有期徒刑，并处罚金：

（一）走私国家一、二级保护动物达到本解释附表中（一）规定的数量标准的；

（二）走私珍贵动物制品数额在二十万元以上不满一百万元的；

（三）走私国家一、二级保护动物未达到本解释附表中（一）规定的数量标准，但具有造成该珍贵动物死亡或者无法追回等情节的。

具有下列情形之一的，应当认定为刑法第一百五十一条第二款规定的“情节特别严重”：

（一）走私国家一、二级保护动物达到本解释附表中（二）规定的数量标准的；

（二）走私珍贵动物制品数额在一百万元以上的；

（三）走私国家一、二级保护动物达到本解释附表中（一）规定的数量标准，且属于犯罪集团的首要分子，使用特种车辆从事走私活动，或者造成该珍贵动物死亡、无法追回等情形的。

不以牟利为目的，为留作纪念而走私珍贵动物制品进境，数额不满十万元的，可以免予刑事处罚；情节显著轻微的，不作为犯罪处理。

第十条 刑法第一百五十一条第二款规定的“珍贵动物”，包括列入《国家重点保护野生动物名录》中的国家一、二级保护野生动物，《濒危野生动植物种国际贸易公约》附录Ⅰ、附录Ⅱ中的野生动物，以及驯养繁殖的上述动物。

走私本解释附表中未规定的珍贵动物的，参照附表中规定的同属或者同科动物的数量标准执行。

走私本解释附表中未规定珍贵动物的制品的，按照《最高人民法院、最高人民检察院、国家林业局、公安部、海关总署关于破坏野生动物资源刑事案件中涉及的CITES附录Ⅰ和附录Ⅱ所列陆生野生动物制品价值核定问题的通知》（林濒发〔2012〕239号）的有关规定核定价值。

第十一条 走私国家禁止进出口的货物、物品，具有下列情形之一的，依照刑法第一百五十一条第三款的规定处五年以下有期徒刑或者拘役，并处或者单处罚金：

（一）走私国家一级保护野生植物五株以上不满二十五株，国家二级保护野生植物十株以上不满五十株，或者珍稀植物、珍稀植物制品数额在二十万元以上不满一百万元的；

（二）走私重点保护古生物化石或者未命名的古生物化石不满十件，或者一般保护古生物化石十件以上不满五十件的；

（三）走私禁止进出口的有毒物质一吨以上不满五吨，或者数额在二万元以上不满十万元的；

（四）走私来自境外疫区的动植物及其产品五吨以上不满二十五吨，或者数额在五万元以上不满二十五万元的；

（五）走私木炭、硅砂等妨害环境、资源保护的货物、物品十吨以上不满五十吨，或者数额在十万元以上不满五十万元的；

（六）走私旧机动车、切割车、旧机电产品或者其他禁止进出口的货物、物品二十吨以上不满一百吨，或者数额在二十万元以上不满一百万元的；

（七）数量或者数额未达到本款第一项至第六项规定的标准，但属于犯罪集团的首要分子，使用特种车辆从事走私活动，造成环境严重污染，或者引起甲类传染病传播、重大动植物疫情等情形的。

具有下列情形之一的，应当认定为刑法第一百五十一条第三款规定的“情节严重”：

（一）走私数量或者数额超过前款第一项至第六项规定的标准的；

（二）达到前款第一项至第六项规定的标准，且属于犯罪集团的首要分子，使用特种车辆从事走私活动，造成环境严重污染，或者引起甲类传染病传播、重大动植物疫情等情形的。

第十二条 刑法第一百五十一条第三款规定的“珍稀植物”，包括列入《国家重点保护野生植物名录》《国家重点保护野生药材物种名录》《国家珍贵树种名录》中的国家一、二级保护野生植物、国家重点保护的野生药材、珍贵树木，《濒危野生动植物种国际贸易公约》附录Ⅰ、附录Ⅱ中的野生植物，以及人工培育的上述植物。

本解释规定的“古生物化石”，按照《古生物化石保护条例》的规定予以认定。走私具有科学价值的古脊椎动物化石、古人类化石，构成犯罪的，依照刑法第一百五十一条第二款的规定，以走私文物罪定罪处罚。

第十三条 以牟利或者传播为目的，走私淫秽物品，达到下列数量之一的，可以认定为刑法第一百五十二条第一款规定的“情节较轻”：

（一）走私淫秽录像带、影碟五十盘（张）以上不满一百盘（张）的；

（二）走私淫秽录音带、音碟一百盘（张）以上不满二百盘（张）的；

（三）走私淫秽扑克、书刊、画册一百副（册）以上不满二百副（册）的；

（四）走私淫秽照片、画片五百张以上不满一千张的；

（五）走私其他淫秽物品相当于上述数量的。

走私淫秽物品在前款规定的最高数量以上不满最高数量五倍的，依照刑法第一百五十二条第一款的规定处三年以上十年以下有期徒刑，并处罚金。

走私淫秽物品在第一款规定的最高数量五倍以上，或者在第一款规定的最高数量以上不满五倍，但属于犯罪集团的首要分子，使用特种车辆从事走私活动等情形的，应当认定为刑法第一百五十二条第一款规定的“情节严重”。

第十四条 走私国家禁止进口的废物或者国家限制进口的可用作原料的废物，具有下列情形之一的，应当认定为刑法第一百五十二条第二款规定的“情节严重”：

（一）走私国家禁止进口的危险性固体废物、液态废物分别或者合计达到一吨以上不满五吨的；

（二）走私国家禁止进口的非危险性固体废物、液态废物分别或者合计达到五吨以上不满二十五吨的；

（三）走私国家限制进口的可用作原料的固体废物、液态废物分别或者合计达到二十吨以上不满一百吨的；

（四）未达到上述数量标准，但属于犯罪集团的首要分子，使用特种车辆从事走私活动，或者造成环境严重污染等情形的。

具有下列情形之一的，应当认定为刑法第一百五十二条第二款规定的“情节特别严重”：

（一）走私数量超过前款规定的标准的；

（二）达到前款规定的标准，且属于犯罪集团的首要分子，使用特种车辆从事走私活动，或者造成环境严重污染等情形的；

（三）未达到前款规定的标准，但造成环境严重污染且后果特别严重的。

走私置于容器中的气态废物，构成犯罪的，参照前两款规定的标准处罚。

第十五条 国家限制进口的可用作原料的废物的具体种类，参照国家有关部门的规定确定。

第十六条 走私普通货物、物品，偷逃应缴税额在十万元以上不满五十万元的，应当认定为刑法第一百五十三条第一款规定的“偷逃应缴税额较大”；偷逃应缴税额在五十万元以上不满二百五十万元的，应当认定为“偷逃应缴税额巨大”；偷逃应缴税额在二百五十万元以上的，应当认定为“偷逃应缴税额特别巨大”。

走私普通货物、物品，具有下列情形之一，偷逃应缴税额在三十万元以上不满五十万元的，应当认定为刑法第一百五十三条第一款规定的“其他严重情节”；偷逃应缴税额在一百五十万元以上不满二百五十万元的，应当认定为“其他特别严重情节”：

（一）犯罪集团的首要分子；

（二）使用特种车辆从事走私活动的；

（三）为实施走私犯罪，向国家机关工作人员行贿的；

（四）教唆、利用未成年人、孕妇等特殊人群走私的；

（五）聚众阻挠缉私的。

第十七条 刑法第一百五十三条第一款规定的“一年内曾因走私被

给予二次行政处罚后又走私”中的“一年内”，以因走私第一次受到行政处罚的生效之日与“又走私”行为实施之日的时间间隔计算确定；“被给予二次行政处罚”的走私行为，包括走私普通货物、物品以及其他货物、物品；“又走私”行为仅指走私普通货物、物品。

第十八条 刑法第一百五十三条规定的“应缴税额”，包括进出口货物、物品应当缴纳的进出口关税和进口环节海关代征税的税额。应缴税额以走私行为实施时的税则、税率、汇率和完税价格计算；多次走私的，以每次走私行为实施时的税则、税率、汇率和完税价格逐票计算；走私行为实施时间不能确定的，以案发时的税则、税率、汇率和完税价格计算。

刑法第一百五十三条第三款规定的“多次走私未经处理”，包括未经行政处理和刑事处理。

第十九条 刑法第一百五十四条规定的“保税货物”，是指经海关批准，未办理纳税手续进境，在境内储存、加工、装配后应予复运出境的货物，包括通过加工贸易、补偿贸易等方式进口的货物，以及在保税仓库、保税工厂、保税区或者免税商店内等储存、加工、寄售的货物。

第二十条 直接向走私人非法收购走私进口的货物、物品，在内海、领海、界河、界湖运输、收购、贩卖国家禁止进出口的物品，或者没有合法证明，在内海、领海、界河、界湖运输、收购、贩卖国家限制进出口的货物、物品，构成犯罪的，应当按照走私货物、物品的种类，分别依照刑法第一百五十一条、第一百五十二条、第一百五十三条、第三百四十七条、第三百五十条的规定定罪处罚。

刑法第一百五十五条第二项规定的“内海”，包括内河的入海口水域。

第二十一条 未经许可进出口国家限制进出口的货物、物品，构成犯罪的，应当依照刑法第一百五十一条、第一百五十二条的规定，以走私国家禁止进出口的货物、物品罪等罪名定罪处罚；偷逃应缴税额，同时又构成走私普通货物、物品罪的，依照处罚较重的规定定罪处罚。

取得许可，但超过许可数量进出口国家限制进出口的货物、物品，构成犯罪的，依照刑法第一百五十三条的规定，以走私普通货物、物品罪定罪处罚。

租用、借用或者使用购买的他人许可证，进出口国家限制进出口的货物、物品的，适用本条第一款的规定定罪处罚。

第二十二条 在走私的货物、物品中藏匿刑法第一百五十一条、第一百五十二条、第三百四十七条、第三百五十条规定的货物、物品，构成犯罪的，以实际走私的货物、物品定罪处罚；构成数罪的，实行数罪并罚。

第二十三条 实施走私犯罪，具有下列情形之一的，应当认定为犯罪既遂：

（一）在海关监管现场被查获的；

（二）以虚假申报方式走私，申报行为实施完毕的；

（三）以保税货物或者特定减税、免税进口的货物、物品为对象走私，在境内销售的，或者申请核销行为实施完毕的。

第二十四条 单位犯刑法第一百五十一条、第一百五十二条规定之罪，依照本解释规定的标准定罪处罚。

单位犯走私普通货物、物品罪，偷逃应缴税额在二十万元以上不满一百万元的，应当依照刑法第一百五十三条第二款的规定，对单位判处罚金，并对其直接负责的主管人员和其他直接责任人员，处三年以下有期徒刑或者拘役；偷逃应缴税额在一百万元以上不满五百万元的，应当认定为“情节严重”；偷逃应缴税额在五百万元以上的，应当认定为“情节特别严重”。

第二十五条 本解释发布实施后，《最高人民法院关于审理走私刑事案件具体应用法律若干问题的解释》（法释〔2000〕30号）、《最高人民法院关于审理走私刑事案件具体应用法律若干问题的解释（二）》（法释〔2006〕9号）同时废止。之前发布的司法解释与本解释不一致的，以本解释为准。

最高人民法院、最高人民检察院《关于办理走私刑事案件适用法律若干问题的解释》附表

中文名	拉丁文名	级别	(一)	(二)
蜂猴	Nycticebus spp.	I	3	4
熊猴	Macaca assamensis	I	2	3
台湾猴	Macaca cyclopis	I	1	2
豚尾猴	Macaca nemestrina	I	2	3
叶猴（所有种）	Presbytis spp.	I	1	2
金丝猴（所有种）	Rhinopithecus spp.	I		1
长臂猿（所有种）	Hylobates spp.	I	1	2
马来熊	Helarctos malayanus	I	2	3
大熊猫	Ailuropoda melanoleuca	I		1
紫貂	Martes zibellina	I	3	4
貂熊	Gulo gulo	I	2	3
熊狸	Arctictis binturong	I	1	2
云豹	Neofelis nebulosa	I		1
豹	Panthera pardus	I		1
雪豹	Panthera uncia	I		1
虎	Panthera tigris	I		1
亚洲象	Elephas maximus	I		1
蒙古野驴	Equus hemionus	I	2	3
西藏野驴	Equus kiang	I	3	5
野马	Equus przewalskii	I		1
野骆驼	Camelus ferus（=bactrianum）	I	1	2
鼷鹿	Tragulus javanicus	I	2	3
黑麂	Muntiacus crinifrons	I	1	2
白唇鹿	Cervus albirostris	I	1	2
坡鹿	Cervus eldi	I	1	2

中文名	拉丁文名	级别	（一）	（二）
梅花鹿	Cervus nippon	I	2	3
豚鹿	Cervus porcinus	I	2	3
麋鹿	Elaphurus davidianus	I	1	2
野牛	Bos gaurus	I	1	2
野牦牛	Bos mutus（=grunniens）	I	2	3
普氏原羚	Procapra przewalskii	I	1	2
藏羚	Pantholops hodgsoni	I	2	3
高鼻羚羊	Saiga tatarica	I		1
扭角羚	Budorcas taxicolor	I	1	2
台湾鬣羚	Capricornis crispus	I	2	3
赤斑羚	Naemorhedus cranbrooki	I	2	4
塔尔羊	Hemitragus jemlahicus	I	2	4
北山羊	Capra ibex	I	2	4
河狸	Castor fiber	I	1	2
短尾信天翁	Diomedea albatrus	I	2	4
白腹军舰鸟	Fregata andrewsi	I	2	4
白鹳	Ciconia ciconia	I	2	4
黑鹳	Ciconia nigra	I	2	4
朱环	Nipponia nippon	I		1
中华沙秋鸭	Mergus squamatus	I	2	3
金雕	Aquila chrysaetos	I	2	4
白肩雕	Aquila heliaca	I	2	4
玉带海雕	Haliaeetus leucoryphus	I	2	4
白尾海雕	Haliaeetus albcilla	I	2	3
虎头海雕	Haliaeetus pelagicus	I	2	4
拟兀鹫	Pseudogyps bengalensis	I	2	4
胡兀鹫	Gypaetus barbatus	I	2	4
细嘴松鸡	Tetrao parvirostris	I	3	5
斑尾榛鸡	Tetrastes sewerzowi	I	3	5

中文名	拉丁文名	级别	（一）	（二）
雉鹑	Tetraophasis obscurus	I	3	5
四川山鹧鸪	Arborophila rufipectus	I	3	5
海南山鹧鸪	Arborophila ardens	I	3	5
黑头角雉	Tragopan melanocephalus	I	2	3
红胸角雉	Tragopan satyra	I	2	4
灰腹角雉	Tragopan blythii	I	2	3
黄腹角雉	Tragopan caboti	I	2	3
虹雉（所有种）	Lophophorus spp.	I	2	4
褐马鸡	Crossoptilon mantchuricum	I	2	3
蓝鹇	Lophura swinhoii	I	2	3
黑颈长尾雉	Syrmaticus humiae	I	2	4
白颈长尾雉	Syrmaticus ewllioti	I	2	4
黑长尾雉	Syrmaticus mikado	I	2	4
孔雀雉	Polyplectron bicalcaratum	I	2	3
绿孔雀	Pavo muticus	I	2	3
黑颈鹤	Grus nigricollis	I	2	3
白头鹤	Grus monacha	I	2	3
丹顶鹤	Grus japonensis	I	2	3
白鹤	Grus leucogeranus	I	2	3
赤颈鹤	Grus antigone	I	1	2
鸨（所有种）	Otis spp.	I	4	6
遗鸥	Larus relictus	I	2	4
四爪陆龟	Testudo horsfieldi	I	4	8
蜥鳄	Shinisaurus crocodilurus	I	2	4
巨蜥	Varanus salvator	I	2	4
蟒	Python molurus	I	2	4
扬子鳄	Alligator sinensis	I	1	2
中华蛩蠊	Galloisiana sinensis	I	3	6
金斑喙凤蝶	Teinopalpus aureus	I	3	6

中文名	拉丁文名	级别	(一)	(二)
短尾猴	Macaca arctoides	Ⅱ	6	10
猕猴	Macaca mulatta	Ⅱ	6	10
藏酋猴	Macaca thibetana	Ⅱ	6	10
穿山甲	Manis pentadactyla	Ⅱ	8	16
豺	Cuon alpinus	Ⅱ	4	6
黑熊	Selenarctos thibetanus	Ⅱ	3	5
棕熊（包括马熊）	Ursus arctos （U. a. pruinosus）	Ⅱ	3	5
小熊猫	Ailurus fulgens	Ⅱ	3	5
石貂	Martes foina	Ⅱ	4	10
黄喉貂	Martes flavigula	Ⅱ	4	10
斑林狸	Pronodon pardicolor	Ⅱ	4	8
大灵猫	Viverra zibetha	Ⅱ	3	5
小灵猫	Viverricula indica	Ⅱ	4	8
草原斑猫	Felis lybica（ = silvestris）	Ⅱ	4	8
荒漠猫	Felis bieti	Ⅱ	4	10
丛林猫	Felis chaus	Ⅱ	4	8
猞猁	Felis lynx	Ⅱ	2	3
兔狲	Felis manul	Ⅱ	3	5
金猫	Felis temmincki	Ⅱ	4	8
渔猫	Felis viverrinus	Ⅱ	4	8
麝（所有种）	Moschus spp.	Ⅱ	3	5
河麂	Hydropotes inermis	Ⅱ	4	8
马鹿（含白臀鹿）	Cervus elaphus（C. e. macneilli）	Ⅱ	4	6
水鹿	Cervus unicolor	Ⅱ	3	5
驼鹿	Alces alces	Ⅱ	3	5
黄羊	Procapra gutturosa	Ⅱ	8	15
藏原羚	Procapra picticaudata	Ⅱ	4	8
鹅喉羚	Gazella subgutturosa	Ⅱ	4	8
鬣羚	Capricornis sumatraensis	Ⅱ	3	4

中文名	拉丁文名	级别	(一)	(二)
斑羚	Naemorhedus goral	Ⅱ	4	8
岩羊	Pseudois nayaur	Ⅱ	4	8
盘羊	Ovis ammon	Ⅱ	3	5
海南兔	Lepus peguensis hainanus	Ⅱ	6	10
雪兔	Lepus timidus	Ⅱ	6	10
塔里木兔	Lepus yarkandensis	Ⅱ	20	40
巨松鼠	Ratufa bicolor	Ⅱ	6	10
角辟鹈	Podiceps auritus	Ⅱ	6	10
赤颈辟鹈	Podiceps grisegena	Ⅱ	6	8
鹈鹕（所有种）	Pelecanus spp.	Ⅱ	4	8
鲣鸟（所有种）	Sula spp.	Ⅱ	6	10
海鸬鹚	Phalacrocorax pelagicus	Ⅱ	4	8
黑颈鸬鹚	Phalacrocorax niger	Ⅱ	4	8
黄嘴白鹭	Egretta eulophotes	Ⅱ	6	10
岩鹭	Egretta sacra	Ⅱ	6	20
海南虎斑	Gorsachius magnificus	Ⅱ	6	10
小苇	Ixbrychus minutus	Ⅱ	6	10
彩鹳	Ibis leucocephalus	Ⅱ	3	4
白环	Threskiornis aethiopicus	Ⅱ	4	8
黑环	Pseudibis papillosa	Ⅱ	4	8
彩环	Plegadis falcinellus	Ⅱ	4	8
白琵鹭	Platalea leucorodia	Ⅱ	4	8
黑脸琵鹭	Platalea ninor	Ⅱ	4	8
红胸黑雁	Branta ruficollis	Ⅱ	4	8
白额雁	Anser albifrons	Ⅱ	6	10
天鹅（所有种）	Cygnus spp.	Ⅱ	6	10
鸳鸯	Aix galericulata	Ⅱ	6	10
其他鹰类	(Accipitridae)	Ⅱ	4	8
隼科（所有种）	Falconidae	Ⅱ	6	10

中文名	拉丁文名	级别	(一)	(二)
黑琴鸡	Lyrurus tetrix	Ⅱ	4	8
柳雷鸟	Lagopus lagopus	Ⅱ	4	8
岩雷鸟	Lagopus mutus	Ⅱ	6	10
镰翅鸡	Falcipennis falcipennis	Ⅱ	3	4
花尾榛鸡	Tetrastes bonasia	Ⅱ	10	20
雪鸡（所有种）	Tetraogallus spp.	Ⅱ	10	20
血雉	Ithaginis cruentus	Ⅱ	4	6
红腹角雉	Tragopan temminckii	Ⅱ	4	6
藏马鸡	Crossoptilon crossoptilon	Ⅱ	4	6
蓝马鸡	Crossoptilon aurtum	Ⅱ	4	10
黑鹇	Lophura leucomelana	Ⅱ	6	8
白鹇	Lophura nycthemera	Ⅱ	6	10
原鸡	Gallus gallus	Ⅱ	6	8
勺鸡	Pucrasia macrolopha	Ⅱ	6	8
白冠长尾雉	Syrmaticus reevesii	Ⅱ	4	6
锦鸡（所有种）	Chrysolophus spp.	Ⅱ	4	8
灰鹤	Grus grus	Ⅱ	4	8
沙丘鹤	Grus canadensis	Ⅱ	4	8
白枕鹤	Grus vipio	Ⅱ	4	8
蓑羽鹤	Anthropoides virgo	Ⅱ	6	10
长脚秧鸡	Crex crex	Ⅱ	6	10
姬田鸡	Porzana parva	Ⅱ	6	10
棕背田鸡	Porzana bicolor	Ⅱ	6	10
花田鸡	Coturnicops noveboracensis	Ⅱ	6	10
铜翅水雉	Metopidius indicus	Ⅱ	6	10
小杓鹬	Numenius borealis	Ⅱ	8	15
小青脚鹬	Tringa guttifer	Ⅱ	6	10
灰燕行	Glareola lactea	Ⅱ	6	10
小鸥	Larus minutus	Ⅱ	6	10

中文名	拉丁文名	级别	(一)	(二)
黑浮鸥	Chlidonias niger	Ⅱ	6	10
黄嘴河燕鸥	Sterna aurantia	Ⅱ	6	10
黑嘴端凤头燕鸥	Thalasseus zimmermanni	Ⅱ	4	8
黑腹沙鸡	Pterocles orientalis	Ⅱ	4	8
绿鸠（所有种）	Treron spp.	Ⅱ	6	8
黑颏果鸠	Ptilinopus leclancheri	Ⅱ	6	10
皇鸠（所有种）	Ducula spp.	Ⅱ	6	10
斑尾林鸽	Columba palumbus	Ⅱ	6	10
鹃鸠（所有种）	Macropygia spp.	Ⅱ	6	10
鹦鹉科（所有种）	Psittacidae.	Ⅱ	6	10
鸦鹃（所有种）	Centropus spp.	Ⅱ	6	10
号形目（所有种）	STRIGIFORMES	Ⅱ	6	10
灰喉针尾雨燕	Hirundapus cochinchinensis	Ⅱ	6	10
凤头雨燕	Hemiprocne longipennis	Ⅱ	6	10
橙胸咬鹃	Harpactes oreskios	Ⅱ	6	10
蓝耳翠鸟	Alcedo meninting	Ⅱ	6	10
鹳嘴翠鸟	Pelargopsis capensis	Ⅱ	6	10
黑胸蜂虎	Merops leschenaulti	Ⅱ	6	10
绿喉蜂虎	Merops orientalis	Ⅱ	6	10
犀鸟科（所有种）	Bucertidae	Ⅱ	4	8
白腹黑啄木鸟	Dryocopus javensis	Ⅱ	6	10
阔嘴鸟科（所有种）	Eurylaimidae	Ⅱ	6	10
八色鸫科（所有种）	Pittidae	Ⅱ	6	10
凹甲陆龟	Manouria impressa	Ⅱ	6	10
大壁虎	Gekko gecko	Ⅱ	10	20
虎纹蛙	Rana tigrina	Ⅱ	100	200
伟铗	Atlasjapyx atlas	Ⅱ	6	10
尖板曦箭蜓	Heliogomphus retroflexus	Ⅱ	6	10
宽纹北箭蜓	Ophiogomphus spinicorne	Ⅱ	6	10

中文名	拉丁文名	级别	(一)	(二)
中华缺翅虫	Zorotypus sinensis	Ⅱ	6	10
墨脱缺翅虫	Zorotypus medoensis	Ⅱ	6	10
拉步甲	Carabus (Coptolabrus) lafossei	Ⅱ	6	10
硕步甲	Carabus (Apotopterus) davidi	Ⅱ	6	10
彩臂金龟（所有种）	Cheirotonus spp.	Ⅱ	6	10
叉犀金龟	Allomyrina davidis	Ⅱ	6	10
双尾褐凤蝶	Bhutanitis mansfieldi	Ⅱ	6	10
三尾褐凤蝶	Bhutanitis thaidina dongchuanensis	Ⅱ	6	10
中华虎凤蝶	Luehdorfia chinensis huashanensis	Ⅱ	6	10
阿波罗绢蝶	Parnassius apollo	Ⅱ	6	10

最高人民法院、最高人民检察院关于办理妨害信用卡管理刑事案件具体应用法律若干问题的解释

（2009 年 10 月 12 日最高人民法院审判委员会第 1475 次会议、2009 年 11 月 12 日最高人民检察院第十一届检察委员会第二十二次会议通过　根据 2018 年 7 月 30 日最高人民法院审判委员会第 1745 次会议、2018 年 10 月 19 日最高人民检察院第十三届检察委员会第七次会议通过的《最高人民法院、最高人民检察院关于修改〈关于办理妨害信用卡管理刑事案件具体应用法律若干问题的解释〉的决定》修正　2018 年 11 月 28 日最高人民法院、最高人民检察院公告公布　自 2018 年 12 月 1 日起施行　法释〔2018〕19 号）

为依法惩治妨害信用卡管理犯罪活动，维护信用卡管理秩序和持卡人合法权益，根据《中华人民共和国刑法》规定，现就办理这类刑事案件具体应用法律的若干问题解释如下：

第一条　复制他人信用卡、将他人信用卡信息资料写入磁条介质、芯片或者以其他方法伪造信用卡一张以上的，应当认定为刑法第一百七十七条第一款第四项规定的“伪造信用卡”，以伪造金融票证罪定罪处罚。

伪造空白信用卡十张以上的，应当认定为刑法第一百七十七条第一款第四项规定的“伪造信用卡”，以伪造金融票证罪定罪处罚。

伪造信用卡，有下列情形之一的，应当认定为刑法第一百七十七条规定的“情节严重”：

（一）伪造信用卡五张以上不满二十五张的；

（二）伪造的信用卡内存款余额、透支额度单独或者合计数额在二十万元以上不满一百万元的；

（三）伪造空白信用卡五十张以上不满二百五十张的；

（四）其他情节严重的情形。

伪造信用卡，有下列情形之一的，应当认定为刑法第一百七十七条规定的"情节特别严重"：

（一）伪造信用卡二十五张以上的；

（二）伪造的信用卡内存款余额、透支额度单独或者合计数额在一百万元以上的；

（三）伪造空白信用卡二百五十张以上的；

（四）其他情节特别严重的情形。

本条所称"信用卡内存款余额、透支额度"，以信用卡被伪造后发卡行记录的最高存款余额、可透支额度计算。

第二条 明知是伪造的空白信用卡而持有、运输十张以上不满一百张的，应当认定为刑法第一百七十七条之一第一款第一项规定的"数量较大"；非法持有他人信用卡五张以上不满五十张的，应当认定为刑法第一百七十七条之一第一款第二项规定的"数量较大"。

有下列情形之一的，应当认定为刑法第一百七十七条之一第一款规定的"数量巨大"：

（一）明知是伪造的信用卡而持有、运输十张以上的；

（二）明知是伪造的空白信用卡而持有、运输一百张以上的；

（三）非法持有他人信用卡五十张以上的；

（四）使用虚假的身份证明骗领信用卡十张以上的；

（五）出售、购买、为他人提供伪造的信用卡或者以虚假的身份证明骗领的信用卡十张以上的。

违背他人意愿，使用其居民身份证、军官证、士兵证、港澳居民往来内地通行证、台湾居民来往大陆通行证、护照等身份证明申领信用卡的，或者使用伪造、变造的身份证明申领信用卡的，应当认定为刑法第一百七十七条之一第一款第三项规定的"使用虚假的身份证明骗领信用卡"。

第三条 窃取、收买、非法提供他人信用卡信息资料，足以伪造可进行交易的信用卡，或者足以使他人以信用卡持卡人名义进行交易，涉及信用卡一张以上不满五张的，依照刑法第一百七十七条之一第二款的规定，以窃取、收买、非法提供信用卡信息罪定罪处罚；涉及信用卡五张以上的，应当认定为刑法第一百七十七条之一第一款规定的“数量巨大”。

第四条 为信用卡申请人制作、提供虚假的财产状况、收入、职务等资信证明材料，涉及伪造、变造、买卖国家机关公文、证件、印章，或者涉及伪造公司、企业、事业单位、人民团体印章，应当追究刑事责任的，依照刑法第二百八十条的规定，分别以伪造、变造、买卖国家机关公文、证件、印章罪和伪造公司、企业、事业单位、人民团体印章罪定罪处罚。

承担资产评估、验资、验证、会计、审计、法律服务等职责的中介组织或其人员，为信用卡申请人提供虚假的财产状况、收入、职务等资信证明材料，应当追究刑事责任的，依照刑法第二百二十九条的规定，分别以提供虚假证明文件罪和出具证明文件重大失实罪定罪处罚。

第五条 使用伪造的信用卡、以虚假的身份证明骗领的信用卡、作废的信用卡或者冒用他人信用卡，进行信用卡诈骗活动，数额在五千元以上不满五万元的，应当认定为刑法第一百九十六条规定的“数额较大”；数额在五万元以上不满五十万元的，应当认定为刑法第一百九十六条规定的“数额巨大”；数额在五十万元以上的，应当认定为刑法第一百九十六条规定的“数额特别巨大”。

刑法第一百九十六条第一款第三项所称“冒用他人信用卡”，包括以下情形：

（一）拾得他人信用卡并使用的；

（二）骗取他人信用卡并使用的；

（三）窃取、收买、骗取或者以其他非法方式获取他人信用卡信息资料，并通过互联网、通讯终端等使用的；

（四）其他冒用他人信用卡的情形。

第六条 持卡人以非法占有为目的，超过规定限额或者规定期限透支，经发卡银行两次有效催收后超过三个月仍不归还的，应当认定为刑法第一百九十六条规定的“恶意透支”。

对于是否以非法占有为目的，应当综合持卡人信用记录、还款能力和意愿、申领和透支信用卡的状况、透支资金的用途、透支后的表现、未按规定还款的原因等情节作出判断。不得单纯依据持卡人未按规定还款的事实认定非法占有目的。

具有以下情形之一的，应当认定为刑法第一百九十六条第二款规定的“以非法占有为目的”，但有证据证明持卡人确实不具有非法占有目的的除外：

（一）明知没有还款能力而大量透支，无法归还的；

（二）使用虚假资信证明申领信用卡后透支，无法归还的；

（三）透支后通过逃匿、改变联系方式等手段，逃避银行催收的；

（四）抽逃、转移资金，隐匿财产，逃避还款的；

（五）使用透支的资金进行犯罪活动的；

（六）其他非法占有资金，拒不归还的情形。

第七条 催收同时符合下列条件的，应当认定为本解释第六条规定的“有效催收”：

（一）在透支超过规定限额或者规定期限后进行；

（二）催收应当采用能够确认持卡人收悉的方式，但持卡人故意逃避催收的除外；

（三）两次催收至少间隔三十日；

（四）符合催收的有关规定或者约定。

对于是否属于有效催收，应当根据发卡银行提供的电话录音、信息送达记录、信函送达回执、电子邮件送达记录、持卡人或者其家属签字以及其他催收原始证据材料作出判断。

发卡银行提供的相关证据材料，应当有银行工作人员签名和银行公章。

第八条 恶意透支，数额在五万元以上不满五十万元的，应当认定为刑法第一百九十六条规定的“数额较大”；数额在五十万元以上不满五百万元的，应当认定为刑法第一百九十六条规定的“数额巨大”；数额在五百万元以上的，应当认定为刑法第一百九十六条规定的“数额特别巨大”。

第九条 恶意透支的数额，是指公安机关刑事立案时尚未归还的实际透支的本金数额，不包括利息、复利、滞纳金、手续费等发卡银行收取的费用。归还或者支付的数额，应当认定为归还实际透支的本金。

检察机关在审查起诉、提起公诉时，应当根据发卡银行提供的交易明细、分类账单（透支账单、还款账单）等证据材料，结合犯罪嫌疑人、被告人及其辩护人所提辩解、辩护意见及相关证据材料，审查认定恶意透支的数额；恶意透支的数额难以确定的，应当依据司法会计、审计报告，结合其他证据材料审查认定。人民法院在审判过程中，应当在对上述证据材料查证属实的基础上，对恶意透支的数额作出认定。

发卡银行提供的相关证据材料，应当有银行工作人员签名和银行公章。

第十条 恶意透支数额较大，在提起公诉前全部归还或者具有其他情节轻微情形的，可以不起诉；在一审判决前全部归还或者具有其他情节轻微情形的，可以免予刑事处罚。但是，曾因信用卡诈骗受过两次以上处罚的除外。

第十一条 发卡银行违规以信用卡透支形式变相发放贷款，持卡人未按规定归还的，不适用刑法第一百九十六条“恶意透支”的规定。构成其他犯罪的，以其他犯罪论处。

第十二条 违反国家规定，使用销售点终端机具（POS 机）等方法，以虚构交易、虚开价格、现金退货等方式向信用卡持卡人直接支付现金，情节严重的，应当依据刑法第二百二十五条的规定，以非法经营罪定罪处罚。

实施前款行为，数额在一百万元以上的，或者造成金融机构资金二十万元以上逾期未还的，或者造成金融机构经济损失十万元以上的，应当认定为刑法第二百二十五条规定的“情节严重”；数额在五百万元以上的，或者造成金融机构资金一百万元以上逾期未还的，或者造成金融机构经济损失五十万元以上的，应当认定为刑法第二百二十五条规定的“情节特别严重”。

持卡人以非法占有为目的，采用上述方式恶意透支，应当追究刑事责任的，依照刑法第一百九十六条的规定，以信用卡诈骗罪定罪处罚。

第十三条 单位实施本解释规定的行为，适用本解释规定的相应自然人犯罪的定罪量刑标准。

最高人民法院、最高人民检察院关于办理侵犯公民个人信息刑事案件适用法律若干问题的解释

（2017年3月20日最高人民法院审判委员会第1712次会议、2017年4月26日最高人民检察院第十二届检察委员会第63次会议通过 2017年5月8日最高人民法院、最高人民检察院公告公布 自2017年6月1日起施行 法释〔2017〕10号）

为依法惩治侵犯公民个人信息犯罪活动，保护公民个人信息安全和合法权益，根据《中华人民共和国刑法》《中华人民共和国刑事诉讼法》的有关规定，现就办理此类刑事案件适用法律的若干问题解释如下：

第一条 刑法第二百五十三条之一规定的“公民个人信息”，是指以电子或者其他方式记录的能够单独或者与其他信息结合识别特定自然人身份或者反映特定自然人活动情况的各种信息，包括姓名、身份证件号码、通信通讯联系方式、住址、账号密码、财产状况、行踪轨迹等。

第二条 违反法律、行政法规、部门规章有关公民个人信息保护的规定的，应当认定为刑法第二百五十三条之一规定的“违反国家有关规定”。

第三条 向特定人提供公民个人信息，以及通过信息网络或者其他途径发布公民个人信息的，应当认定为刑法第二百五十三条之一规定的“提供公民个人信息”。

未经被收集者同意，将合法收集的公民个人信息向他人提供的，属于刑法第二百五十三条之一规定的“提供公民个人信息”，但是经过处理无法识别特定个人且不能复原的除外。

第四条 违反国家有关规定，通过购买、收受、交换等方式获取公民个人信息，或者在履行职责、提供服务过程中收集公民个人信息的，属于刑法第二百五十三条之一第三款规定的“以其他方法非法获取公民

个人信息”。

第五条 非法获取、出售或者提供公民个人信息，具有下列情形之一的，应当认定为刑法第二百五十三条之一规定的“情节严重”：

（一）出售或者提供行踪轨迹信息，被他人用于犯罪的；

（二）知道或者应当知道他人利用公民个人信息实施犯罪，向其出售或者提供的；

（三）非法获取、出售或者提供行踪轨迹信息、通信内容、征信信息、财产信息五十条以上的；

（四）非法获取、出售或者提供住宿信息、通信记录、健康生理信息、交易信息等其他可能影响人身、财产安全的公民个人信息五百条以上的；

（五）非法获取、出售或者提供第三项、第四项规定以外的公民个人信息五千条以上的；

（六）数量未达到第三项至第五项规定标准，但是按相应比例合计达到有关数量标准的；

（七）违法所得五千元以上的；

（八）将在履行职责或者提供服务过程中获得的公民个人信息出售或者提供给他人，数量或者数额达到第三项至第七项规定标准一半以上的；

（九）曾因侵犯公民个人信息受过刑事处罚或者二年内受过行政处罚，又非法获取、出售或者提供公民个人信息的；

（十）其他情节严重的情形。

实施前款规定的行为，具有下列情形之一的，应当认定为刑法第二百五十三条之一第一款规定的“情节特别严重”：

（一）造成被害人死亡、重伤、精神失常或者被绑架等严重后果的；

（二）造成重大经济损失或者恶劣社会影响的；

（三）数量或者数额达到前款第三项至第八项规定标准十倍以上的；

（四）其他情节特别严重的情形。

第六条 为合法经营活动而非法购买、收受本解释第五条第一款第三项、第四项规定以外的公民个人信息，具有下列情形之一的，应当认定为刑法第二百五十三条之一规定的“情节严重”：

（一）利用非法购买、收受的公民个人信息获利五万元以上的；

（二）曾因侵犯公民个人信息受过刑事处罚或者二年内受过行政处罚，又非法购买、收受公民个人信息的；

（三）其他情节严重的情形。

实施前款规定的行为，将购买、收受的公民个人信息非法出售或者提供的，定罪量刑标准适用本解释第五条的规定。

第七条 单位犯刑法第二百五十三条之一规定之罪的，依照本解释规定的相应自然人犯罪的定罪量刑标准，对直接负责的主管人员和其他直接责任人员定罪处罚，并对单位判处罚金。

第八条 设立用于实施非法获取、出售或者提供公民个人信息违法犯罪活动的网站、通讯群组，情节严重的，应当依照刑法第二百八十七条之一的规定，以非法利用信息网络罪定罪处罚；同时构成侵犯公民个人信息罪的，依照侵犯公民个人信息罪定罪处罚。

第九条 网络服务提供者拒不履行法律、行政法规规定的信息网络安全管理义务，经监管部门责令采取改正措施而拒不改正，致使用户的公民个人信息泄露，造成严重后果的，应当依照刑法第二百八十六条之一的规定，以拒不履行信息网络安全管理义务罪定罪处罚。

第十条 实施侵犯公民个人信息犯罪，不属于“情节特别严重”，行为人系初犯，全部退赃，并确有悔罪表现的，可以认定为情节轻微，不起诉或者免予刑事处罚；确有必要判处刑罚的，应当从宽处罚。

第十一条 非法获取公民个人信息后又出售或者提供的，公民个人信息的条数不重复计算。

向不同单位或者个人分别出售、提供同一公民个人信息的，公民个人信息的条数累计计算。

对批量公民个人信息的条数，根据查获的数量直接认定，但是有证据证明信息不真实或者重复的除外。

第十二条 对于侵犯公民个人信息犯罪，应当综合考虑犯罪的危害程度、犯罪的违法所得数额以及被告人的前科情况、认罪悔罪态度等，依法判处罚金。罚金数额一般在违法所得的一倍以上五倍以下。

第十三条 本解释自 2017 年 6 月 1 日起施行。

最高人民法院关于审理拐卖妇女儿童犯罪案件具体应用法律若干问题的解释

(2016 年 11 月 14 日最高人民法院审判委员会第 1699 次会议通过 2016 年 12 月 21 日最高人民法院公告公布 自 2017 年 1 月 1 日起施行 法释〔2016〕28 号)

为依法惩治拐卖妇女、儿童犯罪，切实保障妇女、儿童的合法权益，维护家庭和谐与社会稳定，根据刑法有关规定，结合司法实践，现就审理此类案件具体应用法律的若干问题解释如下：

第一条 对婴幼儿采取欺骗、利诱等手段使其脱离监护人或者看护人的，视为刑法第二百四十条第一款第（六）项规定的“偷盗婴幼儿”。

第二条 医疗机构、社会福利机构等单位的工作人员以非法获利为目的，将所诊疗、护理、抚养的儿童出卖给他人的，以拐卖儿童罪论处。

第三条 以介绍婚姻为名，采取非法扣押身份证件、限制人身自由等方式，或者利用妇女人地生疏、语言不通、孤立无援等境况，违背妇女意志，将其出卖给他人的，应当以拐卖妇女罪追究刑事责任。

以介绍婚姻为名，与被介绍妇女串通骗取他人钱财，数额较大的，应当以诈骗罪追究刑事责任。

第四条 在国家机关工作人员排查来历不明儿童或者进行解救时，将所收买的儿童藏匿、转移或者实施其他妨碍解救行为，经说服教育仍不配合的，属于刑法第二百四十一条第六款规定的“阻碍对其进行解救”。

第五条 收买被拐卖的妇女，业已形成稳定的婚姻家庭关系，解救时被买妇女自愿继续留在当地共同生活的，可以视为“按照被买妇女的意愿，不阻碍其返回原居住地”。

第六条 收买被拐卖的妇女、儿童后又组织、强迫卖淫或者组织乞讨、进行违反治安管理活动等构成其他犯罪的，依照数罪并罚的规定处罚。

第七条 收买被拐卖的妇女、儿童，又以暴力、威胁方法阻碍国家机关工作人员解救被收买的妇女、儿童，或者聚众阻碍国家机关工作人员解救被收买的妇女、儿童，构成妨害公务罪、聚众阻碍解救被收买的妇女、儿童罪的，依照数罪并罚的规定处罚。

第八条 出于结婚目的收买被拐卖的妇女，或者出于抚养目的收买被拐卖的儿童，涉及多名家庭成员、亲友参与的，对其中起主要作用的人员应当依法追究刑事责任。

第九条 刑法第二百四十条、第二百四十一条规定的儿童，是指不满十四周岁的人。其中，不满一周岁的为婴儿，一周岁以上不满六周岁的为幼儿。

第十条 本解释自 2017 年 1 月 1 日起施行。

最高人民法院、最高人民检察院、公安部、司法部关于依法办理家庭暴力犯罪案件的意见

（2015年3月2日　法发〔2015〕4号）

发生在家庭成员之间，以及具有监护、扶养、寄养、同居等关系的共同生活人员之间的家庭暴力犯罪，严重侵害公民人身权利，破坏家庭关系，影响社会和谐稳定。人民法院、人民检察院、公安机关、司法行政机关应当严格履行职责，充分运用法律，积极预防和有效惩治各种家庭暴力犯罪，切实保障人权，维护社会秩序。为此，根据刑法、刑事诉讼法、婚姻法、未成年人保护法、老年人权益保障法、妇女权益保障法等法律，结合司法实践经验，制定本意见。

一、基本原则

1. 依法及时、有效干预。针对家庭暴力持续反复发生，不断恶化升级的特点，人民法院、人民检察院、公安机关、司法行政机关对已发现的家庭暴力，应当依法采取及时、有效的措施，进行妥善处理，不能以家庭暴力发生在家庭成员之间，或者属于家务事为由而置之不理，互相推诿。

2. 保护被害人安全和隐私。办理家庭暴力犯罪案件，应当首先保护被害人的安全。通过对被害人进行紧急救治、临时安置，以及对施暴人采取刑事强制措施、判处刑罚、宣告禁止令等措施，制止家庭暴力并防止再次发生，消除家庭暴力的现实侵害和潜在危险。对与案件有关的个人隐私，应当保密，但法律有特别规定的除外。

3. 尊重被害人意愿。办理家庭暴力犯罪案件，既要严格依法进行，也要尊重被害人的意愿。在立案、采取刑事强制措施、提起公诉、判处刑罚、减刑、假释时，应当充分听取被害人意见，在法律规定的范围内作出合情、合理的处理。对法律规定可以调解、和解的案件，应当在当事人双方自愿的基础上进行调解、和解。

4. 对未成年人、老年人、残疾人、孕妇、哺乳期妇女、重病患者特殊保护。办理家庭暴力犯罪案件，应当根据法律规定和案件情况，通过代为告诉、法律援助等措施，加大对未成年人、老年人、残疾人、孕妇、哺乳期妇女、重病患者的司法保护力度，切实保障他们的合法权益。

二、案件受理

5. 积极报案、控告和举报。依照刑事诉讼法第一百零八条第一款“任何单位和个人发现有犯罪事实或者犯罪嫌疑人，有权利也有义务向公安机关、人民检察院或者人民法院报案或者举报”的规定，家庭暴力被害人及其亲属、朋友、邻居、同事，以及村（居）委会、人民调解委员会、妇联、共青团、残联、医院、学校、幼儿园等单位、组织，发现家庭暴力，有权利也有义务及时向公安机关、人民检察院、人民法院报案、控告或者举报。

公安机关、人民检察院、人民法院对于报案人、控告人和举报人不愿意公开自己的姓名和报案、控告、举报行为的，应当为其保守秘密，保护报案人、控告人和举报人的安全。

6. 迅速审查、立案和转处。公安机关、人民检察院、人民法院接到家庭暴力的报案、控告或者举报后，应当立即问明案件的初步情况，制作笔录，迅速进行审查，按照刑事诉讼法关于立案的规定，根据自己的管辖范围，决定是否立案。对于符合立案条件的，要及时立案。对于可能构成犯罪但不属于自己管辖的，应当移送主管机关处理，并且通知报案人、控告人或者举报人；对于不属于自己管辖而又必须采取紧急措施的，应当先采取紧急措施，然后移送主管机关。

经审查，对于家庭暴力行为尚未构成犯罪，但属于违反治安管理行为的，应当将案件移送公安机关，依照治安管理处罚法的规定进行处理，同时告知被害人可以向人民调解委员会提出申请，或者向人民法院提起民事诉讼，要求施暴人承担停止侵害、赔礼道歉、赔偿损失等民事责任。

7. 注意发现犯罪案件。公安机关在处理人身伤害、虐待、遗弃等行政案件过程中，人民法院在审理婚姻家庭、继承、侵权责任纠纷等民事案件过程中，应当注意发现可能涉及的家庭暴力犯罪。一旦发现家庭暴力犯罪线索，公安机关应当将案件转为刑事案件办理，人民法院应当将案件移送公安机关；属于自诉案件的，公安机关、人民法院应当告知被害人提起自诉。

8. 尊重被害人的程序选择权。对于被害人有证据证明的轻微家庭暴力犯罪案件，在立案审查时，应当尊重被害人选择公诉或者自诉的权利。被害人要求公安机关处理的，公安机关应当依法立案、侦查。在侦查过程中，被害人不再要求公安机关处理或者要求转为自诉案件的，应当告知被害人向公安机关提交书面申请。经审查确系被害人自愿提出的，公安机关应当依法撤销案件。被害人就这类案件向人民法院提起自诉的，人民法院应当依法受理。

9. 通过代为告诉充分保障被害人自诉权。对于家庭暴力犯罪自诉案件，被害人无法告诉或者不能亲自告诉的，其法定代理人、近亲属可以告诉或者代为告诉；被害人是无行为能力人、限制行为能力人，其法定代理人、近亲属没有告诉或者代为告诉的，人民检察院可以告诉；侮辱、暴力干涉婚姻自由等告诉才处理的案件，被害人因受强制、威吓无法告诉的，人民检察院也可以告诉。人民法院对告诉或者代为告诉的，应当依法受理。

10. 切实加强立案监督。人民检察院要切实加强对家庭暴力犯罪案件的立案监督，发现公安机关应当立案而不立案的，或者被害人及其法定代理人、近亲属，有关单位、组织就公安机关不予立案向人民检察院提出异议的，人民检察院应当要求公安机关说明不立案的理由。人民检察院认为不立案理由不成立的，应当通知公安机关立案，公安机关接到通知后应当立案；认为不立案理由成立的，应当将理由告知提出异议的被害人及其法定代理人、近亲属或者有关单位、组织。

11. 及时、全面收集证据。公安机关在办理家庭暴力案件时，要充分、全面地收集、固定证据，除了收集现场的物证、被害人陈述、证人证言等证据外，还应当注意及时向村（居）委会、人民调解委员会、妇联、共青团、残联、医院、学校、幼儿园等单位、组织的工作人员，以及被害人的亲属、邻居等收集涉及家庭暴力的处理记录、病历、照片、视频等证据。

12. 妥善救治、安置被害人。人民法院、人民检察院、公安机关等负有保护公民人身安全职责的单位和组织，对因家庭暴力受到严重伤害需要紧急救治的被害人，应当立即协助联系医疗机构救治；对面临家庭暴力严重威胁，或者处于无人照料等危险状态，需要临时安置的被害人或者相关未成年人，应当通知并协助有关部门进行安置。

13. 依法采取强制措施。人民法院、人民检察院、公安机关对实施家庭暴力的犯罪嫌疑人、被告人，符合拘留、逮捕条件的，可以依法拘留、逮捕；没有采取拘留、逮捕措施的，应当通过走访、打电话等方式与被害人或者其法定代理人、近亲属联系，了解被害人的人身安全状况。对于犯罪嫌疑人、被告人再次实施家庭暴力的，应当根据情况，依法采取必要的强制措施。

人民法院、人民检察院、公安机关决定对实施家庭暴力的犯罪嫌疑人、被告人取保候审的，为了确保被害人及其子女和特定亲属的安全，可以依照刑事诉讼法第六十九条第二款的规定，责令犯罪嫌疑人、被告人不得再次实施家庭暴力；不得侵扰被害人的生活、工作、学习；不得进行酗酒、赌博等活动；经被害人申请且有必要的，责令不得接近被害人及其未成年子女。

14. 加强自诉案件举证指导。家庭暴力犯罪案件具有案发周期较长、证据难以保存，被害人处于相对弱势、举证能力有限，相关事实难以认定等特点。有些特点在自诉案件中表现得更为突出。因此，人民法院在审理家庭暴力自诉案件时，对于因当事人举证能力不足等原因，难以达到法律规定的证据要求的，应当及时对当事人进行举证指导，告知需要收集的证据及收集证据的方法。对于因客观原因不能取得的证据，当事人申请人民法院调取的，人民法院应当认真审查，认为确有必要的，应当调取。

15. 加大对被害人的法律援助力度。人民检察院自收到移送审查起诉的案件材料之日起三日内，人民法院自受理案件之日起三日内，应当告知被害人及其法定代理人或者近亲属有权委托诉讼代理人，如果经济困难，可以向法律援助机构申请法律援助；对于被害人是未成年人、老年人、重病患者或者残疾人等，因经济困难没有委托诉讼代理人的，人民检察院、人民法院应当帮助其申请法律援助。

法律援助机构应当依法为符合条件的被害人提供法律援助，指派熟悉反家庭暴力法律法规的律师办理案件。

三、定罪处罚

16. 依法准确定罪处罚。对故意杀人、故意伤害、强奸、猥亵儿童、非法拘禁、侮辱、暴力干涉婚姻自由、虐待、遗弃等侵害公民人身权利的家庭暴力犯罪，应当根据犯罪的事实、犯罪的性质、情节和对社会的危害程度，严格依照刑法的有关规定判处。对于同一行为同时触犯多个罪名的，依照处罚较重的规定定罪处罚。

17. 依法惩处虐待犯罪。采取殴打、冻饿、强迫过度劳动、限制人身自由、恐吓、侮辱、谩骂等手段，对家庭成员的身体和精神进行摧残、折磨，是实践中较为多发的虐待性质的家庭暴力。根据司法实践，具有虐待持续时间较长、次数较多；虐待手段残忍；虐待造成被害人轻微伤或者患较严重疾病；对未成年人、老年人、残疾人、孕妇、哺乳期妇女、重病患者实施较为严重的虐待行为等情形，属于刑法第二百六十条第一款规定的虐待“情节恶劣”，应当依法以虐待罪定罪处罚。

准确区分虐待犯罪致人重伤、死亡与故意伤害、故意杀人犯罪致人重伤、死亡的界限，要根据被告人的主观故意、所实施的暴力手段与方式、是否立即或者直接造成被害人伤亡后果等进行综合判断。对于被告人主观上不具有侵害被害人健康或者剥夺被害人生命的故意，而是出于追求被害人肉体和精神上的痛苦，长期或者多次实施虐待行为，逐渐造成被害人身体损害，过失导致被害人重伤或者死亡的；或者因虐待致使被害人不堪忍受而自残、自杀，导致重伤或者死亡的，属于刑法第二百六十条第二款规定的虐待“致使被害人重伤、死亡”，应当以虐待罪定罪处罚。对于被告人虽然实施家庭暴力呈现出经常性、持续性、反复性的特点，但其主观上具有希望或者放任被害人重伤或者死亡的故意，持凶器实施暴力，暴力手段残忍，暴力程度较强，直接或者立即造成被害人重伤或者死亡的，应当以故意伤害罪或者故意杀人罪定罪处罚。

依法惩处遗弃犯罪。负有扶养义务且有扶养能力的人，拒绝扶养年幼、年老、患病或者其他没有独立生活能力的家庭成员，是危害严重的遗弃性质的家庭暴力。根据司法实践，具有对被害人长期不予照顾、不提供生活来源；驱赶、逼迫被害人离家，致使被害人流离失所或者生存困难；遗弃患严重疾病或者生活不能自理的被害人；遗弃致使被害人身体严重损害或者造成其他严重后果等情形，属于刑法第二百六十一条规定的遗弃“情节恶劣”，应当依法以遗弃罪定罪处罚。

准确区分遗弃罪与故意杀人罪的界限，要根据被告人的主观故意、所实施行为的时间与地点、是否立即造成被害人死亡，以及被害人对被告人的依赖程度等进行综合判断。对于只是为了逃避扶养义务，并不希望或者放任被害人死亡，将生活不能自理的被害人弃置在福利院、医院、派出所等单位或者广场、车站等行人较多的场所，希望被害人得到他人救助的，一般以遗弃罪定罪处罚。对于希望或者放任被害人死亡，不履行必要的扶养义务，致使被害人因缺乏生活照料而死亡，或者将生活不能自理的被害人带至荒山野岭等人迹罕至的场所扔弃，使被害人难以得到他人救助的，应当以故意杀人罪定罪处罚。

18. 切实贯彻宽严相济刑事政策。对于实施家庭暴力构成犯罪的，应当根据罪刑法定、罪刑相适应原则，兼顾维护家庭稳定、尊重被害人意愿等因素综合考虑，宽严并用，区别对待。根据司法实践，对于实施家庭暴力手段残忍或者造成严重后果；出于恶意侵占财产等卑劣动机实施家庭暴力；因酗酒、吸毒、赌博等恶习而长期或者多次实施家庭暴力；曾因实施家庭暴力受到刑事处罚、行政处罚；或者具有其他恶劣情形的，可以酌情从重处罚。对于实施家庭暴力犯罪情节较轻，或者被告人真诚悔罪，获得被害人谅解，从轻处罚有利于被扶养人的，可以酌情从轻处罚；对于情节轻微不需要判处刑罚的，人民检察院可以不起诉，人民法院可以判处免予刑事处罚。

对于实施家庭暴力情节显著轻微危害不大不构成犯罪的，应当撤销案件、不起诉，或者宣告无罪。

人民法院、人民检察院、公安机关应当充分运用训诫，责令施暴人保证不再实施家庭暴力，或者向被害人赔礼道歉、赔偿损失等非刑罚处罚措施，加强对施暴人的教育与惩戒。

19. 准确认定对家庭暴力的正当防卫。为了使本人或者他人的人身权利免受不法侵害，对正在进行的家庭暴力采取制止行为，只要符合刑法规定的条件，就应当依法认定为正当防卫，不负刑事责任。防卫行为造成施暴人重伤、死亡，且明显超过必要限度，属于防卫过当，应当负刑事责任，但是应当减轻或者免除处罚。

认定防卫行为是否“明显超过必要限度”，应当以足以制止并使防卫人免受家庭暴力不法侵害的需要为标准，根据施暴人正在实施家庭暴力的严重程度、手段的残忍程度，防卫人所处的环境、面临的危险程度、采取的制止暴力的手段、造成施暴人重大损害的程度，以及既往家庭暴力的严重程度等进行综合判断。

20. 充分考虑案件中的防卫因素和过错责任。对于长期遭受家庭暴力后，在激愤、恐惧状态下为了防止再次遭受家庭暴力，或者为了摆脱家庭暴力而故意杀害、伤害施暴人，被告人的行为具有防卫因素，施暴人在案件起因上具有明显过错或者直接责任的，可以酌情从宽处罚。对于因遭受严重家庭暴力，身体、精神受到重大损害而故意杀害施暴人；或者因不堪忍受长期家庭暴力而故意杀害施暴人，犯罪情节不是特别恶劣，手段不是特别残忍的，可以认定为刑法第二百三十二条规定的故意杀人“情节较轻”。在服刑期间确有悔改表现的，可以根据其家庭情况，依法放宽减刑的幅度，缩短减刑的起始时间与间隔时间；符合假释条件的，应当假释。被杀害施暴人的近亲属表示谅解的，在量刑、减刑、假释时应当予以充分考虑。

四、其他措施

21. 充分运用禁止令措施。人民法院对实施家庭暴力构成犯罪被判处管制或者宣告缓刑的犯罪分子，为了确保被害人及其子女和特定亲属的人身安全，可以依照刑法第三十八条第二款、第七十二条第二款的规定，同时禁止犯罪分子再次实施家庭暴力，侵扰被害人的生活、工作、学习，进行酗酒、赌博等活动；经被害人申请且有必要的，禁止接近被害人及其未成年子女。

22. 告知申请撤销施暴人的监护资格。人民法院、人民检察院、公安机关对于监护人实施家庭暴力，严重侵害被监护人合法权益的，在必要时可以告知被监护人及其他有监护资格的人员、单位，向人民法院提出申请，要求撤销监护人资格，依法另行指定监护人。

23. 充分运用人身安全保护措施。人民法院为了保护被害人的人身安全，避免其再次受到家庭暴力的侵害，可以根据申请，依照民事诉讼法等法律的相关规定，作出禁止施暴人再次实施家庭暴力、禁止接近被害人、迁出被害人的住所等内容的裁定。对于施暴人违反裁定的行为，如对被害人进行威胁、恐吓、殴打、伤害、杀害，或者未经被害人同意拒不迁出住所的，人民法院可以根据情节轻重予以罚款、拘留；构成犯罪的，应当依法追究刑事责任。

24. 充分运用社区矫正措施。社区矫正机构对因实施家庭暴力构成犯罪被判处管制、宣告缓刑、假释或者暂予监外执行的犯罪分子，应当依法开展家庭暴力行为矫治，通过制定有针对性的监管、教育和帮助措施，矫正犯罪分子的施暴心理和行为恶习。

25. 加强反家庭暴力宣传教育。人民法院、人民检察院、公安机关、司法行政机关应当结合本部门工作职责，通过以案说法、社区普法、针对重点对象法制教育等多种形式，开展反家庭暴力宣传教育活动，有效预防家庭暴力，促进平等、和睦、文明的家庭关系，维护社会和谐、稳定。

最高人民法院、最高人民检察院关于办理利用信息网络实施诽谤等刑事案件适用法律若干问题的解释

（2013 年 9 月 5 日最高人民法院审判委员会第 1589 次会议、2013 年 9 月 2 日最高人民检察院第十二届检察委员会第 9 次会议通过　2013 年 9 月 6 日最高人民法院、最高人民检察院公告公布　自 2013 年 9 月 10 日起施行　法释〔2013〕21 号）

为保护公民、法人和其他组织的合法权益，维护社会秩序，根据《中华人民共和国刑法》《全国人民代表大会常务委员会关于维护互联网安全的决定》等规定，对办理利用信息网络实施诽谤、寻衅滋事、敲诈勒索、非法经营等刑事案件适用法律的若干问题解释如下：

第一条　具有下列情形之一的，应当认定为刑法第二百四十六条第一款规定的“捏造事实诽谤他人”：

（一）捏造损害他人名誉的事实，在信息网络上散布，或者组织、指使人员在信息网络上散布的；

（二）将信息网络上涉及他人的原始信息内容篡改为损害他人名誉的事实，在信息网络上散布，或者组织、指使人员在信息网络上散布的；

明知是捏造的损害他人名誉的事实，在信息网络上散布，情节恶劣的，以“捏造事实诽谤他人”论。

第二条　利用信息网络诽谤他人，具有下列情形之一的，应当认定为刑法第二百四十六条第一款规定的“情节严重”：

（一）同一诽谤信息实际被点击、浏览次数达到五千次以上，或者被转发次数达到五百次以上的；

（二）造成被害人或者其近亲属精神失常、自残、自杀等严重后果的；

（三）二年内曾因诽谤受过行政处罚，又诽谤他人的；

（四）其他情节严重的情形。

第三条 利用信息网络诽谤他人，具有下列情形之一的，应当认定为刑法第二百四十六条第二款规定的“严重危害社会秩序和国家利益”：

（一）引发群体性事件的；

（二）引发公共秩序混乱的；

（三）引发民族、宗教冲突的；

（四）诽谤多人，造成恶劣社会影响的；

（五）损害国家形象，严重危害国家利益的；

（六）造成恶劣国际影响的；

（七）其他严重危害社会秩序和国家利益的情形。

第四条 一年内多次实施利用信息网络诽谤他人行为未经处理，诽谤信息实际被点击、浏览、转发次数累计计算构成犯罪的，应当依法定罪处罚。

第五条 利用信息网络辱骂、恐吓他人，情节恶劣，破坏社会秩序的，依照刑法第二百九十三条第一款第（二）项的规定，以寻衅滋事罪定罪处罚。

编造虚假信息，或者明知是编造的虚假信息，在信息网络上散布，或者组织、指使人员在信息网络上散布，起哄闹事，造成公共秩序严重混乱的，依照刑法第二百九十三条第一款第（四）项的规定，以寻衅滋事罪定罪处罚。

第六条 以在信息网络上发布、删除等方式处理网络信息为由，威胁、要挟他人，索取公私财物，数额较大，或者多次实施上述行为的，依照刑法第二百七十四条的规定，以敲诈勒索罪定罪处罚。

第七条 违反国家规定，以营利为目的，通过信息网络有偿提供删除信息服务，或者明知是虚假信息，通过信息网络有偿提供发布信息等服务，扰乱市场秩序，具有下列情形之一的，属于非法经营行为“情节严重”，依照刑法第二百二十五条第（四）项的规定，以非法经营罪定罪处罚：

（一）个人非法经营数额在五万元以上，或者违法所得数额在二万元以上的；

（二）单位非法经营数额在十五万元以上，或者违法所得数额在五万元以上的。

实施前款规定的行为，数额达到前款规定的数额五倍以上的，应当认定为刑法第二百二十五条规定的“情节特别严重”。

第八条 明知他人利用信息网络实施诽谤、寻衅滋事、敲诈勒索、非法经营等犯罪，为其提供资金、场所、技术支持等帮助的，以共同犯罪论处。

第九条 利用信息网络实施诽谤、寻衅滋事、敲诈勒索、非法经营犯罪，同时又构成刑法第二百二十一条规定的损害商业信誉、商品声誉罪，第二百七十八条规定的煽动暴力抗拒法律实施罪，第二百九十一条之一规定的编造、故意传播虚假恐怖信息罪等犯罪的，依照处罚较重的规定定罪处罚。

第十条 本解释所称信息网络，包括以计算机、电视机、固定电话机、移动电话机等电子设备为终端的计算机互联网、广播电视网、固定通信网、移动通信网等信息网络，以及向公众开放的局域网络。

最高人民法院、最高人民检察院、公安部关于依法办理“碰瓷”违法犯罪案件的指导意见

（2020年9月22日　公通字〔2020〕12号）

各省、自治区、直辖市高级人民法院、人民检察院、公安厅（局），新疆维吾尔自治区高级人民法院生产建设兵团分院，新疆生产建设兵团人民检察院、公安局：

近年来，“碰瓷”现象时有发生。所谓“碰瓷”，是指行为人通过故意制造或者编造其被害假象，采取诈骗、敲诈勒索等方式非法索取财物的行为。实践中，一些不法分子有的通过“设局”制造或者捏造他人对其人身、财产造成损害来实施；有的通过自伤、造成同伙受伤或者利用自身原有损伤，诬告系被害人所致来实施；有的故意制造交通事故，利用被害人违反道路通行规定或者酒后驾驶、无证驾驶、机动车手续不全等违法违规行为，通过被害人害怕被查处的心理来实施；有的在“碰瓷”行为被识破后，直接对被害人实施抢劫、抢夺、故意伤害等违法犯罪活动等。此类违法犯罪行为性质恶劣，危害后果严重，败坏社会风气，且易滋生黑恶势力，人民群众反响强烈。为依法惩治“碰瓷”违法犯罪活动，保障人民群众合法权益，维护社会秩序，根据刑法、刑事诉讼法、治安管理处罚法等法律的规定，制定本意见。

一、实施“碰瓷”，虚构事实、隐瞒真相，骗取赔偿，符合刑法第二百六十六条规定的，以诈骗罪定罪处罚；骗取保险金，符合刑法第一百九十八条规定的，以保险诈骗罪定罪处罚。

实施“碰瓷”，捏造人身、财产权益受到侵害的事实，虚构民事纠纷，提起民事诉讼，符合刑法第三百零七条之一规定的，以虚假诉讼罪定罪处罚；同时构成其他犯罪的，依照处罚较重的规定定罪从重处罚。

二、实施“碰瓷”，具有下列行为之一，敲诈勒索他人财物，符合

刑法第二百七十四条规定的，以敲诈勒索罪定罪处罚：

1. 实施撕扯、推搡等轻微暴力或者围困、阻拦、跟踪、贴靠、滋扰、纠缠、哄闹、聚众造势、扣留财物等软暴力行为的；

2. 故意制造交通事故，进而利用被害人违反道路通行规定或者其他违法违规行为相要挟的；

3. 以揭露现场掌握的当事人隐私相要挟的；

4. 扬言对被害人及其近亲属人身、财产实施侵害的。

三、实施“碰瓷”，当场使用暴力、胁迫或者其他方法，当场劫取他人财物，符合刑法第二百六十三条规定的，以抢劫罪定罪处罚。

四、实施“碰瓷”，采取转移注意力、趁人不备等方式，窃取、夺取他人财物，符合刑法第二百六十四条、第二百六十七条规定的，分别以盗窃罪、抢夺罪定罪处罚。

五、实施“碰瓷”，故意造成他人财物毁坏，符合刑法第二百七十五条规定的，以故意毁坏财物罪定罪处罚。

六、实施“碰瓷”，驾驶机动车对其他机动车进行追逐、冲撞、挤别、拦截或者突然加减速、急刹车等可能影响交通安全的行为，因而发生重大事故，致人重伤、死亡或者使公私财物遭受重大损失，符合刑法第一百三十三条规定的，以交通肇事罪定罪处罚。

七、为实施“碰瓷”而故意杀害、伤害他人或者过失致人重伤、死亡，符合刑法第二百三十二条、第二百三十四条、第二百三十三条、第二百三十五条规定的，分别以故意杀人罪、故意伤害罪、过失致人死亡罪、过失致人重伤罪定罪处罚。

八、实施“碰瓷”，为索取财物，采取非法拘禁等方法非法剥夺他人人身自由或者非法搜查他人身体，符合刑法第二百三十八条、第二百四十五条规定的，分别以非法拘禁罪、非法搜查罪定罪处罚。

九、共同故意实施“碰瓷”犯罪，起主要作用的，应当认定为主犯，对其参与或者组织、指挥的全部犯罪承担刑事责任；起次要或者辅助作用的，应当认定为从犯，依法予以从轻、减轻处罚或者免除处罚。

三人以上为共同故意实施“碰瓷”犯罪而组成的较为固定的犯罪组织，应当认定为犯罪集团。对首要分子应当按照集团所犯全部罪行处罚。

符合黑恶势力认定标准的，应当按照黑社会性质组织、恶势力或者恶势力犯罪集团侦查、起诉、审判。

十、对实施“碰瓷”，尚不构成犯罪，但构成违反治安管理行为的，依法给予治安管理处罚。

各级人民法院、人民检察院和公安机关要严格依法办案，加强协作配合，对“碰瓷”违法犯罪行为予以快速处理、准确定性、依法严惩。一要依法及时开展调查处置、批捕、起诉、审判工作。公安机关接到报案、控告、举报后应当立即赶到现场，及时制止违法犯罪，妥善保护案发现场，控制行为人。对于符合立案条件的及时开展立案侦查，全面收集证据，调取案发现场监控视频，收集在场证人证言，核查涉案人员、车辆信息等，并及时串并案进行侦查。人民检察院对于公安机关提请批准逮捕、移送审查起诉的“碰瓷”案件，符合逮捕、起诉条件的，应当依法尽快予以批捕、起诉。对于“碰瓷”案件，人民法院应当依法及时审判，构成犯罪的，严格依法追究犯罪分子刑事责任。二要加强协作配合。公安机关、人民检察院要加强沟通协调，解决案件定性、管辖、证据标准等问题，确保案件顺利办理。对于疑难复杂案件，公安机关可以听取人民检察院意见。对于确需补充侦查的，人民检察院要制作明确、详细的补充侦查提纲，公安机关应当及时补充证据。人民法院要加强审判力量，严格依法公正审判。三要严格贯彻宽严相济的刑事政策，落实认罪认罚从宽制度。要综合考虑主观恶性大小、行为的手段、方式、危害后果以及在案件中所起作用等因素，切实做到区别对待。对于“碰瓷”犯罪集团的首要分子、积极参加的犯罪分子以及屡教不改的犯罪分子，应当作为打击重点依法予以严惩。对犯罪性质和危害后果特别严重、社会影响特别恶劣的犯罪分子，虽具有酌定从宽情节但不足以从宽处罚的，依法不予从宽处罚。具有自首、立功、坦白、认罪认罚等情节的，依法从宽处理。同时，应当准确把握法律尺度，注意区分“碰瓷”违法犯罪同普通民事纠纷、行政违法的界限，既防止出现“降格处理”，也要防止打击面过大等问题。四要强化宣传教育。人民法院、人民检察院、公安机关在依法惩处此类犯罪的过程中，要加大法制宣传教育力度，在依法办案的同时，视情通过新闻媒体、微信公众号、微博等形式，向社会公众揭露“碰瓷”违法犯罪的手段和方式，引导人民群众加强自我保护意识，遇到此类情形，应当及时报警，依法维护自身合法权益。要适时公开曝光一批典型案例，通过对案件解读，有效震慑违法犯罪分子，在全社会营造良好法治环境。

各地各相关部门要认真贯彻执行。执行中遇有问题，请及时上报各自上级机关。

最高人民法院、最高人民检察院、公安部、司法部关于办理恶势力刑事案件若干问题的意见

（2019年2月28日　法发〔2019〕10号）

为认真贯彻落实中央开展扫黑除恶专项斗争的部署要求，正确理解和适用最高人民法院、最高人民检察院、公安部、司法部《关于办理黑恶势力犯罪案件若干问题的指导意见》（法发〔2018〕1号，以下简称《指导意见》），根据刑法、刑事诉讼法及有关司法解释、规范性文件的规定，现对办理恶势力刑事案件若干问题提出如下意见：

一、办理恶势力刑事案件的总体要求

1. 人民法院、人民检察院、公安机关和司法行政机关要深刻认识恶势力违法犯罪的严重社会危害，毫不动摇地坚持依法严惩方针，在侦查、起诉、审判、执行各阶段，运用多种法律手段全面体现依法从严惩处精神，有力震慑恶势力违法犯罪分子，有效打击和预防恶势力违法犯罪。

2. 人民法院、人民检察院、公安机关和司法行政机关要严格坚持依法办案，确保在案件事实清楚，证据确实、充分的基础上，准确认定恶势力和恶势力犯罪集团，坚决防止人为拔高或者降低认定标准。要坚持贯彻落实宽严相济刑事政策，根据犯罪嫌疑人、被告人的主观恶性、人身危险性、在恶势力、恶势力犯罪集团中的地位、作用以及在具体犯罪中的罪责，切实做到宽严有据，罚当其罪，实现政治效果、法律效果和社会效果的统一。

3. 人民法院、人民检察院、公安机关和司法行政机关要充分发挥各自职能，分工负责，互相配合，互相制约，坚持以审判为中心的刑事诉讼制度改革要求，严格执行“三项规程”，不断强化程序意识和证据意识，有效加强法律监督，确保严格执法、公正司法，充分保障当事人、诉讼参与人的各项诉讼权利。

二、恶势力、恶势力犯罪集团的认定标准

4. 恶势力，是指经常纠集在一起，以暴力、威胁或者其他手段，在一定区域或者行业内多次实施违法犯罪活动，为非作恶，欺压百姓，扰乱经济、社会生活秩序，造成较为恶劣的社会影响，但尚未形成黑社会性质组织的违法犯罪组织。

5. 单纯为牟取不法经济利益而实施的“黄、赌、毒、盗、抢、骗”等违法犯罪活动，不具有为非作恶、欺压百姓特征的，或者因本人及近亲属的婚恋纠纷、家庭纠纷、邻里纠纷、劳动纠纷、合法债务纠纷而引发以及其他确属事出有因的违法犯罪活动，不应作为恶势力案件处理。

6. 恶势力一般为 3 人以上，纠集者相对固定。纠集者，是指在恶势力实施的违法犯罪活动中起组织、策划、指挥作用的违法犯罪分子。成员较为固定且符合恶势力其他认定条件，但多次实施违法犯罪活动是由不同的成员组织、策划、指挥，也可以认定为恶势力，有前述行为的成员均可以认定为纠集者。

恶势力的其他成员，是指知道或应当知道与他人经常纠集在一起是为了共同实施违法犯罪，仍按照纠集者的组织、策划、指挥参与违法犯罪活动的违法犯罪分子，包括已有充分证据证明但尚未归案的人员，以及因法定情形不予追究法律责任，或者因参与实施恶势力违法犯罪活动已受到行政或刑事处罚的人员。仅因临时雇佣或被雇佣、利用或被利用以及受蒙蔽参与少量恶势力违法犯罪活动的，一般不应认定为恶势力成员。

7. “经常纠集在一起，以暴力、威胁或者其他手段，在一定区域或者行业内多次实施违法犯罪活动”，是指犯罪嫌疑人、被告人于 2 年之内，以暴力、威胁或者其他手段，在一定区域或者行业内多次实施违法犯罪活动，且包括纠集者在内，至少应有 2 名相同的成员多次参与实施违法犯罪活动。对于“纠集在一起”时间明显较短，实施违法犯罪活动刚刚达到“多次”标准，且尚不足以造成较为恶劣影响的，一般不应认定为恶势力。

8. 恶势力实施的违法犯罪活动，主要为强迫交易、故意伤害、非法拘禁、敲诈勒索、故意毁坏财物、聚众斗殴、寻衅滋事，但也包括具有为非作恶、欺压百姓特征，主要以暴力、威胁为手段的其他违法犯罪活动。

恶势力还可能伴随实施开设赌场、组织卖淫、强迫卖淫、贩卖毒品、运输毒品、制造毒品、抢劫、抢夺、聚众扰乱社会秩序、聚众扰乱

公共场所秩序、交通秩序以及聚众“打砸抢”等违法犯罪活动，但仅有前述伴随实施的违法犯罪活动，且不能认定具有为非作恶、欺压百姓特征的，一般不应认定为恶势力。

9. 办理恶势力刑事案件，“多次实施违法犯罪活动”至少应包括1次犯罪活动。对于反复实施强迫交易、非法拘禁、敲诈勒索、寻衅滋事等单一性质的违法行为，单次情节、数额尚不构成犯罪，但按照刑法或者有关司法解释、规范性文件的规定累加后应作为犯罪处理的，在认定是否属于“多次实施违法犯罪活动”时，可将已用于累加的违法行为计为1次犯罪活动，其他违法行为单独计算违法活动的次数。

已被处理或者已作为民间纠纷调处，后经查证确属恶势力违法犯罪活动的，均可以作为认定恶势力的事实依据，但不符合法定情形的，不得重新追究法律责任。

10. 认定“扰乱经济、社会生活秩序，造成较为恶劣的社会影响”，应当结合侵害对象及其数量、违法犯罪次数、手段、规模、人身损害后果、经济损失数额、违法所得数额、引起社会秩序混乱的程度以及对人民群众安全感的影响程度等因素综合把握。

11. 恶势力犯罪集团，是指符合恶势力全部认定条件，同时又符合犯罪集团法定条件的犯罪组织。

恶势力犯罪集团的首要分子，是指在恶势力犯罪集团中起组织、策划、指挥作用的犯罪分子。恶势力犯罪集团的其他成员，是指知道或者应当知道是为共同实施犯罪而组成的较为固定的犯罪组织，仍接受首要分子领导、管理、指挥，并参与该组织犯罪活动的犯罪分子。

恶势力犯罪集团应当有组织地实施多次犯罪活动，同时还可能伴随实施违法活动。恶势力犯罪集团所实施的违法犯罪活动，参照《指导意见》第十条第二款的规定认定。

12. 全部成员或者首要分子、纠集者以及其他重要成员均为未成年人、老年人、残疾人的，认定恶势力、恶势力犯罪集团时应当特别慎重。

三、正确运用宽严相济刑事政策的有关要求

13. 对于恶势力的纠集者、恶势力犯罪集团的首要分子、重要成员以及恶势力、恶势力犯罪集团共同犯罪中罪责严重的主犯，要正确运用法律规定加大惩处力度，对依法应当判处重刑或死刑的，坚决判处重刑或死刑。同时要严格掌握取保候审，严格掌握不起诉，严格掌握缓刑、减刑、假释，严格掌握保外就医适用条件，充分利用资格刑、财产刑等法律手段全方位从严惩处。对于符合刑法第三十七条之一规定的，可以依法禁止其从事相关职业。

对于恶势力、恶势力犯罪集团的其他成员，在共同犯罪中罪责相对较小、人身危险性、主观恶性相对不大的，具有自首、立功、坦白、初犯等法定或酌定从宽处罚情节，可以依法从轻、减轻或免除处罚。认罪认罚或者仅参与实施少量的犯罪活动且只起次要、辅助作用，符合缓刑条件的，可以适用缓刑。

14. 恶势力犯罪集团的首要分子检举揭发与该犯罪集团及其违法犯罪活动有关联的其他犯罪线索，如果在认定立功的问题上存在事实、证据或法律适用方面的争议，应当严格把握。依法应认定为立功或者重大立功的，在决定是否从宽处罚、如何从宽处罚时，应当根据罪责刑相一致原则从严掌握。可能导致全案量刑明显失衡的，不予从宽处罚。

恶势力犯罪集团的其他成员如果能够配合司法机关查办案件，有提供线索、帮助收集证据或者其他协助行为，并在侦破恶势力犯罪集团案件、查处“保护伞”等方面起到较大作用的，即使依法不能认定立功，一般也应酌情对其从轻处罚。

15. 犯罪嫌疑人、被告人同时具有法定、酌定从严和法定、酌定从宽处罚情节的，量刑时要根据所犯具体罪行的严重程度，结合被告人在恶势力、恶势力犯罪集团中的地位、作用、主观恶性、人身危险性等因素整体把握。对于恶势力的纠集者、恶势力犯罪集团的首要分子、重要成员，量刑时要体现总体从严。对于在共同犯罪中罪责相对较小、人身危险性、主观恶性相对不大，且能够真诚认罪悔罪的其他成员，量刑时要体现总体从宽。

16. 恶势力刑事案件的犯罪嫌疑人、被告人自愿如实供述自己的罪行，承认指控的犯罪事实，愿意接受处罚的，可以依法从宽处理，并 。对于犯罪性质恶劣、犯罪手段残忍、社会危害严重的犯罪嫌疑人、被告人，虽然认罪认罚，但不足以从轻处罚的，不适用该制度。

四、办理恶势力刑事案件的其他问题

17. 人民法院、人民检察院、公安机关经审查认为案件符合恶势力认定标准的，应当在起诉意见书、起诉书、判决书、裁定书等法律文书中的案件事实部分明确表述，列明恶势力的纠集者、其他成员、违法犯罪事实以及据以认定的证据；符合恶势力犯罪集团认定标准的，应当在上述法律文书中明确定性，列明首要分子、其他成员、违法犯罪事实以及据以认定的证据，并引用刑法总则关于犯罪集团的相关规定。被告人及其辩护人对恶势力定性提出辩解和辩护意见，人民法院可以在裁判文书中予以评析回应。

恶势力刑事案件的起诉意见书、起诉书、判决书、裁定书等法律文书，可以在案件事实部分先概述恶势力、恶势力犯罪集团的概括事实，再分述具体的恶势力违法犯罪事实。

18. 对于公安机关未在起诉意见书中明确认定，人民检察院在审查起诉期间发现构成恶势力或者恶势力犯罪集团，且相关违法犯罪事实已经查清，证据确实、充分，依法应追究刑事责任的，应当作出起诉决定，根据查明的事实向人民法院提起公诉，并在起诉书中明确认定为恶势力或者恶势力犯罪集团。人民检察院认为恶势力相关违法犯罪事实不清、证据不足，或者存在遗漏恶势力违法犯罪事实、遗漏同案犯罪嫌疑人等情形需要补充侦查的，应当提出具体的书面意见，连同案卷材料一并退回公安机关补充侦查；人民检察院也可以自行侦查，必要时可以要求公安机关提供协助。

对于人民检察院未在起诉书中明确认定，人民法院在审判期间发现构成恶势力或恶势力犯罪集团的，可以建议人民检察院补充或者变更起诉；人民检察院不同意或者在七日内未回复意见的，人民法院不应主动认定，可仅就起诉指控的犯罪事实依照相关规定作出判决、裁定。

审理被告人或者被告人的法定代理人、辩护人、近亲属上诉的案件时，一审判决认定黑社会性质组织有误的，二审法院应当纠正，符合恶势力、恶势力犯罪集团认定标准，应当作出相应认定；一审判决认定恶势力或恶势力犯罪集团有误的，应当纠正，但不得升格认定；一审判决未认定恶势力或恶势力犯罪集团的，不得增加认定。

19. 公安机关、人民检察院、人民法院应当分别以起诉意见书、起诉书、裁判文书所明确的恶势力、恶势力犯罪集团，作为相关数据的统计依据。

20. 本意见自 2019 年 4 月 9 日起施行。

最高人民法院关于审理非法集资刑事案件具体应用法律若干问题的解释

（2010年11月22日最高人民法院审判委员会第1502次会议通过 2010年12月13日最高人民法院公告公布 自2011年1月4日起施行 法释〔2010〕18号）

为依法惩治非法吸收公众存款、集资诈骗等非法集资犯罪活动，根据刑法有关规定，现就审理此类刑事案件具体应用法律的若干问题解释如下：

第一条 违反国家金融管理法律规定，向社会公众（包括单位和个人）吸收资金的行为，同时具备下列四个条件的，除刑法另有规定的以外，应当认定为刑法第一百七十六条规定的“非法吸收公众存款或者变相吸收公众存款”：

（一）未经有关部门依法批准或者借用合法经营的形式吸收资金；

（二）通过媒体、推介会、传单、手机短信等途径向社会公开宣传；

（三）承诺在一定期限内以货币、实物、股权等方式还本付息或者给付回报；

（四）向社会公众即社会不特定对象吸收资金。

未向社会公开宣传，在亲友或者单位内部针对特定对象吸收资金的，不属于非法吸收或者变相吸收公众存款。

第二条 实施下列行为之一，符合本解释第一条第一款规定的条件的，应当依照刑法第一百七十六条的规定，以非法吸收公众存款罪定罪处罚：

（一）不具有房产销售的真实内容或者不以房产销售为主要目的，以返本销售、售后包租、约定回购、销售房产份额等方式非法吸收资金的；

（二）以转让林权并代为管护等方式非法吸收资金的；

（三）以代种植（养殖）、租种植（养殖）、联合种植（养殖）等方式非法吸收资金的；

（四）不具有销售商品、提供服务的真实内容或者不以销售商品、提供服务为主要目的，以商品回购、寄存代售等方式非法吸收资金的；

（五）不具有发行股票、债券的真实内容，以虚假转让股权、发售虚构债券等方式非法吸收资金的；

（六）不具有募集基金的真实内容，以假借境外基金、发售虚构基金等方式非法吸收资金的；

（七）不具有销售保险的真实内容，以假冒保险公司、伪造保险单据等方式非法吸收资金的；

（八）以投资入股的方式非法吸收资金的；

（九）以委托理财的方式非法吸收资金的；

（十）利用民间“会”、“社”等组织非法吸收资金的；

（十一）其他非法吸收资金的行为。

第三条 非法吸收或者变相吸收公众存款，具有下列情形之一的，应当依法追究刑事责任：

（一）个人非法吸收或者变相吸收公众存款，数额在20万元以上的，单位非法吸收或者变相吸收公众存款，数额在100万元以上的；

（二）个人非法吸收或者变相吸收公众存款对象30人以上的，单位非法吸收或者变相吸收公众存款对象150人以上的；

（三）个人非法吸收或者变相吸收公众存款，给存款人造成直接经济损失数额在10万元以上的，单位非法吸收或者变相吸收公众存款，给存款人造成直接经济损失数额在50万元以上的；

（四）造成恶劣社会影响或者其他严重后果的。

具有下列情形之一的，属于刑法第一百七十六条规定的“数额巨大或者有其他严重情节”：

（一）个人非法吸收或者变相吸收公众存款，数额在100万元以上的，单位非法吸收或者变相吸收公众存款，数额在500万元以上的；

（二）个人非法吸收或者变相吸收公众存款对象100人以上的，单位非法吸收或者变相吸收公众存款对象500人以上的；

（三）个人非法吸收或者变相吸收公众存款，给存款人造成直接经济损失数额在 50 万元以上的，单位非法吸收或者变相吸收公众存款，给存款人造成直接经济损失数额在 250 万元以上的；

（四）造成特别恶劣社会影响或者其他特别严重后果的。

非法吸收或者变相吸收公众存款的数额，以行为人所吸收的资金全额计算。案发前后已归还的数额，可以作为量刑情节酌情考虑。

非法吸收或者变相吸收公众存款，主要用于正常的生产经营活动，能够及时清退所吸收资金，可以免予刑事处罚；情节显著轻微的，不作为犯罪处理。

第四条　以非法占有为目的，使用诈骗方法实施本解释第二条规定所列行为的，应当依照刑法第一百九十二条的规定，以集资诈骗罪定罪处罚。

使用诈骗方法非法集资，具有下列情形之一的，可以认定为“以非法占有为目的”：

（一）集资后不用于生产经营活动或者用于生产经营活动与筹集资金规模明显不成比例，致使集资款不能返还的；

（二）肆意挥霍集资款，致使集资款不能返还的；

（三）携带集资款逃匿的；

（四）将集资款用于违法犯罪活动的；

（五）抽逃、转移资金、隐匿财产，逃避返还资金的；

（六）隐匿、销毁账目，或者搞假破产、假倒闭，逃避返还资金的；

（七）拒不交代资金去向，逃避返还资金的；

（八）其他可以认定非法占有目的的情形。

集资诈骗罪中的非法占有目的，应当区分情形进行具体认定。行为人部分非法集资行为具有非法占有目的的，对该部分非法集资行为所涉集资款以集资诈骗罪定罪处罚；非法集资共同犯罪中部分行为人具有非法占有目的，其他行为人没有非法占有集资款的共同故意和行为的，对具有非法占有目的的行为人以集资诈骗罪定罪处罚。

第五条　个人进行集资诈骗，数额在 10 万元以上的，应当认定为“数额较大”；数额在 30 万元以上的，应当认定为“数额巨大”；数额在 100 万元以上的，应当认定为“数额特别巨大”。

单位进行集资诈骗，数额在 50 万元以上的，应当认定为“数额较大”；数额在 150 万元以上的，应当认定为“数额巨大”；数额在 500 万元以上的，应当认定为“数额特别巨大”。

集资诈骗的数额以行为人实际骗取的数额计算，案发前已归还的数额应予扣除。行为人为实施集资诈骗活动而支付的广告费、中介费、手续费、回扣，或者用于行贿、赠与等费用，不予扣除。行为人为实施集资诈骗活动而支付的利息，除本金未归还可予折抵本金以外，应当计入诈骗数额。

第六条　未经国家有关主管部门批准，向社会不特定对象发行、以转让股权等方式变相发行股票或者公司、企业债券，或者向特定对象发行、变相发行股票或者公司、企业债券累计超过200人的，应当认定为刑法第一百七十九条规定的“擅自发行股票、公司、企业债券”。构成犯罪的，以擅自发行股票、公司、企业债券罪定罪处罚。

第七条　违反国家规定，未经依法核准擅自发行基金份额募集基金，情节严重的，依照刑法第二百二十五条的规定，以非法经营罪定罪处罚。

第八条　广告经营者、广告发布者违反国家规定，利用广告为非法集资活动相关的商品或者服务作虚假宣传，具有下列情形之一的，依照刑法第二百二十二条的规定，以虚假广告罪定罪处罚：

（一）违法所得数额在10万元以上的；

（二）造成严重危害后果或者恶劣社会影响的；

（三）二年内利用广告作虚假宣传，受过行政处罚二次以上的；

（四）其他情节严重的情形。

明知他人从事欺诈发行股票、债券，非法吸收公众存款，擅自发行股票、债券，集资诈骗或者组织、领导传销活动等集资犯罪活动，为其提供广告等宣传的，以相关犯罪的共犯论处。

第九条　此前发布的司法解释与本解释不一致的，以本解释为准。

最高人民法院关于审理抢劫刑事案件适用法律若干问题的指导意见

（2016年1月6日　法发〔2016〕2号）

抢劫犯罪是多发性的侵犯财产和侵犯公民人身权利的犯罪。1997年刑法修订后，最高人民法院先后发布了《关于审理抢劫案件具体应用法律若干问题的解释》（以下简称《抢劫解释》）和《关于审理抢劫、抢夺刑事案件适用法律问题的意见》（以下简称《两抢意见》），对抢劫案件的法律适用作出了规范，发挥了重要的指导作用。但是，抢劫犯罪案件的情况越来越复杂，各级法院在审判过程中不断遇到新情况、新问题。为统一适用法律，根据刑法和司法解释的规定，结合近年来人民法院审理抢劫案件的经验，现对审理抢劫犯罪案件中较为突出的几个法律适用问题和刑事政策把握问题提出如下指导意见：

一、关于审理抢劫刑事案件的基本要求

坚持贯彻宽严相济刑事政策。对于多次结伙抢劫，针对农村留守妇女、儿童及老人等弱势群体实施抢劫，在抢劫中实施强奸等暴力犯罪的，要在法律规定的量刑幅度内从重判处。

对于罪行严重或者具有累犯情节的抢劫犯罪分子，减刑、假释时应当从严掌握，严格控制减刑的幅度和频度。对因家庭成员就医等特定原因初次实施抢劫，主观恶性和犯罪情节相对较轻的，要与多次抢劫以及为了挥霍、赌博、吸毒等实施抢劫的案件在量刑上有所区分。对于犯罪情节较轻，或者具有法定、酌定从轻、减轻处罚情节的，坚持依法从宽处理。

确保案件审判质量。审理抢劫刑事案件，要严格遵守证据裁判原则，确保事实清楚，证据确实、充分。特别是对因抢劫可能判处死刑的案件，更要切实贯彻执行刑事诉讼法及相关司法解释、司法文件，严格依法审查判断和运用证据，坚决防止冤错案件的发生。

对抢劫刑事案件适用死刑，应当坚持“保留死刑，严格控制和慎重适用死刑”的刑事政策，以最严格的标准和最审慎的态度，确保死刑只适用于极少数罪行极其严重的犯罪分子。对被判处死刑缓期二年执行的抢劫犯罪分子，根据犯罪情节等情况，可以同时决定对其限制减刑。

二、关于抢劫犯罪部分加重处罚情节的认定

1. 认定“入户抢劫”，要注重审查行为人“入户”的目的，将“入户抢劫”与“在户内抢劫”区别开来。以侵害户内人员的人身、财产为目的，入户后实施抢劫，包括入户实施盗窃、诈骗等犯罪而转化为抢劫的，应当认定为“入户抢劫”。因访友办事等原因经户内人员允许入户后，临时起意实施抢劫，或者临时起意实施盗窃、诈骗等犯罪而转化为抢劫的，不应认定为“入户抢劫”。

对于部分时间从事经营、部分时间用于生活起居的场所，行为人在非营业时间强行入内抢劫或者以购物等为名骗开房门入内抢劫的，应认定为“入户抢劫”。对于部分用于经营、部分用于生活且之间有明确隔离的场所，行为人进入生活场所实施抢劫的，应认定为“入户抢劫”；如场所之间没有明确隔离，行为人在营业时间入内实施抢劫的，不认定为“入户抢劫”，但在非营业时间入内实施抢劫的，应认定为“入户抢劫”。

2. “公共交通工具”，包括从事旅客运输的各种公共汽车，大、中型出租车，火车，地铁，轻轨，轮船，飞机等，不含小型出租车。对于虽不具有商业营运执照，但实际从事旅客运输的大、中型交通工具，可认定为“公共交通工具”。接送职工的单位班车、接送师生的校车等大、中型交通工具，视为“公共交通工具”。

“在公共交通工具上抢劫”，既包括在处于运营状态的公共交通工具上对旅客及司售、乘务人员实施抢劫，也包括拦截运营途中的公共交通工具对旅客及司售、乘务人员实施抢劫，但不包括在未运营的公共交通工具上针对司售、乘务人员实施抢劫。以暴力、胁迫或者麻醉等手段对公共交通工具上的特定人员实施抢劫的，一般应认定为“在公共交通工具上抢劫”。

3. 认定“抢劫数额巨大”，参照各地认定盗窃罪数额巨大的标准执行。抢劫数额以实际抢劫到的财物数额为依据。对以数额巨大的财物为明确目标，由于意志以外的原因，未能抢到财物或实际抢得的财物数额不大的，应同时认定“抢劫数额巨大”和犯罪未遂的情节，根据刑法有关规定，结合未遂犯的处理原则量刑。

根据《两抢意见》第六条第一款规定，抢劫信用卡后使用、消费的，以行为人实际使用、消费的数额为抢劫数额。由于行为人意志以外的原因无法实际使用、消费的部分，虽不计入抢劫数额，但应作为量刑情节考虑。通过银行转账或者电子支付、手机银行等支付平台获取抢劫财物的，以行为人实际获取的财物为抢劫数额。

4. 认定“冒充军警人员抢劫”，要注重对行为人是否穿着军警制服、携带枪支、是否出示军警证件等情节进行综合审查，判断是否足以使他人误以为是军警人员。对于行为人仅穿着类似军警的服装或仅以言语宣称系军警人员但未携带枪支、也未出示军警证件而实施抢劫的，要结合抢劫地点、时间、暴力或威胁的具体情形，依照常人判断标准，确定是否认定为“冒充军警人员抢劫”。

军警人员利用自身的真实身份实施抢劫的，不认定为“冒充军警人员抢劫”，应依法从重处罚。

三、关于转化型抢劫犯罪的认定

根据刑法第二百六十九条的规定，“犯盗窃、诈骗、抢夺罪，为窝藏赃物、抗拒抓捕或者毁灭罪证而当场使用暴力或者以暴力相威胁的”，依照抢劫罪定罪处罚。“犯盗窃、诈骗、抢夺罪”，主要是指行为人已经着手实施盗窃、诈骗、抢夺行为，一般不考察盗窃、诈骗、抢夺行为是否既遂。但是所涉财物数额明显低于“数额较大”的标准，又不具有《两抢意见》第五条所列五种情节之一的，不构成抢劫罪。“当场”是指在盗窃、诈骗、抢夺的现场以及行为人刚离开现场即被他人发现并抓捕的情形。

对于以摆脱的方式逃脱抓捕，暴力强度较小，未造成轻伤以上后果的，可不认定为“使用暴力”，不以抢劫罪论处。

入户或者在公共交通工具上盗窃、诈骗、抢夺后，为了窝藏赃物、抗拒抓捕或者毁灭罪证，在户内或者公共交通工具上当场使用暴力或者以暴力相威胁的，构成“入户抢劫”或者“在公共交通工具上抢劫”。

两人以上共同实施盗窃、诈骗、抢夺犯罪，其中部分行为人为窝藏赃物、抗拒抓捕或者毁灭罪证而当场使用暴力或者以暴力相威胁的，对于其余行为人是否以抢劫罪共犯论处，主要看其对实施暴力或者以暴力相威胁的行为人是否形成共同犯意、提供帮助。基于一定意思联络，对实施暴力或者以暴力相威胁的行为人提供帮助或实际成为帮凶的，可以抢劫共犯论处。

四、具有法定八种加重处罚情节的刑罚适用

1. 根据刑法第二百六十三条的规定，具有“抢劫致人重伤、死亡”等八种法定加重处罚情节的，处十年以上有期徒刑、无期徒刑或者死刑，并处罚金或者没收财产。应当根据抢劫的次数及数额、抢劫对人身的损害、对社会治安的危害等情况，结合被告人的主观恶性及人身危险程度，并根据量刑规范化的有关规定，确定具体的刑罚。判处无期徒刑以上刑罚的，一般应并处没收财产。

2. 具有下列情形之一的，可以判处无期徒刑以上刑罚：

（1）抢劫致三人以上重伤，或者致人重伤造成严重残疾的；

（2）在抢劫过程中故意杀害他人，或者故意伤害他人，致人死亡的；

（3）具有除“抢劫致人重伤、死亡”外的两种以上加重处罚情节，或者抢劫次数特别多、抢劫数额特别巨大的。

3. 为劫取财物而预谋故意杀人，或者在劫取财物过程中为制服被害人反抗、抗拒抓捕而杀害被害人，且被告人无法定从宽处罚情节的，可依法判处死刑立即执行。对具有自首、立功等法定从轻处罚情节的，判处死刑立即执行应当慎重。对于采取故意杀人以外的其他手段实施抢劫并致人死亡的案件，要从犯罪的动机、预谋、实行行为等方面分析被告人主观恶性的大小，并从有无前科及平时表现、认罪悔罪情况等方面判断被告人的人身危险程度，不能不加区别，仅以出现被害人死亡的后果，一律判处死刑立即执行。

4. 抢劫致人重伤案件适用死刑，应当更加慎重、更加严格，除非具有采取极其残忍的手段造成被害人严重残疾等特别恶劣的情节或者造成特别严重后果的，一般不判处死刑立即执行。

5. 具有刑法第二百六十三条规定的“抢劫致人重伤、死亡”以外其他七种加重处罚情节，且犯罪情节特别恶劣、危害后果特别严重的，可依法判处死刑立即执行。认定“情节特别恶劣、危害后果特别严重”，应当从严掌握，适用死刑必须非常慎重、非常严格。

五、抢劫共同犯罪的刑罚适用

1. 审理抢劫共同犯罪案件，应当充分考虑共同犯罪的情节及后果、共同犯罪人在抢劫中的作用以及被告人的主观恶性、人身危险性等情节，做到准确认定主从犯，分清罪责，以责定刑，罚当其罪。一案中有两名以上主犯的，要从犯罪提意、预谋、准备、行为实施、赃物处理等方面区分出罪责最大者和较大者；有两名以上从犯的，要在从犯中区分出罪责相对更轻者和较轻者。对从犯的处罚，要根据案件的具体事实、从犯的罪责，确定从轻还是减轻处罚。对具有自首、立功或者未成年人且初次抢劫等情节的从犯，可以依法免除处罚。

2. 对于共同抢劫致一人死亡的案件，依法应当判处死刑的，除犯罪手段特别残忍、情节及后果特别严重、社会影响特别恶劣、严重危害社会治安的外，一般只对共同抢劫犯罪中作用最突出、罪行最严重的那名主犯判处死刑立即执行。罪行最严重的主犯如因系未成年人而不适用死刑，或者因具有自首、立功等法定从宽处罚情节而不判处死刑立即执行的，不能不加区别地对其他主犯判处死刑立即执行。

3. 在抢劫共同犯罪案件中，有同案犯在逃的，应当根据现有证据尽量分清在押犯与在逃犯的罪责，对在押犯应按其罪责处刑。罪责确实难以分清，或者不排除在押犯的罪责可能轻于在逃犯的，对在押犯适用刑罚应当留有余地，判处死刑立即执行要格外慎重。

六、累犯等情节的适用

根据刑法第六十五条第一款的规定，对累犯应当从重处罚。抢劫犯罪被告人具有累犯情节的，适用刑罚时要综合考虑犯罪的情节和后果，所犯前后罪的性质、间隔时间及判刑轻重等情况，决定从重处罚的力度。对于前罪系抢劫等严重暴力犯罪的累犯，应当依法加大从重处罚的力度。对于虽不构成累犯，但具有抢劫犯罪前科的，一般不适用减轻处罚和缓刑。对于可能判处死刑的罪犯具有累犯情节的也应慎重，不能只要是累犯就一律判处死刑立即执行；被告人同时具有累犯和法定从宽处罚情节的，判处死刑立即执行应当综合考虑，从严掌握。

七、关于抢劫案件附带民事赔偿的处理原则

要妥善处理抢劫案件附带民事赔偿工作。审理抢劫刑事案件，一般情况下人民法院不主动开展附带民事调解工作。但是，对于犯罪情节不是特别恶劣或者被害方生活、医疗陷入困境，被告人与被害方自行达成民事赔偿和解协议的，民事赔偿情况可作为评价被告人悔罪态度的依据之一，在量刑上酌情予以考虑。

最高人民法院关于审理抢劫案件具体应用法律若干问题的解释

(2000 年 11 月 17 日最高人民法院审判委员会第 1141 次会议通过 2000 年 11 月 22 日最高人民法院公告公布　自 2000 年 11 月 28 日起施行 法释〔2000〕35 号)

为依法惩处抢劫犯罪活动，根据刑法的有关规定，现就审理抢劫案件具体应用法律的若干问题解释如下：

第一条　刑法第二百六十三条第（一）项规定的“入户抢劫”，是指为实施抢劫行为而进入他人生活的与外界相对隔离的住所，包括封闭的院落、牧民的帐篷、渔民作为家庭生活场所的渔船、为生活租用的房屋等进行抢劫的行为。

对于入户盗窃，因被发现而当场使用暴力或者以暴力相威胁的行为，应当认定为入户抢劫。

第二条　刑法第二百六十三条第（二）项规定的“在公共交通工具上抢劫”，既包括在从事旅客运输的各种公共汽车，大、中型出租车，火车，船只，飞机等正在运营中的机动公共交通工具上对旅客、司售、乘务人员实施的抢劫，也包括对运行途中的机动公共交通工具加以拦截后，对公共交通工具上的人员实施的抢劫。

第三条　刑法第二百六十三条第（三）项规定的“抢劫银行或者其他金融机构”，是指抢劫银行或者其他金融机构的经营资金、有价证券和客户的资金等。

抢劫正在使用中的银行或者其他金融机构的运钞车的，视为“抢劫银行或者其他金融机构”。

第四条　刑法第二百六十三条第（四）项规定的“抢劫数额巨大”的认定标准，参照各地确定的盗窃罪数额巨大的认定标准执行。

第五条 刑法第二百六十三条第（七）项规定的“持枪抢劫”，是指行为人使用枪支或者向被害人显示持有、佩带的枪支进行抢劫的行为。“枪支”的概念和范围，适用《中华人民共和国枪支管理法》的规定。

第六条 刑法第二百六十七条第二款规定的“携带凶器抢夺”，是指行为人随身携带枪支、爆炸物、管制刀具等国家禁止个人携带的器械进行抢夺或者为了实施犯罪而携带其他器械进行抢夺的行为。

最高人民法院、最高人民检察院关于办理抢夺刑事案件适用法律若干问题的解释

（2013年9月30日最高人民法院审判委员会第1592次会议、2013年10月22日最高人民检察院第十二届检察委员会第12次会议通过 2013年11月11日最高人民法院、最高人民检察院公告公布 自2013年11月18日起施行 法释〔2013〕25号）

为依法惩治抢夺犯罪，保护公私财产，根据《中华人民共和国刑法》的有关规定，现就办理此类刑事案件适用法律的若干问题解释如下：

第一条 抢夺公私财物价值一千元至三千元以上、三万元至八万元以上、二十万元至四十万元以上的，应当分别认定为刑法第二百六十七条规定的“数额较大”“数额巨大”“数额特别巨大”。

各省、自治区、直辖市高级人民法院、人民检察院可以根据本地区经济发展状况，并考虑社会治安状况，在前款规定的数额幅度内，确定本地区执行的具体数额标准，报最高人民法院、最高人民检察院批准。

第二条 抢夺公私财物，具有下列情形之一的，“数额较大”的标准按照前条规定标准的百分之五十确定：

（一）曾因抢劫、抢夺或者聚众哄抢受过刑事处罚的；

（二）一年内曾因抢夺或者哄抢受过行政处罚的；

（三）一年内抢夺三次以上的；

（四）驾驶机动车、非机动车抢夺的；

（五）组织、控制未成年人抢夺的；

（六）抢夺老年人、未成年人、孕妇、携带婴幼儿的人、残疾人、丧失劳动能力人的财物的；

（七）在医院抢夺病人或者其亲友财物的；

（八）抢夺救灾、抢险、防汛、优抚、扶贫、移民、救济款物的；

（九）自然灾害、事故灾害、社会安全事件等突发事件期间，在事件发生地抢夺的；

（十）导致他人轻伤或者精神失常等严重后果的。

第三条 抢夺公私财物，具有下列情形之一的，应当认定为刑法第二百六十七条规定的“其他严重情节”：

（一）导致他人重伤的；

（二）导致他人自杀的；

（三）具有本解释第二条第三项至第十项规定的情形之一，数额达到本解释第一条规定的“数额巨大”百分之五十的。

第四条 抢夺公私财物，具有下列情形之一的，应当认定为刑法第二百六十七条规定的“其他特别严重情节”：

（一）导致他人死亡的；

（二）具有本解释第二条第三项至第十项规定的情形之一，数额达到本解释第一条规定的“数额特别巨大”百分之五十的。

第五条 抢夺公私财物数额较大，但未造成他人轻伤以上伤害，行为人系初犯，认罪、悔罪，退赃、退赔，且具有下列情形之一的，可以认定为犯罪情节轻微，不起诉或者免予刑事处罚；必要时，由有关部门依法予以行政处罚：

（一）具有法定从宽处罚情节的；

（二）没有参与分赃或者获赃较少，且不是主犯的；

（三）被害人谅解的；

（四）其他情节轻微、危害不大的。

第六条 驾驶机动车、非机动车夺取他人财物，具有下列情形之一的，应当以抢劫罪定罪处罚：

（一）夺取他人财物时因被害人不放手而强行夺取的；

（二）驾驶车辆逼挤、撞击或者强行逼倒他人夺取财物的；

（三）明知会致人伤亡仍然强行夺取并放任造成财物持有人轻伤以上后果的。

第七条 本解释公布施行后，《最高人民法院关于审理抢夺刑事案件具体应用法律若干问题的解释》（法释〔2002〕18 号）同时废止；之前发布的司法解释和规范性文件与本解释不一致的，以本解释为准。

最高人民法院、最高人民检察院关于办理盗窃刑事案件适用法律若干问题的解释

（2013年3月8日最高人民法院审判委员会第1571次会议、2013年3月18日最高人民检察院第十二届检察委员会第1次会议通过　2013年4月2日最高人民法院、最高人民检察院公告公布　自2013年4月4日起施行　法释〔2013〕8号）

为依法惩治盗窃犯罪活动，保护公私财产，根据《中华人民共和国刑法》、《中华人民共和国刑事诉讼法》的有关规定，现就办理盗窃刑事案件适用法律的若干问题解释如下：

第一条　盗窃公私财物价值一千元至三千元以上、三万元至十万元以上、三十万元至五十万元以上的，应当分别认定为刑法第二百六十四条规定的“数额较大”、“数额巨大”、“数额特别巨大”。

各省、自治区、直辖市高级人民法院、人民检察院可以根据本地区经济发展状况，并考虑社会治安状况，在前款规定的数额幅度内，确定本地区执行的具体数额标准，报最高人民法院、最高人民检察院批准。

在跨地区运行的公共交通工具上盗窃，盗窃地点无法查证的，盗窃数额是否达到“数额较大”、“数额巨大”、“数额特别巨大”，应当根据受理案件所在地省、自治区、直辖市高级人民法院、人民检察院确定的有关数额标准认定。

盗窃毒品等违禁品，应当按照盗窃罪处理的，根据情节轻重量刑。

第二条　盗窃公私财物，具有下列情形之一的，“数额较大”的标准可以按照前条规定标准的百分之五十确定：

（一）曾因盗窃受过刑事处罚的；

（二）一年内曾因盗窃受过行政处罚的；

（三）组织、控制未成年人盗窃的；

（四）自然灾害、事故灾害、社会安全事件等突发事件期间，在事件发生地盗窃的；

（五）盗窃残疾人、孤寡老人、丧失劳动能力人的财物的；

（六）在医院盗窃病人或者其亲友财物的；

（七）盗窃救灾、抢险、防汛、优抚、扶贫、移民、救济款物的；

（八）因盗窃造成严重后果的。

第三条 二年内盗窃三次以上的，应当认定为“多次盗窃”。

非法进入供他人家庭生活，与外界相对隔离的住所盗窃的，应当认定为“入户盗窃”。

携带枪支、爆炸物、管制刀具等国家禁止个人携带的器械盗窃，或者为了实施违法犯罪携带其他足以危害他人人身安全的器械盗窃的，应当认定为“携带凶器盗窃”。

在公共场所或者公共交通工具上盗窃他人随身携带的财物的，应当认定为“扒窃”。

第四条 盗窃的数额，按照下列方法认定：

（一）被盗财物有有效价格证明的，根据有效价格证明认定；无有效价格证明，或者根据价格证明认定盗窃数额明显不合理的，应当按照有关规定委托估价机构估价；

（二）盗窃外币的，按照盗窃时中国外汇交易中心或者中国人民银行授权机构公布的人民币对该货币的中间价折合成人民币计算；中国外汇交易中心或者中国人民银行授权机构未公布汇率中间价的外币，按照盗窃时境内银行人民币对该货币的中间价折算成人民币，或者该货币在境内银行、国际外汇市场对美元汇率，与人民币对美元汇率中间价进行套算；

（三）盗窃电力、燃气、自来水等财物，盗窃数量能够查实的，按照查实的数量计算盗窃数额；盗窃数量无法查实的，以盗窃前六个月月均正常用量减去盗窃后计量仪表显示的月均用量推算盗窃数额；盗窃前正常使用不足六个月的，按照正常使用期间的月均用量减去盗窃后计量仪表显示的月均用量推算盗窃数额；

（四）明知是盗接他人通信线路、复制他人电信码号的电信设备、设施而使用的，按照合法用户为其支付的费用认定盗窃数额；无法直接确认的，以合法用户的电信设备、设施被盗接、复制后的月缴费额减去被盗接、复制前六个月的月均电话费推算盗窃数额；合法用户使用电信设备、设施不足六个月的，按照实际使用的月均电话费推算盗窃数额；

（五）盗接他人通信线路、复制他人电信码号出售的，按照销赃数额认定盗窃数额。

盗窃行为给失主造成的损失大于盗窃数额的，损失数额可以作为量刑情节考虑。

第五条 盗窃有价支付凭证、有价证券、有价票证的，按照下列方法认定盗窃数额：

（一）盗窃不记名、不挂失的有价支付凭证、有价证券、有价票证的，应当按票面数额和盗窃时应得的孳息、奖金或者奖品等可得收益一并计算盗窃数额；

（二）盗窃记名的有价支付凭证、有价证券、有价票证，已经兑现的，按照兑现部分的财物价值计算盗窃数额；没有兑现，但失主无法通过挂失、补领、补办手续等方式避免损失的，按照给失主造成的实际损失计算盗窃数额。

第六条 盗窃公私财物，具有本解释第二条第三项至第八项规定情形之一，或者入户盗窃、携带凶器盗窃，数额达到本解释第一条规定的“数额巨大”、“数额特别巨大”百分之五十的，可以分别认定为刑法第二百六十四条规定的“其他严重情节”或者“其他特别严重情节”。

第七条 盗窃公私财物数额较大，行为人认罪、悔罪，退赃、退赔，且具有下列情形之一，情节轻微的，可以不起诉或者免予刑事处罚；必要时，由有关部门予以行政处罚：

（一）具有法定从宽处罚情节的；

（二）没有参与分赃或者获赃较少且不是主犯的；

（三）被害人谅解的；

（四）其他情节轻微、危害不大的。

第八条 偷拿家庭成员或者近亲属的财物，获得谅解的，一般可不认为是犯罪；追究刑事责任的，应当酌情从宽。

第九条 盗窃国有馆藏一般文物、三级文物、二级以上文物的，应当分别认定为刑法第二百六十四条规定的“数额较大”、“数额巨大”、“数额特别巨大”。

盗窃多件不同等级国有馆藏文物的，三件同级文物可以视为一件高一级文物。

盗窃民间收藏的文物的，根据本解释第四条第一款第一项的规定认定盗窃数额。

第十条 偷开他人机动车的，按照下列规定处理：

（一）偷开机动车，导致车辆丢失的，以盗窃罪定罪处罚；

（二）为盗窃其他财物，偷开机动车作为犯罪工具使用后非法占有车辆，或者将车辆遗弃导致丢失的，被盗车辆的价值计入盗窃数额；

（三）为实施其他犯罪，偷开机动车作为犯罪工具使用后非法占有车辆，或者将车辆遗弃导致丢失的，以盗窃罪和其他犯罪数罪并罚；将车辆送回未造成丢失的，按照其所实施的其他犯罪从重处罚。

第十一条 盗窃公私财物并造成财物损毁的，按照下列规定处理：

（一）采用破坏性手段盗窃公私财物，造成其他财物损毁的，以盗窃罪从重处罚；同时构成盗窃罪和其他犯罪的，择一重罪从重处罚；

（二）实施盗窃犯罪后，为掩盖罪行或者报复等，故意毁坏其他财物构成犯罪的，以盗窃罪和构成的其他犯罪数罪并罚；

（三）盗窃行为未构成犯罪，但损毁财物构成其他犯罪的，以其他犯罪定罪处罚。

第十二条 盗窃未遂，具有下列情形之一的，应当依法追究刑事责任：

（一）以数额巨大的财物为盗窃目标的；

（二）以珍贵文物为盗窃目标的；

（三）其他情节严重的情形。

盗窃既有既遂，又有未遂，分别达到不同量刑幅度的，依照处罚较重的规定处罚；达到同一量刑幅度的，以盗窃罪既遂处罚。

第十三条 单位组织、指使盗窃，符合刑法第二百六十四条及本解释有关规定的，以盗窃罪追究组织者、指使者、直接实施者的刑事责任。

第十四条 因犯盗窃罪，依法判处罚金刑的，应当在一千元以上盗窃数额的二倍以下判处罚金；没有盗窃数额或者盗窃数额无法计算的，应当在一千元以上十万元以下判处罚金。

第十五条 本解释发布实施后，《最高人民法院关于审理盗窃案件具体应用法律若干问题的解释》（法释〔1998〕4 号）同时废止；之前发布的司法解释和规范性文件与本解释不一致的，以本解释为准。

最高人民法院、最高人民检察院关于办理诈骗刑事案件具体应用法律若干问题的解释

（2011 年 2 月 21 日最高人民法院审判委员会第 1512 次会议、2010 年 11 月 24 日最高人民检察院第十一届检察委员会第 49 次会议通过 2011 年 3 月 1 日最高人民法院、最高人民检察院公告公布 自 2011 年 4 月 8 日起施行 法释〔2011〕7 号）

为依法惩治诈骗犯罪活动，保护公私财产所有权，根据刑法、刑事诉讼法有关规定，结合司法实践的需要，现就办理诈骗刑事案件具体应用法律的若干问题解释如下：

第一条 诈骗公私财物价值三千元至一万元以上、三万元至十万元以上、五十万元以上的，应当分别认定为刑法第二百六十六条规定的"数额较大"、"数额巨大"、"数额特别巨大"。

各省、自治区、直辖市高级人民法院、人民检察院可以结合本地区经济社会发展状况，在前款规定的数额幅度内，共同研究确定本地区执行的具体数额标准，报最高人民法院、最高人民检察院备案。

第二条 诈骗公私财物达到本解释第一条规定的数额标准，具有下列情形之一的，可以依照刑法第二百六十六条的规定酌情从严惩处：

（一）通过发送短信、拨打电话或者利用互联网、广播电视、报刊杂志等发布虚假信息，对不特定多数人实施诈骗的；

（二）诈骗救灾、抢险、防汛、优抚、扶贫、移民、救济、医疗款物的；

（三）以赈灾募捐名义实施诈骗的；

（四）诈骗残疾人、老年人或者丧失劳动能力人的财物的；

（五）造成被害人自杀、精神失常或者其他严重后果的。

诈骗数额接近本解释第一条规定的"数额巨大"、"数额特别巨大"

的标准，并具有前款规定的情形之一或者属于诈骗集团首要分子的，应当分别认定为刑法第二百六十六条规定的“其他严重情节”、“其他特别严重情节”。

第三条 诈骗公私财物虽已达到本解释第一条规定的“数额较大”的标准，但具有下列情形之一，且行为人认罪、悔罪的，可以根据刑法第三十七条、刑事诉讼法第一百四十二条的规定不起诉或者免予刑事处罚：

（一）具有法定从宽处罚情节的；

（二）一审宣判前全部退赃、退赔的；

（三）没有参与分赃或者获赃较少且不是主犯的；

（四）被害人谅解的；

（五）其他情节轻微、危害不大的。

第四条 诈骗近亲属的财物，近亲属谅解的，一般可不按犯罪处理。

诈骗近亲属的财物，确有追究刑事责任必要的，具体处理也应酌情从宽。

第五条 诈骗未遂，以数额巨大的财物为诈骗目标的，或者具有其他严重情节的，应当定罪处罚。

利用发送短信、拨打电话、互联网等电信技术手段对不特定多数人实施诈骗，诈骗数额难以查证，但具有下列情形之一的，应当认定为刑法第二百六十六条规定的“其他严重情节”，以诈骗罪（未遂）定罪处罚：

（一）发送诈骗信息五千条以上的；

（二）拨打诈骗电话五百人次以上的；

（三）诈骗手段恶劣、危害严重的。

实施前款规定行为，数量达到前款第（一）、（二）项规定标准十倍以上的，或者诈骗手段特别恶劣、危害特别严重的，应当认定为刑法第二百六十六条规定的“其他特别严重情节”，以诈骗罪（未遂）定罪处罚。

第六条 诈骗既有既遂，又有未遂，分别达到不同量刑幅度的，依照处罚较重的规定处罚；达到同一量刑幅度的，以诈骗罪既遂处罚。

第七条 明知他人实施诈骗犯罪，为其提供信用卡、手机卡、通讯工具、通讯传输通道、网络技术支持、费用结算等帮助的，以共同犯罪论处。

第八条 冒充国家机关工作人员进行诈骗，同时构成诈骗罪和招摇撞骗罪的，依照处罚较重的规定定罪处罚。

第九条 案发后查封、扣押、冻结在案的诈骗财物及其孳息，权属明确的，应当发还被害人；权属不明确的，可按被骗款物占查封、扣押、冻结在案的财物及其孳息总额的比例发还被害人，但已获退赔的应予扣除。

第十条 行为人已将诈骗财物用于清偿债务或者转让给他人，具有下列情形之一的，应当依法追缴：

（一）对方明知是诈骗财物而收取的；

（二）对方无偿取得诈骗财物的；

（三）对方以明显低于市场的价格取得诈骗财物的；

（四）对方取得诈骗财物系源于非法债务或者违法犯罪活动的。

他人善意取得诈骗财物的，不予追缴。

第十一条 以前发布的司法解释与本解释不一致的，以本解释为准。

最高人民法院、最高人民检察院关于办理与盗窃、抢劫、诈骗、抢夺机动车相关刑事案件具体应用法律若干问题的解释

（2006 年 12 月 25 日最高人民法院审判委员会第 1411 次会议、2007 年 2 月 14 日最高人民检察院第十届检察委员会第 71 次会议通过　2007 年 5 月 9 日最高人民法院、最高人民检察院公告公布　自 2007 年 5 月 11 日起施行　法释〔2007〕11 号）

为依法惩治与盗窃、抢劫、诈骗、抢夺机动车相关的犯罪活动，根据刑法、刑事诉讼法等有关法律的规定，现对办理这类案件具体应用法律的若干问题解释如下：

第一条　明知是盗窃、抢劫、诈骗、抢夺的机动车，实施下列行为之一的，依照刑法第三百一十二条的规定，以掩饰、隐瞒犯罪所得、犯罪所得收益罪定罪，处三年以下有期徒刑、拘役或者管制，并处或者单处罚金：

（一）买卖、介绍买卖、典当、拍卖、抵押或者用其抵债的；

（二）拆解、拼装或者组装的；

（三）修改发动机号、车辆识别代号的；

（四）更改车身颜色或者车辆外形的；

（五）提供或者出售机动车来历凭证、整车合格证、号牌以及有关机动车的其他证明和凭证的；

（六）提供或者出售伪造、变造的机动车来历凭证、整车合格证、号牌以及有关机动车的其他证明和凭证的。

实施第一款规定的行为涉及盗窃、抢劫、诈骗、抢夺的机动车五辆以上或者价值总额达到五十万元以上的，属于刑法第三百一十二条规定的“情节严重”，处三年以上七年以下有期徒刑，并处罚金。

第二条 伪造、变造、买卖机动车行驶证、登记证书，累计三本以上的，依照刑法第二百八十条第一款的规定，以伪造、变造、买卖国家机关证件罪定罪，处三年以下有期徒刑、拘役、管制或者剥夺政治权利。

伪造、变造、买卖机动车行驶证、登记证书，累计达到第一款规定数量标准五倍以上的，属于刑法第二百八十条第一款规定中的"情节严重"，处三年以上十年以下有期徒刑。

第三条 国家机关工作人员滥用职权，有下列情形之一，致使盗窃、抢劫、诈骗、抢夺的机动车被办理登记手续，数量达到三辆以上或者价值总额达到三十万元以上的，依照刑法第三百九十七条第一款的规定，以滥用职权罪定罪，处三年以下有期徒刑或者拘役：

（一）明知是登记手续不全或者不符合规定的机动车而办理登记手续的；

（二）指使他人为明知是登记手续不全或者不符合规定的机动车办理登记手续的；

（三）违规或者指使他人违规更改、调换车辆档案的；

（四）其他滥用职权的行为。

国家机关工作人员疏于审查或者审查不严，致使盗窃、抢劫、诈骗、抢夺的机动车被办理登记手续，数量达到五辆以上或者价值总额达到五十万元以上的，依照刑法第三百九十七条第一款的规定，以玩忽职守罪定罪，处三年以下有期徒刑或者拘役。

国家机关工作人员实施前两款规定的行为，致使盗窃、抢劫、诈骗、抢夺的机动车被办理登记手续，分别达到前两款规定数量、数额标准五倍以上的，或者明知是盗窃、抢劫、诈骗、抢夺的机动车而办理登记手续的，属于刑法第三百九十七条第一款规定的"情节特别严重"，处三年以上七年以下有期徒刑。

国家机关工作人员徇私舞弊，实施上述行为，构成犯罪的，依照刑法第三百九十七条第二款的规定定罪处罚。

第四条 实施本解释第一条、第二条、第三条第一款或者第三款规定的行为，事前与盗窃、抢劫、诈骗、抢夺机动车的犯罪分子通谋的，以盗窃罪、抢劫罪、诈骗罪、抢夺罪的共犯论处。

第五条 对跨地区实施的涉及同一机动车的盗窃、抢劫、诈骗、抢夺以及掩饰、隐瞒犯罪所得、犯罪所得收益行为，有关公安机关可以依照法律和有关规定一并立案侦查，需要提请批准逮捕、移送审查起诉、提起公诉的，由该公安机关所在地的同级人民检察院、人民法院受理。

第六条 行为人实施本解释第一条、第三条第三款规定的行为，涉及的机动车有下列情形之一的，应当认定行为人主观上属于上述条款所称“明知”：

（一）没有合法有效的来历凭证；

（二）发动机号、车辆识别代号有明显更改痕迹，没有合法证明的。

最高人民法院、最高人民检察院关于办理敲诈勒索刑事案件适用法律若干问题的解释

（2013年4月15日最高人民法院审判委员会第1575次会议、2013年4月1日最高人民检察院第十二届检察委员会第2次会议通过　2013年4月23日最高人民法院、最高人民检察院公告公布　自2013年4月27日起施行　法释〔2013〕10号）

为依法惩治敲诈勒索犯罪，保护公私财产权利，根据《中华人民共和国刑法》、《中华人民共和国刑事诉讼法》的有关规定，现就办理敲诈勒索刑事案件适用法律的若干问题解释如下：

第一条　敲诈勒索公私财物价值二千元至五千元以上、三万元至十万元以上、三十万元至五十万元以上的，应当分别认定为刑法第二百七十四条规定的“数额较大”、“数额巨大”、“数额特别巨大”。

各省、自治区、直辖市高级人民法院、人民检察院可以根据本地区经济发展状况和社会治安状况，在前款规定的数额幅度内，共同研究确定本地区执行的具体数额标准，报最高人民法院、最高人民检察院批准。

第二条　敲诈勒索公私财物，具有下列情形之一的，“数额较大”的标准可以按照本解释第一条规定标准的百分之五十确定：

（一）曾因敲诈勒索受过刑事处罚的；

（二）一年内曾因敲诈勒索受过行政处罚的；

（三）对未成年人、残疾人、老年人或者丧失劳动能力人敲诈勒索的；

（四）以将要实施放火、爆炸等危害公共安全犯罪或者故意杀人、绑架等严重侵犯公民人身权利犯罪相威胁敲诈勒索的；

（五）以黑恶势力名义敲诈勒索的；

（六）利用或者冒充国家机关工作人员、军人、新闻工作者等特殊身份敲诈勒索的；

（七）造成其他严重后果的。

第三条 二年内敲诈勒索三次以上的，应当认定为刑法第二百七十四条规定的“多次敲诈勒索”。

第四条 敲诈勒索公私财物，具有本解释第二条第三项至第七项规定的情形之一，数额达到本解释第一条规定的“数额巨大”、“数额特别巨大”百分之八十的，可以分别认定为刑法第二百七十四条规定的“其他严重情节”、“其他特别严重情节”。

第五条 敲诈勒索数额较大，行为人认罪、悔罪，退赃、退赔，并具有下列情形之一的，可以认定为犯罪情节轻微，不起诉或者免予刑事处罚，由有关部门依法予以行政处罚：

（一）具有法定从宽处罚情节的；

（二）没有参与分赃或者获赃较少且不是主犯的；

（三）被害人谅解的；

（四）其他情节轻微、危害不大的。

第六条 敲诈勒索近亲属的财物，获得谅解的，一般不认为是犯罪；认定为犯罪的，应当酌情从宽处理。

被害人对敲诈勒索的发生存在过错的，根据被害人过错程度和案件其他情况，可以对行为人酌情从宽处理；情节显著轻微危害不大的，不认为是犯罪。

第七条 明知他人实施敲诈勒索犯罪，为其提供信用卡、手机卡、通讯工具、通讯传输通道、网络技术支持等帮助的，以共同犯罪论处。

第八条 对犯敲诈勒索罪的被告人，应当在二千元以上、敲诈勒索数额的二倍以下判处罚金；被告人没有获得财物的，应当在二千元以上十万元以下判处罚金。

第九条 本解释公布施行后，《最高人民法院关于敲诈勒索罪数额认定标准问题的规定》（法释〔2000〕11 号）同时废止；此前发布的司法解释与本解释不一致的，以本解释为准。

最高人民法院关于审理黑社会性质组织犯罪的案件具体应用法律若干问题的解释

（2000年12月4日最高人民法院审判委员会第1148次会议通过 2000年12月5日最高人民法院公告公布 自2000年12月10日起施行 法释〔2000〕42号）

为依法惩治黑社会性质组织的犯罪活动，根据刑法有关规定，现就审理黑社会性质组织的犯罪案件具体应用法律的若干问题解释如下：

第一条 刑法第二百九十四条规定的“黑社会性质的组织”，一般应具备以下特征：

（一）组织结构比较紧密，人数较多，有比较明确的组织者、领导者，骨干成员基本固定，有较为严格的组织纪律；

（二）通过违法犯罪活动或者其他手段获取经济利益，具有一定的经济实力；

（三）通过贿赂、威胁等手段，引诱、逼迫国家工作人员参加黑社会性质组织活动，或者为其提供非法保护；

（四）在一定区域或者行业范围内，以暴力、威胁、滋扰等手段，大肆进行敲诈勒索、欺行霸市、聚众斗殴、寻衅滋事、故意伤害等违法犯罪活动，严重破坏经济、社会生活秩序。

第二条 刑法第二百九十四条第二款规定的“发展组织成员”，是指将境内、外人员吸收为该黑社会组织成员的行为。对黑社会组织成员进行内部调整等行为，可视为“发展组织成员”。

港、澳、台黑社会组织到内地发展组织成员的，适用刑法第二百九十四条第二款的规定定罪处罚。

第三条 组织、领导、参加黑社会性质的组织又有其他犯罪行为的，根据刑法第二百九十四条第三款的规定，依照数罪并罚的规定处罚；对于黑社会性质组织的组织者、领导者，应当按照其所组织、领导的黑社会性质组织所犯的全部罪行处罚；对于黑社会性质组织的参加者，应当按照其所参与的犯罪处罚。

对于参加黑社会性质的组织，没有实施其他违法犯罪活动的，或者受蒙蔽、胁迫参加黑社会性质的组织，情节轻微的，可以不作为犯罪处理。

第四条 国家机关工作人员组织、领导、参加黑社会性质组织的，从重处罚。

第五条 刑法第二百九十四条第四款规定的“包庇”，是指国家机关工作人员为使黑社会性质组织及其成员逃避查禁，而通风报信，隐匿、毁灭、伪造证据，阻止他人作证、检举揭发，指使他人作伪证，帮助逃匿，或者阻挠其他国家机关工作人员依法查禁等行为。

刑法第二百九十四条第四款规定的“纵容”，是指国家机关工作人员不依法履行职责，放纵黑社会性质组织进行违法犯罪活动的行为。

第六条 国家机关工作人员包庇、纵容黑社会性质的组织，有下列情形之一的，属于刑法第二百九十四条第四款规定的“情节严重”：

（一）包庇、纵容黑社会性质组织跨境实施违法犯罪活动的；

（二）包庇、纵容境外黑社会组织在境内实施违法犯罪活动的；

（三）多次实施包庇、纵容行为的；

（四）致使某一区域或者行业的经济、社会生活秩序遭受黑社会性质组织特别严重破坏的；

（五）致使黑社会性质组织的组织者、领导者逃匿，或者致使对黑社会性质组织的查禁工作严重受阻的；

（六）具有其他严重情节的。

第七条 对黑社会性质组织和组织、领导、参加黑社会性质组织的犯罪分子聚敛的财物及其收益，以及用于犯罪的工具等，应当依法追缴、没收。

最高人民法院、最高人民检察院、公安部关于办理网络赌博犯罪案件适用法律若干问题的意见

（2010年8月31日　公通字〔2010〕40号）

各省、自治区、直辖市高级人民法院、人民检察院、公安厅、局，新疆维吾尔自治区高级人民法院生产建设兵团分院、新疆生产建设兵团人民检察院、公安局：

为依法惩治网络赌博犯罪活动，根据《中华人民共和国刑法》、《中华人民共和国刑事诉讼法》和《最高人民法院、最高人民检察院关于办理赌博刑事案件具体应用法律若干问题的解释》等有关规定，结合司法实践，现就办理网络赌博犯罪案件适用法律的若干问题，提出如下意见：

一、关于网上开设赌场犯罪的定罪量刑标准

利用互联网、移动通讯终端等传输赌博视频、数据，组织赌博活动，具有下列情形之一的，属于刑法第三百零三条第二款规定的“开设赌场”行为：

（一）建立赌博网站并接受投注的；

（二）建立赌博网站并提供给他人组织赌博的；

（三）为赌博网站担任代理并接受投注的；

（四）参与赌博网站利润分成的。

实施前款规定的行为，具有下列情形之一的，应当认定为刑法第三百零三条第二款规定的“情节严重”：

（一）抽头渔利数额累计达到3万元以上的；

（二）赌资数额累计达到30万元以上的；

（三）参赌人数累计达到120人以上的；

（四）建立赌博网站后通过提供给他人组织赌博，违法所得数额在

3 万元以上的；

（五）参与赌博网站利润分成，违法所得数额在 3 万元以上的；

（六）为赌博网站招募下级代理，由下级代理接受投注的；

（七）招揽未成年人参与网络赌博的；

（八）其他情节严重的情形。

二、关于网上开设赌场共同犯罪的认定和处罚

明知是赌博网站，而为其提供下列服务或者帮助的，属于开设赌场罪的共同犯罪，依照刑法第三百零三条第二款的规定处罚：

（一）为赌博网站提供互联网接入、服务器托管、网络存储空间、通讯传输通道、投放广告、发展会员、软件开发、技术支持等服务，收取服务费数额在 2 万元以上的；

（二）为赌博网站提供资金支付结算服务，收取服务费数额在 1 万元以上或者帮助收取赌资 20 万元以上的；

（三）为 10 个以上赌博网站投放与网址、赔率等信息有关的广告或者为赌博网站投放广告累计 100 条以上的。

实施前款规定的行为，数量或者数额达到前款规定标准 5 倍以上的，应当认定为刑法第三百零三条第二款规定的“情节严重”。

实施本条第一款规定的行为，具有下列情形之一的，应当认定行为人“明知”，但是有证据证明确实不知道的除外：

（一）收到行政主管机关书面等方式的告知后，仍然实施上述行为的；

（二）为赌博网站提供互联网接入、服务器托管、网络存储空间、通讯传输通道、投放广告、软件开发、技术支持、资金支付结算等服务，收取服务费明显异常的；

（三）在执法人员调查时，通过销毁、修改数据、账本等方式故意规避调查或者向犯罪嫌疑人通风报信的；

（四）其他有证据证明行为人明知的。

如果有开设赌场的犯罪嫌疑人尚未到案，但是不影响对已到案共同犯罪嫌疑人、被告人的犯罪事实认定的，可以依法对已到案者定罪处罚。

三、关于网络赌博犯罪的参赌人数、赌资数额和网站代理的认定

赌博网站的会员账号数可以认定为参赌人数，如果查实一个账号多人使用或者多个账号一人使用的，应当按照实际使用的人数计算参赌人数。

赌资数额可以按照在网络上投注或者赢取的点数乘以每一点实际代表的金额认定。

对于将资金直接或间接兑换为虚拟货币、游戏道具等虚拟物品，并用其作为筹码投注的，赌资数额按照购买该虚拟物品所需资金数额或者实际支付资金数额认定。

对于开设赌场犯罪中用于接收、流转赌资的银行账户内的资金，犯罪嫌疑人、被告人不能说明合法来源的，可以认定为赌资。向该银行账户转入、转出资金的银行账户数量可以认定为参赌人数。如果查实一个账户多人使用或多个账户一人使用的，应当按照实际使用的人数计算参赌人数。

有证据证明犯罪嫌疑人在赌博网站上的账号设置有下级账号的，应当认定其为赌博网站的代理。

四、关于网络赌博犯罪案件的管辖

网络赌博犯罪案件的地域管辖，应当坚持以犯罪地管辖为主、被告人居住地管辖为辅的原则。

“犯罪地”包括赌博网站服务器所在地、网络接入地，赌博网站建立者、管理者所在地，以及赌博网站代理人、参赌人实施网络赌博行为地等。

公安机关对侦办跨区域网络赌博犯罪案件的管辖权有争议的，应本着有利于查清犯罪事实、有利于诉讼的原则，认真协商解决。经协商无法达成一致的，报共同的上级公安机关指定管辖。对即将侦查终结的跨省（自治区、直辖市）重大网络赌博案件，必要时可由公安部商最高人民法院和最高人民检察院指定管辖。

为保证及时结案，避免超期羁押，人民检察院对于公安机关提请审查逮捕、移送审查起诉的案件，人民法院对于已进入审判程序的案件，犯罪嫌疑人、被告人及其辩护人提出管辖异议或者办案单位发现没有管辖权的，受案人民检察院、人民法院经审查可以依法报请上级人民检察院、人民法院指定管辖，不再自行移送有管辖权的人民检察院、人民法院。

五、关于电子证据的收集与保全

侦查机关对于能够证明赌博犯罪案件真实情况的网站页面、上网记录、电子邮件、电子合同、电子交易记录、电子账册等电子数据，应当作为刑事证据予以提取、复制、固定。

侦查人员应当对提取、复制、固定电子数据的过程制作相关文字说明，记录案由、对象、内容以及提取、复制、固定的时间、地点、方法，电子数据的规格、类别、文件格式等，并由提取、复制、固定电子数据的制作人、电子数据的持有人签名或者盖章，附所提取、复制、固定的电子数据一并随案移送。

对于电子数据存储在境外的计算机上的，或者侦查机关从赌博网站提取电子数据时犯罪嫌疑人未到案的，或者电子数据的持有人无法签字或者拒绝签字的，应当由能够证明提取、复制、固定过程的见证人签名或者盖章，记明有关情况。必要时，可对提取、复制、固定有关电子数据的过程拍照或者录像。

最高人民法院、最高人民检察院关于办理赌博刑事案件具体应用法律若干问题的解释

（2005 年 4 月 26 日最高人民法院审判委员会第 1349 次会议、2005 年 5 月 8 日最高人民检察院第十届检察委员会第 34 次会议通过　2005 年 5 月 11 日最高人民法院、最高人民检察院公告公布　自 2005 年 5 月 13 日起施行　法释〔2005〕3 号）

为依法惩治赌博犯罪活动，根据刑法的有关规定，现就办理赌博刑事案件具体应用法律的若干问题解释如下：

第一条　以营利为目的，有下列情形之一的，属于刑法第三百零三条规定的“聚众赌博”：

（一）组织 3 人以上赌博，抽头渔利数额累计达到 5000 元以上的；

（二）组织 3 人以上赌博，赌资数额累计达到 5 万元以上的；

（三）组织 3 人以上赌博，参赌人数累计达到 20 人以上的；

（四）组织中华人民共和国公民 10 人以上赴境外赌博，从中收取回扣、介绍费的。

第二条　以营利为目的，在计算机网络上建立赌博网站，或者为赌博网站担任代理，接受投注的，属于刑法第三百零三条规定的“开设赌场”。

第三条　中华人民共和国公民在我国领域外周边地区聚众赌博、开设赌场，以吸引中华人民共和国公民为主要客源，构成赌博罪的，可以依照刑法规定追究刑事责任。

第四条　明知他人实施赌博犯罪活动，而为其提供资金、计算机网络、通讯、费用结算等直接帮助的，以赌博罪的共犯论处。

第五条　实施赌博犯罪，有下列情形之一的，依照刑法第三百零三条的规定从重处罚：

（一）具有国家工作人员身份的；

（二）组织国家工作人员赴境外赌博的；

（三）组织未成年人参与赌博，或者开设赌场吸引未成年人参与赌博的。

第六条 未经国家批准擅自发行、销售彩票，构成犯罪的，依照刑法第二百二十五条第（四）项的规定，以非法经营罪定罪处罚。

第七条 通过赌博或者为国家工作人员赌博提供资金的形式实施行贿、受贿行为，构成犯罪的，依照刑法关于贿赂犯罪的规定定罪处罚。

第八条 赌博犯罪中用作赌注的款物、换取筹码的款物和通过赌博赢取的款物属于赌资。通过计算机网络实施赌博犯罪的，赌资数额可以按照在计算机网络上投注或者赢取的点数乘以每一点实际代表的金额认定。

赌资应当依法予以追缴；赌博用具、赌博违法所得以及赌博犯罪分子所有的专门用于赌博的资金、交通工具、通讯工具等，应当依法予以没收。

第九条 不以营利为目的，进行带有少量财物输赢的娱乐活动，以及提供棋牌室等娱乐场所只收取正常的场所和服务费用的经营行为等，不以赌博论处。

最高人民法院关于审理毒品犯罪案件适用法律若干问题的解释

（2016 年 1 月 25 日最高人民法院审判委员会第 1676 次会议通过 2016 年 4 月 6 日最高人民法院公告公布 自 2016 年 4 月 11 日起施行 法释〔2016〕8 号）

为依法惩治毒品犯罪，根据《中华人民共和国刑法》的有关规定，现就审理此类刑事案件适用法律的若干问题解释如下：

第一条 走私、贩卖、运输、制造、非法持有下列毒品，应当认定为刑法第三百四十七条第二款第一项、第三百四十八条规定的“其他毒品数量大”：

（一）可卡因五十克以上；

（二）3，4－亚甲二氧基甲基苯丙胺（MDMA）等苯丙胺类毒品（甲基苯丙胺除外）、吗啡一百克以上；

（三）芬太尼一百二十五克以上；

（四）甲卡西酮二百克以上；

（五）二氢埃托啡十毫克以上；

（六）哌替啶（度冷丁）二百五十克以上；

（七）氯胺酮五百克以上；

（八）美沙酮一千克以上；

（九）曲马多、γ－羟丁酸二千克以上；

（十）大麻油五千克、大麻脂十千克、大麻叶及大麻烟一百五十千克以上；

（十一）可待因、丁丙诺啡五千克以上；

（十二）三唑仑、安眠酮五十千克以上；

（十三）阿普唑仑、恰特草一百千克以上；

（十四）咖啡因、罂粟壳二百千克以上；

（十五）巴比妥、苯巴比妥、安钠咖、尼美西泮二百五十千克以上；

（十六）氯氮卓、艾司唑仑、地西泮、溴西泮五百千克以上；

（十七）上述毒品以外的其他毒品数量大的。

国家定点生产企业按照标准规格生产的麻醉药品或者精神药品被用于毒品犯罪的，根据药品中毒品成分的含量认定涉案毒品数量。

第二条 走私、贩卖、运输、制造、非法持有下列毒品，应当认定为刑法第三百四十七条第三款、第三百四十八条规定的“其他毒品数量较大”：

（一）可卡因十克以上不满五十克；

（二）3，4－亚甲二氧基甲基苯丙胺（MDMA）等苯丙胺类毒品（甲基苯丙胺除外）、吗啡二十克以上不满一百克；

（三）芬太尼二十五克以上不满一百二十五克；

（四）甲卡西酮四十克以上不满二百克；

（五）二氢埃托啡二毫克以上不满十毫克；

（六）哌替啶（度冷丁）五十克以上不满二百五十克；

（七）氯胺酮一百克以上不满五百克；

（八）美沙酮二百克以上不满一千克；

（九）曲马多、γ－羟丁酸四百克以上不满二千克；

（十）大麻油一千克以上不满五千克、大麻脂二千克以上不满十千克、大麻叶及大麻烟三十千克以上不满一百五十千克；

（十一）可待因、丁丙诺啡一千克以上不满五千克；

（十二）三唑仑、安眠酮十千克以上不满五十千克；

（十三）阿普唑仑、恰特草二十千克以上不满一百千克；

（十四）咖啡因、罂粟壳四十千克以上不满二百千克；

（十五）巴比妥、苯巴比妥、安钠咖、尼美西泮五十千克以上不满二百五十千克；

（十六）氯氮卓、艾司唑仑、地西泮、溴西泮一百千克以上不满五百千克；

（十七）上述毒品以外的其他毒品数量较大的。

第三条 在实施走私、贩卖、运输、制造毒品犯罪的过程中，携带枪支、弹药或者爆炸物用于掩护的，应当认定为刑法第三百四十七条第二款第三项规定的“武装掩护走私、贩卖、运输、制造毒品”。枪支、弹药、爆炸物种类的认定，依照相关司法解释的规定执行。

在实施走私、贩卖、运输、制造毒品犯罪的过程中，以暴力抗拒检查、拘留、逮捕，造成执法人员死亡、重伤、多人轻伤或者具有其他严重情节的，应当认定为刑法第三百四十七条第二款第四项规定的“以暴力抗拒检查、拘留、逮捕，情节严重”。

第四条 走私、贩卖、运输、制造毒品，具有下列情形之一的，应当认定为刑法第三百四十七条第四款规定的“情节严重”：

（一）向多人贩卖毒品或者多次走私、贩卖、运输、制造毒品的；

（二）在戒毒场所、监管场所贩卖毒品的；

（三）向在校学生贩卖毒品的；

（四）组织、利用残疾人、严重疾病患者、怀孕或者正在哺乳自己婴儿的妇女走私、贩卖、运输、制造毒品的；

（五）国家工作人员走私、贩卖、运输、制造毒品的；

（六）其他情节严重的情形。

第五条 非法持有毒品达到刑法第三百四十八条或者本解释第二条规定的“数量较大”标准，且具有下列情形之一的，应当认定为刑法第三百四十八条规定的“情节严重”：

（一）在戒毒场所、监管场所非法持有毒品的；

（二）利用、教唆未成年人非法持有毒品的；

（三）国家工作人员非法持有毒品的；

（四）其他情节严重的情形。

第六条 包庇走私、贩卖、运输、制造毒品的犯罪分子，具有下列情形之一的，应当认定为刑法第三百四十九条第一款规定的“情节严重”：

（一）被包庇的犯罪分子依法应当判处十五年有期徒刑以上刑罚的；

（二）包庇多名或者多次包庇走私、贩卖、运输、制造毒品的犯罪分子的；

（三）严重妨害司法机关对被包庇的犯罪分子实施的毒品犯罪进行追究的；

（四）其他情节严重的情形。

为走私、贩卖、运输、制造毒品的犯罪分子窝藏、转移、隐瞒毒品或者毒品犯罪所得的财物，具有下列情形之一的，应当认定为刑法第三百四十九条第一款规定的“情节严重”：

（一）为犯罪分子窝藏、转移、隐瞒毒品达到刑法第三百四十七条第二款第一项或者本解释第一条第一款规定的“数量大”标准的；

（二）为犯罪分子窝藏、转移、隐瞒毒品犯罪所得的财物价值达到五万元以上的；

（三）为多人或者多次为他人窝藏、转移、隐瞒毒品或者毒品犯罪所得的财物的；

（四）严重妨害司法机关对该犯罪分子实施的毒品犯罪进行追究的；

（五）其他情节严重的情形。

包庇走私、贩卖、运输、制造毒品的近亲属，或者为其窝藏、转移、隐瞒毒品或者毒品犯罪所得的财物，不具有本条前两款规定的“情节严重”情形，归案后认罪、悔罪、积极退赃，且系初犯、偶犯，犯罪情节轻微不需要判处刑罚的，可以免予刑事处罚。

第七条 违反国家规定，非法生产、买卖、运输制毒物品、走私制毒物品，达到下列数量标准的，应当认定为刑法第三百五十条第一款规定的“情节较重”：

（一）麻黄碱（麻黄素）、伪麻黄碱（伪麻黄素）、消旋麻黄碱（消旋麻黄素）一千克以上不满五千克；

（二）1－苯基－2－丙酮、1－苯基－2－溴－1－丙酮、3，4－亚甲基二氧苯基－2－丙酮、羟亚胺二千克以上不满十千克；

（三）3－氧－2－苯基丁腈、邻氯苯基环戊酮、去甲麻黄碱（去甲麻黄素）、甲基麻黄碱（甲基麻黄素）四千克以上不满二十千克；

（四）醋酸酐十千克以上不满五十千克；

（五）麻黄浸膏、麻黄浸膏粉、胡椒醛、黄樟素、黄樟油、异黄樟素、麦角酸、麦角胺、麦角新碱、苯乙酸二十千克以上不满一百千克；

（六）N－乙酰邻氨基苯酸、邻氨基苯甲酸、三氯甲烷、乙醚、哌啶五十千克以上不满二百五十千克；

（七）甲苯、丙酮、甲基乙基酮、高锰酸钾、硫酸、盐酸一百千克以上不满五百千克；

（八）其他制毒物品数量相当的。

违反国家规定，非法生产、买卖、运输制毒物品、走私制毒物品，达到前款规定的数量标准最低值的百分之五十，且具有下列情形之一的，应当认定为刑法第三百五十条第一款规定的“情节较重”：

（一）曾因非法生产、买卖、运输制毒物品、走私制毒物品受过刑事处罚的；

（二）二年内曾因非法生产、买卖、运输制毒物品、走私制毒物品受过行政处罚的；

（三）一次组织五人以上或者多次非法生产、买卖、运输制毒物品、走私制毒物品，或者在多个地点非法生产制毒物品的；

（四）利用、教唆未成年人非法生产、买卖、运输制毒物品、走私制毒物品的；

（五）国家工作人员非法生产、买卖、运输制毒物品、走私制毒物品的；

（六）严重影响群众正常生产、生活秩序的；

（七）其他情节较重的情形。

易制毒化学品生产、经营、购买、运输单位或者个人未办理许可证明或者备案证明，生产、销售、购买、运输易制毒化学品，确实用于合法生产、生活需要的，不以制毒物品犯罪论处。

第八条 违反国家规定，非法生产、买卖、运输制毒物品、走私制毒物品，具有下列情形之一的，应当认定为刑法第三百五十条第一款规定的“情节严重”：

（一）制毒物品数量在本解释第七条第一款规定的最高数量标准以上，不满最高数量标准五倍的；

（二）达到本解释第七条第一款规定的数量标准，且具有本解释第七条第二款第三项至第六项规定的情形之一的；

（三）其他情节严重的情形。

违反国家规定，非法生产、买卖、运输制毒物品、走私制毒物品，具有下列情形之一的，应当认定为刑法第三百五十条第一款规定的“情节特别严重”：

（一）制毒物品数量在本解释第七条第一款规定的最高数量标准五倍以上的；

（二）达到前款第一项规定的数量标准，且具有本解释第七条第二款第三项至第六项规定的情形之一的；

（三）其他情节特别严重的情形。

第九条 非法种植毒品原植物，具有下列情形之一的，应当认定为刑法第三百五十一条第一款第一项规定的“数量较大”：

（一）非法种植大麻五千株以上不满三万株的；

（二）非法种植罂粟二百平方米以上不满一千二百平方米、大麻二千平方米以上不满一万二千平方米，尚未出苗的；

（三）非法种植其他毒品原植物数量较大的。

非法种植毒品原植物，达到前款规定的最高数量标准的，应当认定为刑法第三百五十一条第二款规定的“数量大”。

第十条 非法买卖、运输、携带、持有未经灭活的毒品原植物种子或者幼苗，具有下列情形之一的，应当认定为刑法第三百五十二条规定的“数量较大”：

（一）罂粟种子五十克以上、罂粟幼苗五千株以上的；

（二）大麻种子五十千克以上、大麻幼苗五万株以上的；

（三）其他毒品原植物种子或者幼苗数量较大的。

第十一条 引诱、教唆、欺骗他人吸食、注射毒品，具有下列情形之一的，应当认定为刑法第三百五十三条第一款规定的“情节严重”：

（一）引诱、教唆、欺骗多人或者多次引诱、教唆、欺骗他人吸食、注射毒品的；

（二）对他人身体健康造成严重危害的；

（三）导致他人实施故意杀人、故意伤害、交通肇事等犯罪行为的；

（四）国家工作人员引诱、教唆、欺骗他人吸食、注射毒品的；

（五）其他情节严重的情形。

第十二条 容留他人吸食、注射毒品，具有下列情形之一的，应当依照刑法第三百五十四条的规定，以容留他人吸毒罪定罪处罚：

（一）一次容留多人吸食、注射毒品的；

（二）二年内多次容留他人吸食、注射毒品的；

（三）二年内曾因容留他人吸食、注射毒品受过行政处罚的；

（四）容留未成年人吸食、注射毒品的；

（五）以牟利为目的容留他人吸食、注射毒品的；

（六）容留他人吸食、注射毒品造成严重后果的；

（七）其他应当追究刑事责任的情形。

向他人贩卖毒品后又容留其吸食、注射毒品，或者容留他人吸食、注射毒品并向其贩卖毒品，符合前款规定的容留他人吸毒罪的定罪条件的，以贩卖毒品罪和容留他人吸毒罪数罪并罚。

容留近亲属吸食、注射毒品，情节显著轻微危害不大的，不作为犯罪处理；需要追究刑事责任的，可以酌情从宽处罚。

第十三条 依法从事生产、运输、管理、使用国家管制的麻醉药品、精神药品的人员，违反国家规定，向吸食、注射毒品的人提供国家规定管制的能够使人形成瘾癖的麻醉药品、精神药品，具有下列情形之一的，应当依照刑法第三百五十五条第一款的规定，以非法提供麻醉药品、精神药品罪定罪处罚：

（一）非法提供麻醉药品、精神药品达到刑法第三百四十七条第三款或者本解释第二条规定的“数量较大”标准最低值的百分之五十，不满“数量较大”标准的；

（二）二年内曾因非法提供麻醉药品、精神药品受过行政处罚的；

（三）向多人或者多次非法提供麻醉药品、精神药品的；

（四）向吸食、注射毒品的未成年人非法提供麻醉药品、精神药品的；

（五）非法提供麻醉药品、精神药品造成严重后果的；

（六）其他应当追究刑事责任的情形。

具有下列情形之一的，应当认定为刑法第三百五十五条第一款规定的“情节严重”：

（一）非法提供麻醉药品、精神药品达到刑法第三百四十七条第三款或者本解释第二条规定的“数量较大”标准的；

（二）非法提供麻醉药品、精神药品达到前款第一项规定的数量标准，且具有前款第三项至第五项规定的情形之一的；

（三）其他情节严重的情形。

第十四条 利用信息网络，设立用于实施传授制造毒品、非法生产制毒物品的方法，贩卖毒品，非法买卖制毒物品或者组织他人吸食、注射毒品等违法犯罪活动的网站、通讯群组，或者发布实施前述违法犯罪活动的信息，情节严重的，应当依照刑法第二百八十七条之一的规定，以非法利用信息网络罪定罪处罚。

实施刑法第二百八十七条之一、第二百八十七条之二规定的行为，同时构成贩卖毒品罪、非法买卖制毒物品罪、传授犯罪方法罪等犯罪的，依照处罚较重的规定定罪处罚。

第十五条　本解释自 2016 年 4 月 11 日起施行。《最高人民法院关于审理毒品案件定罪量刑标准有关问题的解释》（法释〔2000〕13 号）同时废止；之前发布的司法解释和规范性文件与本解释不一致的，以本解释为准。

最高人民法院、最高人民检察院关于办理组织、强迫、引诱、容留、介绍卖淫刑事案件适用法律若干问题的解释

（2017年5月8日最高人民法院审判委员会第1716次会议、2017年7月4日最高人民检察院第十二届检察委员会第66次会议通过　2017年7月21日最高人民法院、最高人民检察院公告公布　自2017年7月25日起施行　法释〔2017〕13号）

为依法惩治组织、强迫、引诱、容留、介绍卖淫犯罪活动，根据刑法有关规定，结合司法工作实际，现就办理这类刑事案件具体应用法律的若干问题解释如下：

第一条　以招募、雇佣、纠集等手段，管理或者控制他人卖淫，卖淫人员在三人以上的，应当认定为刑法第三百五十八条规定的“组织他人卖淫”。

组织卖淫者是否设置固定的卖淫场所、组织卖淫者人数多少、规模大小，不影响组织卖淫行为的认定。

第二条　组织他人卖淫，具有下列情形之一的，应当认定为刑法第三百五十八条第一款规定的“情节严重”：

（一）卖淫人员累计达十人以上的；

（二）卖淫人员中未成年人、孕妇、智障人员、患有严重性病的人累计达五人以上的；

（三）组织境外人员在境内卖淫或者组织境内人员出境卖淫的；

（四）非法获利人民币一百万元以上的；

（五）造成被组织卖淫的人自残、自杀或者其他严重后果的；

（六）其他情节严重的情形。

第三条　在组织卖淫犯罪活动中，对被组织卖淫的人有引诱、容

留、介绍卖淫行为的，依照处罚较重的规定定罪处罚。但是，对被组织卖淫的人以外的其他人有引诱、容留、介绍卖淫行为的，应当分别定罪，实行数罪并罚。

第四条 明知他人实施组织卖淫犯罪活动而为其招募、运送人员或者充当保镖、打手、管账人等的，依照刑法第三百五十八条第四款的规定，以协助组织卖淫罪定罪处罚，不以组织卖淫罪的从犯论处。

在具有营业执照的会所、洗浴中心等经营场所担任保洁员、收银员、保安员等，从事一般服务性、劳务性工作，仅领取正常薪酬，且无前款所列协助组织卖淫行为的，不认定为协助组织卖淫罪。

第五条 协助组织他人卖淫，具有下列情形之一的，应当认定为刑法第三百五十八条第四款规定的“情节严重”：

（一）招募、运送卖淫人员累计达十人以上的；

（二）招募、运送的卖淫人员中未成年人、孕妇、智障人员、患有严重性病的人累计达五人以上的；

（三）协助组织境外人员在境内卖淫或者协助组织境内人员出境卖淫的；

（四）非法获利人民币五十万元以上的；

（五）造成被招募、运送或者被组织卖淫的人自残、自杀或者其他严重后果的；

（六）其他情节严重的情形。

第六条 强迫他人卖淫，具有下列情形之一的，应当认定为刑法第三百五十八条第一款规定的“情节严重”：

（一）卖淫人员累计达五人以上的；

（二）卖淫人员中未成年人、孕妇、智障人员、患有严重性病的人累计达三人以上的；

（三）强迫不满十四周岁的幼女卖淫的；

（四）造成被强迫卖淫的人自残、自杀或者其他严重后果的；

（五）其他情节严重的情形。

行为人既有组织卖淫犯罪行为，又有强迫卖淫犯罪行为，且具有下列情形之一的，以组织、强迫卖淫“情节严重”论处：

（一）组织卖淫、强迫卖淫行为中具有本解释第二条、本条前款规定的“情节严重”情形之一的；

（二）卖淫人员累计达到本解释第二条第一、二项规定的组织卖淫“情节严重”人数标准的；

（三）非法获利数额相加达到本解释第二条第四项规定的组织卖淫“情节严重”数额标准的。

第七条 根据刑法第三百五十八条第三款的规定，犯组织、强迫卖淫罪，并有杀害、伤害、强奸、绑架等犯罪行为的，依照数罪并罚的规定处罚。协助组织卖淫行为人参与实施上述行为的，以共同犯罪论处。

根据刑法第三百五十八条第二款的规定，组织、强迫未成年人卖淫的，应当从重处罚。

第八条 引诱、容留、介绍他人卖淫，具有下列情形之一的，应当依照刑法第三百五十九条第一款的规定定罪处罚：

（一）引诱他人卖淫的；

（二）容留、介绍二人以上卖淫的；

（三）容留、介绍未成年人、孕妇、智障人员、患有严重性病的人卖淫的；

（四）一年内曾因引诱、容留、介绍卖淫行为被行政处罚，又实施容留、介绍卖淫行为的；

（五）非法获利人民币一万元以上的。

利用信息网络发布招嫖违法信息，情节严重的，依照刑法第二百八十七条之一的规定，以非法利用信息网络罪定罪处罚。同时构成介绍卖淫罪的，依照处罚较重的规定定罪处罚。

引诱、容留、介绍他人卖淫是否以营利为目的，不影响犯罪的成立。

引诱不满十四周岁的幼女卖淫的，依照刑法第三百五十九条第二款的规定，以引诱幼女卖淫罪定罪处罚。

被引诱卖淫的人员中既有不满十四周岁的幼女，又有其他人员的，分别以引诱幼女卖淫罪和引诱卖淫罪定罪，实行并罚。

第九条 引诱、容留、介绍他人卖淫，具有下列情形之一的，应当认定为刑法第三百五十九条第一款规定的“情节严重”：

（一）引诱五人以上或者引诱、容留、介绍十人以上卖淫的；

（二）引诱三人以上的未成年人、孕妇、智障人员、患有严重性病的人卖淫，或者引诱、容留、介绍五人以上该类人员卖淫的；

（三）非法获利人民币五万元以上的；

（四）其他情节严重的情形。

第十条 组织、强迫、引诱、容留、介绍他人卖淫的次数，作为酌定情节在量刑时考虑。

第十一条 具有下列情形之一的，应当认定为刑法第三百六十条规定的“明知”：

（一）有证据证明曾到医院或者其他医疗机构就医或者检查，被诊断为患有严重性病的；

（二）根据本人的知识和经验，能够知道自己患有严重性病的；

（三）通过其他方法能够证明行为人是“明知”的。

传播性病行为是否实际造成他人患上严重性病的后果，不影响本罪的成立。

刑法第三百六十条规定所称的“严重性病”，包括梅毒、淋病等。其他性病是否认定为“严重性病”，应当根据《中华人民共和国传染病防治法》《性病防治管理办法》的规定，在国家卫生与计划生育委员会规定实行性病监测的性病范围内，依照其危害、特点与梅毒、淋病相当的原则，从严掌握。

第十二条 明知自己患有艾滋病或者感染艾滋病病毒而卖淫、嫖娼的，依照刑法第三百六十条的规定，以传播性病罪定罪，从重处罚。

具有下列情形之一，致使他人感染艾滋病病毒的，认定为刑法第九十五条第三项“其他对于人身健康有重大伤害”所指的“重伤”，依照刑法第二百三十四条第二款的规定，以故意伤害罪定罪处罚：

（一）明知自己感染艾滋病病毒而卖淫、嫖娼的；

（二）明知自己感染艾滋病病毒，故意不采取防范措施而与他人发生性关系的。

第十三条 犯组织、强迫、引诱、容留、介绍卖淫罪的，应当依法判处犯罪所得二倍以上的罚金。共同犯罪的，对各共同犯罪人合计判处的罚金应当在犯罪所得的二倍以上。

对犯组织、强迫卖淫罪被判处无期徒刑的，应当并处没收财产。

第十四条 根据刑法第三百六十二条、第三百一十条的规定，旅馆业、饮食服务业、文化娱乐业、出租汽车业等单位的人员，在公安机关查处卖淫、嫖娼活动时，为违法犯罪分子通风报信，情节严重的，以包庇罪定罪处罚。事前与犯罪分子通谋的，以共同犯罪论处。

具有下列情形之一的，应当认定为刑法第三百六十二条规定的“情节严重”：

（一）向组织、强迫卖淫犯罪集团通风报信的；

（二）二年内通风报信三次以上的；

（三）一年内因通风报信被行政处罚，又实施通风报信行为的；

（四）致使犯罪集团的首要分子或者其他共同犯罪的主犯未能及时归案的；

（五）造成卖淫嫖娼人员逃跑，致使公安机关查处犯罪行为因取证困难而撤销刑事案件的；

（六）非法获利人民币一万元以上的；

（七）其他情节严重的情形。

第十五条 本解释自 2017 年 7 月 25 日起施行。

最高人民法院、最高人民检察院关于办理行贿刑事案件具体应用法律若干问题的解释

(2012年5月14日最高人民法院审判委员会第1547次会议、2012年8月21日最高人民检察院第十一届检察委员会第77次会议通过　2012年12月26日最高人民法院、最高人民检察院公告公布　自2013年1月1日起施行　法释〔2012〕22号)

为依法惩治行贿犯罪活动，根据刑法有关规定，现就办理行贿刑事案件具体应用法律的若干问题解释如下：

第一条　为谋取不正当利益，向国家工作人员行贿，数额在一万元以上的，应当依照刑法第三百九十条的规定追究刑事责任。

第二条　因行贿谋取不正当利益，具有下列情形之一的，应当认定为刑法第三百九十条第一款规定的“情节严重”：

（一）行贿数额在二十万元以上不满一百万元的；

（二）行贿数额在十万元以上不满二十万元，并具有下列情形之一的：

1. 向三人以上行贿的；

2. 将违法所得用于行贿的；

3. 为实施违法犯罪活动，向负有食品、药品、安全生产、环境保护等监督管理职责的国家工作人员行贿，严重危害民生、侵犯公众生命财产安全的；

4. 向行政执法机关、司法机关的国家工作人员行贿，影响行政执法和司法公正的；

（三）其他情节严重的情形。

第三条　因行贿谋取不正当利益，造成直接经济损失数额在一百万元以上的，应当认定为刑法第三百九十条第一款规定的“使国家利益遭

受重大损失”。

第四条 因行贿谋取不正当利益，具有下列情形之一的，应当认定为刑法第三百九十条第一款规定的“情节特别严重”：

（一）行贿数额在一百万元以上的；

（二）行贿数额在五十万元以上不满一百万元，并具有下列情形之一的：

1. 向三人以上行贿的；

2. 将违法所得用于行贿的；

3. 为实施违法犯罪活动，向负有食品、药品、安全生产、环境保护等监督管理职责的国家工作人员行贿，严重危害民生、侵犯公众生命财产安全的；

4. 向行政执法机关、司法机关的国家工作人员行贿，影响行政执法和司法公正的；

（三）造成直接经济损失数额在五百万元以上的；

（四）其他情节特别严重的情形。

第五条 多次行贿未经处理的，按照累计行贿数额处罚。

第六条 行贿人谋取不正当利益的行为构成犯罪的，应当与行贿犯罪实行数罪并罚。

第七条 因行贿人在被追诉前主动交待行贿行为而破获相关受贿案件的，对行贿人不适用刑法第六十八条关于立功的规定，依照刑法第三百九十条第二款的规定，可以减轻或者免除处罚。

单位行贿的，在被追诉前，单位集体决定或者单位负责人决定主动交待单位行贿行为的，依照刑法第三百九十条第二款的规定，对单位及相关责任人员可以减轻处罚或者免除处罚；受委托直接办理单位行贿事项的直接责任人员在被追诉前主动交待自己知道的单位行贿行为的，对该直接责任人员可以依照刑法第三百九十条第二款的规定减轻处罚或者免除处罚。

第八条 行贿人被追诉后如实供述自己罪行的，依照刑法第六十七条第三款的规定，可以从轻处罚；因其如实供述自己罪行，避免特别严重后果发生的，可以减轻处罚。

第九条 行贿人揭发受贿人与其行贿无关的其他犯罪行为，查证属实的，依照刑法第六十八条关于立功的规定，可以从轻、减轻或者免除处罚。

第十条 实施行贿犯罪，具有下列情形之一的，一般不适用缓刑和免予刑事处罚：

（一）向三人以上行贿的；

（二）因行贿受过行政处罚或者刑事处罚的；

（三）为实施违法犯罪活动而行贿的；

（四）造成严重危害后果的；

（五）其他不适用缓刑和免予刑事处罚的情形。

具有刑法第三百九十条第二款规定的情形的，不受前款规定的限制。

第十一条 行贿犯罪取得的不正当财产性利益应当依照刑法第六十四条的规定予以追缴、责令退赔或者返还被害人。

因行贿犯罪取得财产性利益以外的经营资格、资质或者职务晋升等其他不正当利益，建议有关部门依照相关规定予以处理。

第十二条 行贿犯罪中的“谋取不正当利益”，是指行贿人谋取的利益违反法律、法规、规章、政策规定，或者要求国家工作人员违反法律、法规、规章、政策、行业规范的规定，为自己提供帮助或者方便条件。

违背公平、公正原则，在经济、组织人事管理等活动中，谋取竞争优势的，应当认定为“谋取不正当利益”。

第十三条 刑法第三百九十条第二款规定的“被追诉前”，是指检察机关对行贿人的行贿行为刑事立案前。

最高人民法院、最高人民检察院关于办理受贿刑事案件适用法律若干问题的意见

（2007年7月8日　法发〔2007〕22号）

为依法惩治受贿犯罪活动，根据刑法有关规定，现就办理受贿刑事案件具体适用法律若干问题，提出以下意见：

一、关于以交易形式收受贿赂问题

国家工作人员利用职务上的便利为请托人谋取利益，以下列交易形式收受请托人财物的，以受贿论处：

（1）以明显低于市场的价格向请托人购买房屋、汽车等物品的；

（2）以明显高于市场的价格向请托人出售房屋、汽车等物品的；

（3）以其他交易形式非法收受请托人财物的。

受贿数额按照交易时当地市场价格与实际支付价格的差额计算。

前款所列市场价格包括商品经营者事先设定的不针对特定人的最低优惠价格。根据商品经营者事先设定的各种优惠交易条件，以优惠价格购买商品的，不属于受贿。

二、关于收受干股问题

干股是指未出资而获得的股份。国家工作人员利用职务上的便利为请托人谋取利益，收受请托人提供的干股的，以受贿论处。进行了股权转让登记，或者相关证据证明股份发生了实际转让的，受贿数额按转让行为时股份价值计算，所分红利按受贿孳息处理。股份未实际转让，以股份分红名义获取利益的，实际获利数额应当认定为受贿数额。

三、关于以开办公司等合作投资名义收受贿赂问题

国家工作人员利用职务上的便利为请托人谋取利益，由请托人出资，“合作”开办公司或者进行其他“合作”投资的，以受贿论处。受贿数额为请托人给国家工作人员的出资额。

国家工作人员利用职务上的便利为请托人谋取利益，以合作开办公司或者其他合作投资的名义获取“利润”，没有实际出资和参与管理、经营的，以受贿论处。

四、关于以委托请托人投资证券、期货或者其他委托理财的名义收受贿赂问题

国家工作人员利用职务上的便利为请托人谋取利益，以委托请托人投资证券、期货或者其他委托理财的名义，未实际出资而获取“收益”，或者虽然实际出资，但获取“收益”明显高于出资应得收益的，以受贿论处。受贿数额，前一情形，以“收益”额计算；后一情形，以“收益”额与出资应得收益额的差额计算。

五、关于以赌博形式收受贿赂的认定问题

根据《最高人民法院、最高人民检察院关于办理赌博刑事案件具体应用法律若干问题的解释》第七条规定，国家工作人员利用职务上的便利为请托人谋取利益，通过赌博方式收受请托人财物的，构成受贿。

实践中应注意区分贿赂与赌博活动、娱乐活动的界限。具体认定时，主要应当结合以下因素进行判断：（1）赌博的背景、场合、时间、次数；（2）赌资来源；（3）其他赌博参与者有无事先通谋；（4）输赢钱物的具体情况和金额大小。

六、关于特定关系人“挂名”领取薪酬问题

国家工作人员利用职务上的便利为请托人谋取利益，要求或者接受请托人以给特定关系人安排工作为名，使特定关系人不实际工作却获取所谓薪酬的，以受贿论处。

七、关于由特定关系人收受贿赂问题

国家工作人员利用职务上的便利为请托人谋取利益，授意请托人以本意见所列形式，将有关财物给予特定关系人的，以受贿论处。

特定关系人与国家工作人员通谋，共同实施前款行为的，对特定关系人以受贿罪的共犯论处。特定关系人以外的其他人与国家工作人员通谋，由国家工作人员利用职务上的便利为请托人谋取利益，收受请托人财物后双方共同占有的，以受贿罪的共犯论处。

八、关于收受贿赂物品未办理权属变更问题

国家工作人员利用职务上的便利为请托人谋取利益，收受请托人房屋、汽车等物品，未变更权属登记或者借用他人名义办理权属变更登记的，不影响受贿的认定。

认定以房屋、汽车等物品为对象的受贿，应注意与借用的区分。具体认定时，除双方交代或者书面协议之外，主要应当结合以下因素进行判断：（1）有无借用的合理事由；（2）是否实际使用；（3）借用时间的长短；（4）有无归还的条件；（5）有无归还的意思表示及行为。

九、关于收受财物后退还或者上交问题

国家工作人员收受请托人财物后及时退还或者上交的，不是受贿。

国家工作人员受贿后，因自身或者与其受贿有关联的人、事被查处，为掩饰犯罪而退还或者上交的，不影响认定受贿罪。

十、关于在职时为请托人谋利，离职后收受财物问题

国家工作人员利用职务上的便利为请托人谋取利益之前或者之后，约定在其离职后收受请托人财物，并在离职后收受的，以受贿论处。

国家工作人员利用职务上的便利为请托人谋取利益，离职前后连续收受请托人财物的，离职前后收受部分均应计入受贿数额。

十一、关于“特定关系人”的范围

本意见所称“特定关系人”，是指与国家工作人员有近亲属、情妇（夫）以及其他共同利益关系的人。

十二、关于正确贯彻宽严相济刑事政策的问题

依照本意见办理受贿刑事案件，要根据刑法关于受贿罪的有关规定和受贿罪权钱交易的本质特征，准确区分罪与非罪、此罪与彼罪的界限，惩处少数，教育多数。在从严惩处受贿犯罪的同时，对于具有自首、立功等情节的，依法从轻、减轻或者免除处罚。

最高人民法院、最高人民检察院关于办理商业贿赂刑事案件适用法律若干问题的意见

（2008年11月20日　法发〔2008〕33号）

为依法惩治商业贿赂犯罪，根据刑法有关规定，结合办案工作实际，现就办理商业贿赂刑事案件适用法律的若干问题，提出如下意见：

一、商业贿赂犯罪涉及刑法规定的以下八种罪名：（1）非国家工作人员受贿罪（刑法第一百六十三条）；（2）对非国家工作人员行贿罪（刑法第一百六十四条）；（3）受贿罪（刑法第三百八十五条）；（4）单位受贿罪（刑法第三百八十七条）；（5）行贿罪（刑法第三百八十九条）；（6）对单位行贿罪（刑法第三百九十一条）；（7）介绍贿赂罪（刑法第三百九十二条）；（8）单位行贿罪（刑法第三百九十三条）。

二、刑法第一百六十三条、第一百六十四条规定的"其他单位"，既包括事业单位、社会团体、村民委员会、居民委员会、村民小组等常设性的组织，也包括为组织体育赛事、文艺演出或者其他正当活动而成立的组委会、筹委会、工程承包队等非常设性的组织。

三、刑法第一百六十三条、第一百六十四条规定的"公司、企业或者其他单位的工作人员"，包括国有公司、企业以及其他国有单位中的非国家工作人员。

四、医疗机构中的国家工作人员，在药品、医疗器械、医用卫生材料等医药产品采购活动中，利用职务上的便利，索取销售方财物，或者非法收受销售方财物，为销售方谋取利益，构成犯罪的，依照刑法第三百八十五条的规定，以受贿罪定罪处罚。

医疗机构中的非国家工作人员，有前款行为，数额较大的，依照刑法第一百六十三条的规定，以非国家工作人员受贿罪定罪处罚。

医疗机构中的医务人员，利用开处方的职务便利，以各种名义非法

收受药品、医疗器械、医用卫生材料等医药产品销售方财物，为医药产品销售方谋取利益，数额较大的，依照刑法第一百六十三条的规定，以非国家工作人员受贿罪定罪处罚。

五、学校及其他教育机构中的国家工作人员，在教材、教具、校服或者其他物品的采购等活动中，利用职务上的便利，索取销售方财物，或者非法收受销售方财物，为销售方谋取利益，构成犯罪的，依照刑法第三百八十五条的规定，以受贿罪定罪处罚。

学校及其他教育机构中的非国家工作人员，有前款行为，数额较大的，依照刑法第一百六十三条的规定，以非国家工作人员受贿罪定罪处罚。

学校及其他教育机构中的教师，利用教学活动的职务便利，以各种名义非法收受教材、教具、校服或者其他物品销售方财物，为教材、教具、校服或者其他物品销售方谋取利益，数额较大的，依照刑法第一百六十三条的规定，以非国家工作人员受贿罪定罪处罚。

六、依法组建的评标委员会、竞争性谈判采购中谈判小组、询价采购中询价小组的组成人员，在招标、政府采购等事项的评标或者采购活动中，索取他人财物或者非法收受他人财物，为他人谋取利益，数额较大的，依照刑法第一百六十三条的规定，以非国家工作人员受贿罪定罪处罚。

依法组建的评标委员会、竞争性谈判采购中谈判小组、询价采购中询价小组中国家机关或者其他国有单位的代表有前款行为的，依照刑法第三百八十五条的规定，以受贿罪定罪处罚。

七、商业贿赂中的财物，既包括金钱和实物，也包括可以用金钱计算数额的财产性利益，如提供房屋装修、含有金额的会员卡、代币卡（券）、旅游费用等。具体数额以实际支付的资费为准。

八、收受银行卡的，不论受贿人是否实际取出或者消费，卡内的存款数额一般应全额认定为受贿数额。使用银行卡透支的，如果由给予银行卡的一方承担还款责任，透支数额也应当认定为受贿数额。

九、在行贿犯罪中，“谋取不正当利益”，是指行贿人谋取违反法律、法规、规章或者政策规定的利益，或者要求对方违反法律、法规、规章、政策、行业规范的规定提供帮助或者方便条件。

在招标投标、政府采购等商业活动中，违背公平原则，给予相关人员财物以谋取竞争优势的，属于“谋取不正当利益”。

十、办理商业贿赂犯罪案件，要注意区分贿赂与馈赠的界限。主要应当结合以下因素全面分析、综合判断：（1）发生财物往来的背景，如双方是否存在亲友关系及历史上交往的情形和程度；（2）往来财物的价值；（3）财物往来的缘由、时机和方式，提供财物方对于接受方有无职务上的请托；（4）接受方是否利用职务上的便利为提供方谋取利益。

十一、非国家工作人员与国家工作人员通谋，共同收受他人财物，构成共同犯罪的，根据双方利用职务便利的具体情形分别定罪追究刑事责任：

（1）利用国家工作人员的职务便利为他人谋取利益的，以受贿罪追究刑事责任。

（2）利用非国家工作人员的职务便利为他人谋取利益的，以非国家工作人员受贿罪追究刑事责任。

（3）分别利用各自的职务便利为他人谋取利益的，按照主犯的犯罪性质追究刑事责任，不能分清主从犯的，可以受贿罪追究刑事责任。

最高人民法院关于审理挪用公款案件具体应用法律若干问题的解释

(1998 年 4 月 6 日最高人民法院审判委员会第 972 次会议通过　1998 年 4 月 29 日最高人民法院公告公布　自 1998 年 5 月 9 日起施行　法释〔1998〕9 号)

为依法惩处挪用公款犯罪，根据刑法的有关规定，现对办理挪用公款案件具体应用法律的若干问题解释如下：

第一条　刑法第三百八十四条规定的，“挪用公款归个人使用”，包括挪用者本人使用或者给他人使用。

挪用公款给私有公司、私有企业使用的，属于挪用公款归个人使用。

第二条　对挪用公款罪，应区分三种不同情况予以认定：

(一) 挪用公款归个人使用，数额较大、超过三个月未还的，构成挪用公款罪。

挪用正在生息或者需要支付利息的公款归个人使用，数额较大，超过三个月但在案发前全部归还本金的，可以从轻处罚或者免除处罚。给国家、集体造成的利息损失应予追缴。挪用公款数额巨大，超过三个月，案发前全部归还的，可以酌情从轻处罚。

(二) 挪用公款数额较大，归个人进行营利活动的，构成挪用公款罪，不受挪用时间和是否归还的限制。在案发前部分或者全部归还本息的，可以从轻处罚；情节轻微的，可以免除处罚。

挪用公款存入银行、用于集资、购买股票、国债等，属于挪用公款进行营利活动。所获取的利息、收益等违法所得，应当追缴，但不计入挪用公款的数额。

(三) 挪用公款归个人使用，进行赌博、走私等非法活动的，构成挪用公款罪，不受“数额较大”和挪用时间的限制。

挪用公款给他人使用，不知道使用人用公款进行营利活动或者用于非法进行营利活动或者用于非法活动，数额较大、超过三个月未还的，构成挪用公款罪；明知使用人用于营利活动或者非法活动的，应当认定为挪用人挪用公款进行营利活动或者非法活动。

第三条 挪用公款归个人使用，“数额较大、进行营利活动的”，或者“数额较大、超过三个月未还的”，以挪用公款一万元至三万元为“数额较大”的起点，以挪用公款十五万元至二十万元为“数额巨大”的起点。挪用公款“情节严重”，是指挪用公款数额巨大，或者数额虽未达到巨大，但挪用公款手段恶劣；多次挪用公款；因挪用公款严重影响生产、经营，造成严重损失等情形。

“挪用公款归个人使用，进行非法活动的”，以挪用公款五千元至一万元为追究刑事责任的数额起点。挪用公款五万元至十万元以上的，属于挪用公款归个人使用，进行非法活动，“情节严重”的情形之一。挪用公款归个人使用，进行非法活动，情节严重的其他情形，按照本条第一款的规定执行。

各高级人民法院可以根据本地实际情况，按照本解释规定的数额幅度，确定本地区执行的具体数额标准，并报最高人民法院备案。

挪用救灾、抢险、防汛、优抚、扶贫、移民、救济款物归个人使用的数额标准，参照挪用公款归个人使用进行非法活动的数额标准。

第四条 多次挪用公款不还，挪用公款数额累计计算；多次挪用公款，并以后次挪用的公款归还前次挪用的公款，挪用公款数额以案发时未还的实际数额认定。

第五条 “挪用公款数额巨大不退还的”，是指挪用公款数额巨大，因客观原因在一审宣判前不能退还的。

第六条 携带挪用的公款潜逃的，依照刑法第三百八十二条、第三百八十三条的规定定罪处罚。

第七条 因挪用公款索取、收受贿赂构成犯罪的，依照数罪并罚的规定处罚。

挪用公款进行非法活动构成其他犯罪的，依照数罪并罚的规定处罚。

第八条 挪用公款给他人使用，使用人与挪用人共谋，指使或者参与策划取得挪用款的，以挪用公款罪的共犯定罪处罚。

最高人民法院、最高人民检察院关于办理妨害预防、控制突发传染病疫情等灾害的刑事案件具体应用法律若干问题的解释

（2003 年 5 月 13 日最高人民法院审判委员会第 1269 次会议、2003 年 5 月 13 日最高人民检察院第十届检察委员会第 3 次会议通过　2003 年 5 月 14 日最高人民法院、最高人民检察院公告公布　自 2003 年 5 月 15 日起施行　法释〔2003〕8 号）

为依法惩治妨害预防、控制突发传染病疫情等灾害的犯罪活动，保障预防、控制突发传染病疫情等灾害工作的顺利进行，切实维护人民群众的身体健康和生命安全，根据《中华人民共和国刑法》等有关法律规定，现就办理相关刑事案件具体应用法律的若干问题解释如下：

第一条　故意传播突发传染病病原体，危害公共安全的，依照刑法第一百一十四条、第一百一十五条第一款的规定，按照以危险方法危害公共安全罪定罪处罚。

患有突发传染病或者疑似突发传染病而拒绝接受检疫、强制隔离或者治疗，过失造成传染病传播，情节严重，危害公共安全的，依照刑法第一百一十五条第二款的规定，按照过失以危险方法危害公共安全罪定罪处罚。

第二条　在预防、控制突发传染病疫情等灾害期间，生产、销售伪劣的防治、防护产品、物资，或者生产、销售用于防治传染病的假药、劣药，构成犯罪的，分别依照刑法第一百四十条、第一百四十一条、第一百四十二条的规定，以生产、销售伪劣产品罪，生产、销售假药罪或者生产、销售劣药罪定罪，依法从重处罚。

第三条　在预防、控制突发传染病疫情等灾害期间，生产用于防治传染病的不符合保障人体健康的国家标准、行业标准的医疗器械、医用

卫生材料，或者销售明知是用于防治传染病的不符合保障人体健康的国家标准、行业标准的医疗器械、医用卫生材料，不具有防护、救治功能，足以严重危害人体健康的，依照刑法第一百四十五条的规定，以生产、销售不符合标准的医用器材罪定罪，依法从重处罚。

医疗机构或者个人，知道或者应当知道系前款规定的不符合保障人体健康的国家标准、行业标准的医疗器械、医用卫生材料而购买并有偿使用的，以销售不符合标准的医用器材罪定罪，依法从重处罚。

第四条 国有公司、企业、事业单位的工作人员，在预防、控制突发传染病疫情等灾害的工作中，由于严重不负责任或者滥用职权，造成国有公司、企业破产或者严重损失，致使国家利益遭受重大损失的，依照刑法第一百六十八条的规定，以国有公司、企业、事业单位人员失职罪或者国有公司、企业、事业单位人员滥用职权罪定罪处罚。

第五条 广告主、广告经营者、广告发布者违反国家规定，假借预防、控制突发传染病疫情等灾害的名义，利用广告对所推销的商品或者服务作虚假宣传，致使多人上当受骗，违法所得数额较大或者有其他严重情节的，依照刑法第二百二十二条的规定，以虚假广告罪定罪处罚。

第六条 违反国家在预防、控制突发传染病疫情等灾害期间有关市场经营、价格管理等规定，哄抬物价、牟取暴利，严重扰乱市场秩序，违法所得数额较大或者有其他严重情节的，依照刑法第二百二十五条第（四）项的规定，以非法经营罪定罪，依法从重处罚。

第七条 在预防、控制突发传染病疫情等灾害期间，假借研制、生产或者销售用于预防、控制突发传染病疫情等灾害用品的名义，诈骗公私财物数额较大的，依照刑法有关诈骗罪的规定定罪，依法从重处罚。

第八条 以暴力、威胁方法阻碍国家机关工作人员、红十字会工作人员依法履行为防治突发传染病疫情等灾害而采取的防疫、检疫、强制隔离、隔离治疗等预防、控制措施的，依照刑法第二百七十七条第一款、第三款的规定，以妨害公务罪定罪处罚。

第九条 在预防、控制突发传染病疫情等灾害期间，聚众"打砸抢"，致人伤残、死亡的，依照刑法第二百八十九条、第二百三十四条、第二百三十二条的规定，以故意伤害罪或者故意杀人罪定罪，依法从重处罚。对毁坏或者抢走公私财物的首要分子，依照刑法第二百八十九条、第二百六十三条的规定，以抢劫罪定罪，依法从重处罚。

第十条 编造与突发传染病疫情等灾害有关的恐怖信息，或者明知是编造的此类恐怖信息而故意传播，严重扰乱社会秩序的，依照刑法第二百九十一条之一的规定，以编造、故意传播虚假恐怖信息罪定罪处罚。

利用突发传染病疫情等灾害，制造、传播谣言，煽动分裂国家、破坏国家统一，或者煽动颠覆国家政权、推翻社会主义制度的，依照刑法第一百零三条第二款、第一百零五条第二款的规定，以煽动分裂国家罪或者煽动颠覆国家政权罪定罪处罚。

第十一条 在预防、控制突发传染病疫情等灾害期间，强拿硬要或者任意损毁、占用公私财物情节严重，或者在公共场所起哄闹事，造成公共场所秩序严重混乱的，依照刑法第二百九十三条的规定，以寻衅滋事罪定罪，依法从重处罚。

第十二条 未取得医师执业资格非法行医，具有造成突发传染病病人、病原携带者、疑似突发传染病病人贻误诊治或者造成交叉感染等严重情节的，依照刑法第三百三十六条第一款的规定，以非法行医罪定罪，依法从重处罚。

第十三条 违反传染病防治法等国家有关规定，向土地、水体、大气排放、倾倒或者处置含传染病病原体的废物、有毒物质或者其他危险废物，造成突发传染病传播等重大环境污染事故，致使公私财产遭受重大损失或者人身伤亡的严重后果的，依照刑法第三百三十八条的规定，以重大环境污染事故罪定罪处罚。

第十四条 贪污、侵占用于预防、控制突发传染病疫情等灾害的款物或者挪用归个人使用，构成犯罪的，分别依照刑法第三百八十二条、第三百八十三条、第二百七十一条、第三百八十四条、第二百七十二条的规定，以贪污罪、侵占罪、挪用公款罪、挪用资金罪定罪，依法从重处罚。

挪用用于预防、控制突发传染病疫情等灾害的救灾、优抚、救济等款物，构成犯罪的，对直接责任人员，依照刑法第二百七十三条的规定，以挪用特定款物罪定罪处罚。

第十五条 在预防、控制突发传染病疫情等灾害的工作中，负有组织、协调、指挥、灾害调查、控制、医疗救治、信息传递、交通运输、物资保障等职责的国家机关工作人员，滥用职权或者玩忽职守，致使公共财产、国家和人民利益遭受重大损失的，依照刑法第三百九十七条的规定，以滥用职权罪或者玩忽职守罪定罪处罚。

第十六条 在预防、控制突发传染病疫情等灾害期间，从事传染病防治的政府卫生行政部门的工作人员，或者在受政府卫生行政部门委托代表政府卫生行政部门行使职权的组织中从事公务的人员，或者虽未列入政府卫生行政部门人员编制但在政府卫生行政部门从事公务的人员，在代表政府卫生行政部门行使职权时，严重不负责任，导致传染病传播或者流行，情节严重的，依照刑法第四百零九条的规定，以传染病防治失职罪定罪处罚。

在国家对突发传染病疫情等灾害采取预防、控制措施后，具有下列情形之一的，属于刑法第四百零九条规定的“情节严重”：

（一）对发生突发传染病疫情等灾害的地区或者突发传染病病人、病原携带者、疑似突发传染病病人，未按照预防、控制突发传染病疫情等灾害工作规范的要求做好防疫、检疫、隔离、防护、救治等工作，或者采取的预防、控制措施不当，造成传染范围扩大或者疫情、灾情加重的；

（二）隐瞒、缓报、谎报或者授意、指使、强令他人隐瞒、缓报、谎报疫情、灾情，造成传染范围扩大或者疫情、灾情加重的；

（三）拒不执行突发传染病疫情等灾害应急处理指挥机构的决定、命令，造成传染范围扩大或者疫情、灾情加重的；

（四）具有其他严重情节的。

第十七条 人民法院、人民检察院办理有关妨害预防、控制突发传染病疫情等灾害的刑事案件，对于有自首、立功等悔罪表现的，依法从轻、减轻、免除处罚或者依法作出不起诉决定。

第十八条 本解释所称“突发传染病疫情等灾害”，是指突然发生，造成或者可能造成社会公众健康严重损害的重大传染病疫情、群体性不明原因疾病以及其他严重影响公众健康的灾害。

三、量　刑

最高人民法院关于适用财产刑若干问题的规定

（2000年11月15日最高人民法院审判委员会第1139次会议通过　2000年12月13日最高人民法院公告公布　自2000年12月19日起施行　法释〔2000〕45号）

为正确理解和执行刑法有关财产刑的规定，现就适用财产刑的若干问题规定如下：

第一条　刑法规定“并处”没收财产或者罚金的犯罪，人民法院在对犯罪分子判处主刑的同时，必须依法判处相应的财产刑，刑法规定“可以并处”没收财产或者罚金的犯罪，人民法院应当根据案件具体情况及犯罪分子的财产状况，决定是否适用财产刑。

第二条　人民法院应当根据犯罪情节，如违法所得数额、造成损失的大小等，并综合考虑犯罪分子缴纳罚金的能力，依法判处罚金。刑法没有明确规定罚金数额标准的，罚金的最低数额不能少于1000元。

对未成年人犯罪应当从轻或者减轻判处罚金，但罚金的最低数额不能少于500元。

第三条　依法对犯罪分子所犯数罪分别判处罚金的，应当实行并罚，将所判处的罚金数额相加，执行总和数额。

一人犯数罪依法同时并处罚金和没收财产的，应当合并执行；但并处没收全部财产的，只执行没收财产刑。

第四条　犯罪情节较轻，适用单处罚金不致再危害社会并具有下列情形之一的，可以依法单处罚金：

（一）偶犯或者初犯；

（二）自首或者有立功表现的；

（三）犯罪时不满18周岁的；

（四）犯罪预备、中止或者未遂的；

（五）被胁迫参加犯罪的；

（六）全部退赃并有悔罪表现的；

（七）其他可以依法单处罚金的情形。

第五条 刑法第五十三条规定的“判决指定的期限”应当在判决书中予以确定；“判决指定的期限”应为从判决发生法律效力第2日起最长不超过3个月。

第六条 刑法第五十三条规定的“由于遭遇不能抗拒的灾祸缴纳确实有困难的”，主要是指因遭受火灾、水灾、地震等灾祸而丧失财产；罪犯因重病、伤残等而丧失劳动能力，或者需要罪犯抚养的近亲属患有重病，需支付巨额医药费等，确实没有财产可供执行的情形。

具有刑法第五十三条规定“可以酌情减少或者免除”事由的，由罪犯本人、亲属或者犯罪单位向负责执行的人民法院提出书面申请，并提供相应的证明材料。人民法院审查以后，根据实际情况，裁定减少或者免除应当缴纳的罚金数额。

第七条 刑法第六十条规定的“没收财产以前犯罪分子所负的正当债务”，是指犯罪分子在判决生效前所负他人的合法债务。

第八条 罚金刑的数额应当以人民币为计算单位。

第九条 人民法院认为依法应当判处被告人财产刑的，可以在案件审理过程中，决定扣押或者冻结被告人的财产。

第十条 财产刑由第一审人民法院执行。

犯罪分子的财产在异地的，第一审人民法院可以委托财产所在地人民法院代为执行。

第十一条 自判决指定的期限届满第2日起，人民法院对于没有法定减免事由不缴纳罚金的，应当强制其缴纳。

对于隐藏、转移、变卖、损毁已被扣押、冻结财产情节严重的，依照刑法第三百一十四条的规定追究刑事责任。

最高人民法院关于处理自首和立功若干具体问题的意见

（2010年12月22日　法发〔2010〕60号）

为规范司法实践中对自首和立功制度的运用，更好地贯彻落实宽严相济刑事政策，根据刑法、刑事诉讼法和《最高人民法院关于处理自首和立功具体应用法律若干问题的解释》（以下简称《解释》）等规定，对自首和立功若干具体问题提出如下处理意见：

一、关于“自动投案”的具体认定

《解释》第一条第（一）项规定七种应当视为自动投案的情形，体现了犯罪嫌疑人投案的主动性和自愿性。根据《解释》第一条第（一）项的规定，犯罪嫌疑人具有以下情形之一的，也应当视为自动投案：1. 犯罪后主动报案，虽未表明自己是作案人，但没有逃离现场，在司法机关询问时交代自己罪行的；2. 明知他人报案而在现场等待，抓捕时无拒捕行为，供认犯罪事实的；3. 在司法机关未确定犯罪嫌疑人，尚在一般性排查询问时主动交代自己罪行的；4. 因特定违法行为被采取劳动教养、行政拘留、司法拘留、强制隔离戒毒等行政、司法强制措施期间，主动向执行机关交代尚未被掌握的犯罪行为的；5. 其他符合立法本意，应当视为自动投案的情形。

罪行未被有关部门、司法机关发觉，仅因形迹可疑被盘问、教育后，主动交代了犯罪事实的，应当视为自动投案，但有关部门、司法机关在其身上、随身携带的物品、驾乘的交通工具等处发现与犯罪有关的物品的，不能认定为自动投案。

交通肇事后保护现场、抢救伤者，并向公安机关报告的，应认定为自动投案，构成自首的，因上述行为同时系犯罪嫌疑人的法定义务，对其是否从宽、从宽幅度要适当从严掌握。交通肇事逃逸后自动投案，如实供述自己罪行的，应认定为自首，但应依法以较重法定刑为基准，视情形决定对其是否从宽处罚以及从宽处罚的幅度。

犯罪嫌疑人被亲友采用捆绑等手段送到司法机关，或者在亲友带领侦查人员前来抓捕时无拒捕行为，并如实供认犯罪事实的，虽然不能认定为自动投案，但可以参照法律对自首的有关规定酌情从轻处罚。

二、关于“如实供述自己的罪行”的具体认定

《解释》第一条第（二）项规定如实供述自己的罪行，除供述自己的主要犯罪事实外，还应包括姓名、年龄、职业、住址、前科等情况。犯罪嫌疑人供述的身份等情况与真实情况虽有差别，但不影响定罪量刑的，应认定为如实供述自己的罪行。犯罪嫌疑人自动投案后隐瞒自己的真实身份等情况，影响对其定罪量刑的，不能认定为如实供述自己的罪行。

犯罪嫌疑人多次实施同种罪行的，应当综合考虑已交代的犯罪事实与未交代的犯罪事实的危害程度，决定是否认定为如实供述主要犯罪事实。虽然投案后没有交代全部犯罪事实，但如实交代的犯罪情节重于未交代的犯罪情节，或者如实交代的犯罪数额多于未交代的犯罪数额，一般应认定为如实供述自己的主要犯罪事实。无法区分已交代的与未交代的犯罪情节的严重程度，或者已交代的犯罪数额与未交代的犯罪数额相当，一般不认定为如实供述自己的主要犯罪事实。

犯罪嫌疑人自动投案时虽然没有交代自己的主要犯罪事实，但在司法机关掌握其主要犯罪事实之前主动交代的，应认定为如实供述自己的罪行。

三、关于“司法机关还未掌握的本人其他罪行”和“不同种罪行”的具体认定

犯罪嫌疑人、被告人在被采取强制措施期间，向司法机关主动如实供述本人的其他罪行，该罪行能否认定为司法机关已掌握，应根据不同情形区别对待。如果该罪行已被通缉，一般应以该司法机关是否在通缉令发布范围内作出判断，不在通缉令发布范围内的，应认定为还未掌握，在通缉令发布范围内的，应视为已掌握；如果该罪行已录入全国公安信息网络在逃人员信息数据库，应视为已掌握。如果该罪行未被通缉、也未录入全国公安信息网络在逃人员信息数据库，应以该司法机关是否已实际掌握该罪行为标准。

犯罪嫌疑人、被告人在被采取强制措施期间如实供述本人其他罪行，该罪行与司法机关已掌握的罪行属同种罪行还是不同种罪行，一般应以罪名区分。虽然如实供述的其他罪行的罪名与司法机关已掌握犯罪的罪名不同，但如实供述的其他犯罪与司法机关已掌握的犯罪属选择性罪名或者在法律、事实上密切关联，如因受贿被采取强制措施后，又交代因受贿为他人谋取利益行为，构成滥用职权罪的，应认定为同种罪行。

四、关于立功线索来源的具体认定

犯罪分子通过贿买、暴力、胁迫等非法手段，或者被羁押后与律师、亲友会见过程中违反监管规定，获取他人犯罪线索并"检举揭发"的，不能认定为有立功表现。

犯罪分子将本人以往查办犯罪职务活动中掌握的，或者从负有查办犯罪、监管职责的国家工作人员处获取的他人犯罪线索予以检举揭发的，不能认定为有立功表现。

犯罪分子亲友为使犯罪分子"立功"，向司法机关提供他人犯罪线索、协助抓捕犯罪嫌疑人的，不能认定为犯罪分子有立功表现。

五、关于"协助抓捕其他犯罪嫌疑人"的具体认定

犯罪分子具有下列行为之一，使司法机关抓获其他犯罪嫌疑人的，属于《解释》第五条规定的"协助司法机关抓捕其他犯罪嫌疑人"：1. 按照司法机关的安排，以打电话、发信息等方式将其他犯罪嫌疑人（包括同案犯）约至指定地点的；2. 按照司法机关的安排，当场指认、辨认其他犯罪嫌疑人（包括同案犯）的；3. 带领侦查人员抓获其他犯罪嫌疑人（包括同案犯）的；4. 提供司法机关尚未掌握的其他案件犯罪嫌疑人的联络方式、藏匿地址的，等等。

犯罪分子提供同案犯姓名、住址、体貌特征等基本情况，或者提供犯罪前、犯罪中掌握、使用的同案犯联络方式、藏匿地址，司法机关据此抓捕同案犯的，不能认定为协助司法机关抓捕同案犯。

六、关于立功线索的查证程序和具体认定

被告人在一、二审审理期间检举揭发他人犯罪行为或者提供侦破其他案件的重要线索，人民法院经审查认为该线索内容具体、指向明确的，应及时移交有关人民检察院或者公安机关依法处理。

侦查机关出具材料，表明在三个月内还不能查证并抓获被检举揭发的人，或者不能查实的，人民法院审理案件可不再等待查证结果。

被告人检举揭发他人犯罪行为或者提供侦破其他案件的重要线索经

查证不属实，又重复提供同一线索，且没有提出新的证据材料的，可以不再查证。

根据被告人检举揭发破获的他人犯罪案件，如果已有审判结果，应当依据判决确认的事实认定是否查证属实；如果被检举揭发的他人犯罪案件尚未进入审判程序，可以依据侦查机关提供的书面查证情况认定是否查证属实。检举揭发的线索经查确有犯罪发生，或者确定了犯罪嫌疑人，可能构成重大立功，只是未能将犯罪嫌疑人抓获归案的，对可能判处死刑的被告人一般要留有余地，对其他被告人原则上应酌情从轻处罚。

被告人检举揭发或者协助抓获的人的行为构成犯罪，但因法定事由不追究刑事责任、不起诉、终止审理的，不影响对被告人立功表现的认定；被告人检举揭发或者协助抓获的人的行为应判处无期徒刑以上刑罚，但因具有法定、酌定从宽情节，宣告刑为有期徒刑或者更轻刑罚的，不影响对被告人重大立功表现的认定。

七、关于自首、立功证据材料的审查

人民法院审查的自首证据材料，应当包括被告人投案经过、有罪供述以及能够证明其投案情况的其他材料。投案经过的内容一般应包括被告人投案时间、地点、方式等。证据材料应加盖接受被告人投案的单位的印章，并有接受人员签名。

人民法院审查的立功证据材料，一般应包括被告人检举揭发材料及证明其来源的材料、司法机关的调查核实材料、被检举揭发人的供述等。被检举揭发案件已立案、侦破，被检举揭发人被采取强制措施、公诉或者审判的，还应审查相关的法律文书。证据材料应加盖接收被告人检举揭发材料的单位的印章，并有接收人员签名。

人民法院经审查认为证明被告人自首、立功的材料不规范、不全面的，应当由检察机关、侦查机关予以完善或者提供补充材料。

上述证据材料在被告人被指控的犯罪一、二审审理时已形成的，应当经庭审质证。

八、关于对自首、立功的被告人的处罚

对具有自首、立功情节的被告人是否从宽处罚、从宽处罚的幅度，应当考虑其犯罪事实、犯罪性质、犯罪情节、危害后果、社会影响、被告人的主观恶性和人身危险性等。自首的还应考虑投案的主动性、供述的及时性和稳定性等。立功的还应考虑检举揭发罪行的轻重、被检举揭发的人可能或者已经被判处的刑罚、提供的线索对侦破案件或者协助抓捕其他犯罪嫌疑人所起作用的大小等。

具有自首或者立功情节的，一般应依法从轻、减轻处罚；犯罪情节较轻的，可以免除处罚。类似情况下，对具有自首情节的被告人的从宽幅度要适当宽于具有立功情节的被告人。

虽然具有自首或者立功情节，但犯罪情节特别恶劣、犯罪后果特别严重、被告人主观恶性深、人身危险性大，或者在犯罪前即为规避法律、逃避处罚而准备自首、立功的，可以不从宽处罚。

对于被告人具有自首、立功情节，同时又有累犯、毒品再犯等法定从重处罚情节的，既要考虑自首、立功的具体情节，又要考虑被告人的主观恶性、人身危险性等因素，综合分析判断，确定从宽或者从严处罚。累犯的前罪为非暴力犯罪的，一般可以从宽处罚，前罪为暴力犯罪或者前、后罪为同类犯罪的，可以不从宽处罚。

在共同犯罪案件中，对具有自首、立功情节的被告人的处罚，应注意共同犯罪人以及首要分子、主犯、从犯之间的量刑平衡。犯罪集团的首要分子、共同犯罪的主犯检举揭发或者协助司法机关抓捕同案地位、作用较次的犯罪分子的，从宽处罚与否应当从严掌握，如果从轻处罚可能导致全案量刑失衡的，一般不从轻处罚；如果检举揭发或者协助司法机关抓捕的是其他案件中罪行同样严重的犯罪分子，一般应依法从宽处罚。对于犯罪集团的一般成员、共同犯罪的从犯立功的，特别是协助抓捕首要分子、主犯的，应当充分体现政策，依法从宽处罚。

最高人民法院、最高人民检察院关于办理职务犯罪案件认定自首、立功等量刑情节若干问题的意见

（2009 年 3 月 12 日　法发〔2009〕13 号）

为依法惩处贪污贿赂、渎职等职务犯罪，根据刑法和相关司法解释的规定，结合办案工作实际，现就办理职务犯罪案件有关自首、立功等量刑情节的认定和处理问题，提出如下意见：

一、关于自首的认定和处理

根据刑法第六十七条第一款的规定，成立自首需同时具备自动投案和如实供述自己的罪行两个要件。犯罪事实或者犯罪分子未被办案机关掌握，或者虽被掌握，但犯罪分子尚未受到调查谈话、讯问，或者未被宣布采取调查措施或者强制措施时，向办案机关投案的，是自动投案。在此期间如实交代自己的主要犯罪事实的，应当认定为自首。

犯罪分子向所在单位等办案机关以外的单位、组织或者有关负责人员投案的，应当视为自动投案。

没有自动投案，在办案机关调查谈话、讯问、采取调查措施或者强制措施期间，犯罪分子如实交代办案机关掌握的线索所针对的事实的，不能认定为自首。

没有自动投案，但具有以下情形之一的，以自首论：（1）犯罪分子如实交代办案机关未掌握的罪行，与办案机关已掌握的罪行属不同种罪行的；（2）办案机关所掌握线索针对的犯罪事实不成立，在此范围外犯罪分子交代同种罪行的。

单位犯罪案件中，单位集体决定或者单位负责人决定而自动投案，如实交代单位犯罪事实的，或者单位直接负责的主管人员自动投案，如实交代单位犯罪事实的，应当认定为单位自首。单位自首的，直接负责的主管人员和直接责任人员未自动投案，但如实交代自己知道的犯罪事

实的，可以视为自首；拒不交代自己知道的犯罪事实或者逃避法律追究的，不应当认定为自首。单位没有自首，直接责任人员自动投案并如实交代自己知道的犯罪事实的，对该直接责任人员应当认定为自首。

对于具有自首情节的犯罪分子，办案机关移送案件时应当予以说明并移交相关证据材料。

对于具有自首情节的犯罪分子，应当根据犯罪的事实、性质、情节和对于社会的危害程度，结合自动投案的动机、阶段、客观环境，交代犯罪事实的完整性、稳定性以及悔罪表现等具体情节，依法决定是否从轻、减轻或者免除处罚以及从轻、减轻处罚的幅度。

二、关于立功的认定和处理

立功必须是犯罪分子本人实施的行为。为使犯罪分子得到从轻处理，犯罪分子的亲友直接向有关机关揭发他人犯罪行为，提供侦破其他案件的重要线索，或者协助司法机关抓捕其他犯罪嫌疑人的，不应当认定为犯罪分子的立功表现。

据以立功的他人罪行材料应当指明具体犯罪事实；据以立功的线索或者协助行为对于侦破案件或者抓捕犯罪嫌疑人要有实际作用。犯罪分子揭发他人犯罪行为时没有指明具体犯罪事实的；揭发的犯罪事实与查实的犯罪事实不具有关联性的；提供的线索或者协助行为对于其他案件的侦破或者其他犯罪嫌疑人的抓捕不具有实际作用的，不能认定为立功表现。

犯罪分子揭发他人犯罪行为，提供侦破其他案件重要线索的，必须经查证属实，才能认定为立功。审查是否构成立功，不仅要审查办案机关的说明材料，还要审查有关事实和证据以及与案件定性处罚相关的法律文书，如立案决定书、逮捕决定书、侦查终结报告、起诉意见书、起诉书或者判决书等。

据以立功的线索、材料来源有下列情形之一的，不能认定为立功：(1) 本人通过非法手段或者非法途径获取的；(2) 本人因原担任的查禁犯罪等职务获取的；(3) 他人违反监管规定向犯罪分子提供的；(4) 负有查禁犯罪活动职责的国家机关工作人员或者其他国家工作人员利用职务便利提供的。

犯罪分子检举、揭发的他人犯罪，提供侦破其他案件的重要线索，阻止他人的犯罪活动，或者协助司法机关抓捕的其他犯罪嫌疑人，犯罪嫌疑人、被告人依法可能被判处无期徒刑以上刑罚的，应当认定为有重大立功表现。其中，可能被判处无期徒刑以上刑罚，是指根据犯罪行为的事实、情节可能判处无期徒刑以上刑罚。案件已经判决的，以实际判处的刑罚为准。但是，根据犯罪行为的事实、情节应当判处无期徒刑以上刑罚，因被判刑人有法定情节经依法从轻、减轻处罚后判处有期徒刑的，应当认定为重大立功。

对于具有立功情节的犯罪分子，应当根据犯罪的事实、性质、情节和对于社会的危害程度，结合立功表现所起作用的大小、所破获案件的罪行轻重、所抓获犯罪嫌疑人可能判处的法定刑以及立功的时机等具体情节，依法决定是否从轻、减轻或者免除处罚以及从轻、减轻处罚的幅度。

三、关于如实交代犯罪事实的认定和处理

犯罪分子依法不成立自首，但如实交代犯罪事实，有下列情形之一的，可以酌情从轻处罚：(1) 办案机关掌握部分犯罪事实，犯罪分子交代了同种其他犯罪事实的；(2) 办案机关掌握的证据不充分，犯罪分子如实交代有助于收集定案证据的。

犯罪分子如实交代犯罪事实，有下列情形之一的，一般应当从轻处罚：(1) 办案机关仅掌握小部分犯罪事实，犯罪分子交代了大部分未被掌握的同种犯罪事实的；(2) 如实交代对于定案证据的收集有重要作用的。

四、关于赃款赃物追缴等情形的处理

贪污案件中赃款赃物全部或者大部分追缴的，一般应当考虑从轻处罚。

受贿案件中赃款赃物全部或者大部分追缴的，视具体情况可以酌定从轻处罚。

犯罪分子及其亲友主动退赃或者在办案机关追缴赃款赃物过程中积极配合的，在量刑时应当与办案机关查办案件过程中依职权追缴赃款赃物的有所区别。

职务犯罪案件立案后，犯罪分子及其亲友自行挽回的经济损失，司法机关或者犯罪分子所在单位及其上级主管部门挽回的经济损失，或者因客观原因减少的经济损失，不予扣减，但可以作为酌情从轻处罚的情节。

最高人民法院关于处理自首和立功具体应用法律若干问题的解释

（1998年4月6日最高人民法院审判委员会第972次会议通过 1998年4月6日最高人民法院公告公布 自1998年5月9日起施行 法释〔1998〕8号）

为正确认定自首和立功，对具有自首或者立功表现的犯罪分子依法适用刑罚，现就具体应用法律的若干问题解释如下：

第一条 根据刑法第六十七条第一款的规定，犯罪以后自动投案，如实供述自己的罪行的，是自首。

（一）自动投案，是指犯罪事实或者犯罪嫌疑人未被司法机关发觉，或者虽被发觉，但犯罪嫌疑人尚未受到讯问、未被采取强制措施时，主动、直接向公安机关、人民检察院或者人民法院投案。

犯罪嫌疑人向其所在单位、城乡基层组织或者其他有关负责人员投案的；犯罪嫌疑人因病、伤或者为了减轻犯罪后果，委托他人先代为投案，或者先以信电投案的；罪行尚未被司法机关发觉，仅因形迹可疑，被有关组织或者司法机关盘问、教育后，主动交代自己的罪行的；犯罪后逃跑，在被通缉、追捕过程中，主动投案的；经查实确已准备去投案，或者正在投案途中，被公安机关捕获的，应当视为自动投案。

并非出于犯罪嫌疑人主动，而是经亲友规劝、陪同投案的；公安机关通知犯罪嫌疑人的亲友，或者亲友主动报案后，将犯罪嫌疑人送去投案的，也应当视为自动投案。

犯罪嫌疑人自动投案后又逃跑的，不能认定为自首。

（二）如实供述自己的罪行，是指犯罪嫌疑人自动投案后，如实交代自己的主要犯罪事实。

犯有数罪的犯罪嫌疑人仅如实供述所犯数罪中部分犯罪的，只对如实供述部分犯罪的行为，认定为自首。

共同犯罪案件中的犯罪嫌疑人，除如实供述自己的罪行，还应当供述所知的同案犯，主犯则应当供述所知其他同案犯的共同犯罪事实，才能认定为自首。

犯罪嫌疑人自动投案并如实供述自己的罪行后又翻供的，不能认定为自首；但在一审判决前又能如实供述的，应当认定为自首。

第二条 根据刑法第六十七条第二款的规定，被采取强制措施的犯罪嫌疑人、被告人和已宣判的罪犯，如实供述司法机关尚未掌握的罪行，与司法机关已掌握的或者判决确定的罪行属不同种罪行的，以自首论。

第三条 根据刑法第六十七条第一款的规定，对于自首的犯罪分子，可以从轻或者减轻处罚；对于犯罪较轻的，可以免除处罚。具体确定从轻、减轻还是免除处罚，应当根据犯罪轻重，并考虑自首的具体情节。

第四条 被采取强制措施的犯罪嫌疑人、被告人和已宣判的罪犯，如实供述司法机关尚未掌握的罪行，与司法机关已掌握的或者判决确定的罪行属同种罪行的，可以酌情从轻处罚；如实供述的同种罪行较重的，一般应当从轻处罚。

第五条 根据刑法第六十八条第一款的规定，犯罪分子到案后有检举、揭发他人犯罪行为，包括共同犯罪案件中的犯罪分子揭发同案犯共同犯罪以外的其他犯罪，经查证属实；提供侦破其他案件的重要线索，经查证属实；阻止他人犯罪活动；协助司法机关抓捕其他犯罪嫌疑人（包括同案犯）；具有其他有利于国家和社会的突出表现的，应当认定为有立功表现。

第六条 共同犯罪案件的犯罪分子到案后，揭发同案犯共同犯罪事实的，可以酌情予以从轻处罚。

第七条 根据刑法第六十八条第一款的规定，犯罪分子有检举、揭发他人重大犯罪行为，经查证属实；提供侦破其他重大案件的重要线索，经查证属实；阻止他人重大犯罪活动；协助司法机关抓捕其他重大犯罪嫌疑人（包括同案犯）；对国家和社会有其他重大贡献等表现的，应当认定为有重大立功表现。

前款所称“重大犯罪”、“重大案件”、“重大犯罪嫌疑人”的标准，一般是指犯罪嫌疑人、被告人可能被判处无期徒刑以上刑罚或者案件在本省、自治区、直辖市或者全国范围内有较大影响等情形。

最高人民法院关于办理减刑、假释案件具体应用法律的补充规定

（2019 年 3 月 25 日最高人民法院审判委员会第 1763 次会议通过 2019 年 4 月 24 日最高人民法院公告公布　自 2019 年 6 月 1 日起施行 法释〔2019〕6 号）

为准确把握宽严相济刑事政策，严格执行《最高人民法院关于办理减刑、假释案件具体应用法律的规定》，现对《中华人民共和国刑法修正案（九）》施行后，依照刑法分则第八章贪污贿赂罪判处刑罚的原具有国家工作人员身份的罪犯的减刑、假释补充规定如下：

第一条　对拒不认罪悔罪的，或者确有履行能力而不履行或者不全部履行生效裁判中财产性判项的，不予假释，一般不予减刑。

第二条　被判处十年以上有期徒刑，符合减刑条件的，执行三年以上方可减刑；被判处不满十年有期徒刑，符合减刑条件的，执行二年以上方可减刑。

确有悔改表现或者有立功表现的，一次减刑不超过六个月有期徒刑；确有悔改表现并有立功表现的，一次减刑不超过九个月有期徒刑；有重大立功表现的，一次减刑不超过一年有期徒刑。

被判处十年以上有期徒刑的，两次减刑之间应当间隔二年以上；被判处不满十年有期徒刑的，两次减刑之间应当间隔一年六个月以上。

第三条　被判处无期徒刑，符合减刑条件的，执行四年以上方可减刑。

确有悔改表现或者有立功表现的，可以减为二十三年有期徒刑；确有悔改表现并有立功表现的，可以减为二十二年以上二十三年以下有期徒刑；有重大立功表现的，可以减为二十一年以上二十二年以下有期徒刑。

无期徒刑减为有期徒刑后再减刑时，减刑幅度比照本规定第二条的规定执行。两次减刑之间应当间隔二年以上。

第四条 被判处死刑缓期执行的，减为无期徒刑后，符合减刑条件的，执行四年以上方可减刑。

确有悔改表现或者有立功表现的，可以减为二十五年有期徒刑；确有悔改表现并有立功表现的，可以减为二十四年六个月以上二十五年以下有期徒刑；有重大立功表现的，可以减为二十四年以上二十四年六个月以下有期徒刑。

减为有期徒刑后再减刑时，减刑幅度比照本规定第二条的规定执行。两次减刑之间应当间隔二年以上。

第五条 罪犯有重大立功表现的，减刑时可以不受上述起始时间和间隔时间的限制。

第六条 对本规定所指贪污贿赂罪犯适用假释时，应当从严掌握。

第七条 本规定自2019年6月1日起施行。此前发布的司法解释与本规定不一致的，以本规定为准。

最高人民法院关于办理减刑、假释案件具体应用法律的规定

（2016年9月19日最高人民法院审判委员会第1693次会议通过　2016年11月14日最高人民法院公告公布　自2017年1月1日起施行　法释〔2016〕23号）

为确保依法公正办理减刑、假释案件，依据《中华人民共和国刑法》《中华人民共和国刑事诉讼法》《中华人民共和国监狱法》和其他法律规定，结合司法实践，制定本规定。

第一条　减刑、假释是激励罪犯改造的刑罚制度，减刑、假释的适用应当贯彻宽严相济刑事政策，最大限度地发挥刑罚的功能，实现刑罚的目的。

第二条　对于罪犯符合刑法第七十八条第一款规定“可以减刑”条件的案件，在办理时应当综合考察罪犯犯罪的性质和具体情节、社会危害程度、原判刑罚及生效裁判中财产性判项的履行情况、交付执行后的一贯表现等因素。

第三条　“确有悔改表现”是指同时具备以下条件：

（一）认罪悔罪；

（二）遵守法律法规及监规，接受教育改造；

（三）积极参加思想、文化、职业技术教育；

（四）积极参加劳动，努力完成劳动任务。

对职务犯罪、破坏金融管理秩序和金融诈骗犯罪、组织（领导、参加、包庇、纵容）黑社会性质组织犯罪等罪犯，不积极退赃、协助追缴赃款赃物、赔偿损失，或者服刑期间利用个人影响力和社会关系等不正当手段意图获得减刑、假释的，不认定其“确有悔改表现”。

罪犯在刑罚执行期间的申诉权利应当依法保护，对其正当申诉不能不加分析地认为是不认罪悔罪。

第四条　具有下列情形之一的，可以认定为有“立功表现”：

（一）阻止他人实施犯罪活动的；

（二）检举、揭发监狱内外犯罪活动，或者提供重要的破案线索，经查证属实的；

（三）协助司法机关抓捕其他犯罪嫌疑人的；

（四）在生产、科研中进行技术革新，成绩突出的；

（五）在抗御自然灾害或者排除重大事故中，表现积极的；

（六）对国家和社会有其他较大贡献的。

第（四）项、第（六）项中的技术革新或者其他较大贡献应当由罪犯在刑罚执行期间独立或者为主完成，并经省级主管部门确认。

第五条 具有下列情形之一的，应当认定为有“重大立功表现”：

（一）阻止他人实施重大犯罪活动的；

（二）检举监狱内外重大犯罪活动，经查证属实的；

（三）协助司法机关抓捕其他重大犯罪嫌疑人的；

（四）有发明创造或者重大技术革新的；

（五）在日常生产、生活中舍己救人的；

（六）在抗御自然灾害或者排除重大事故中，有突出表现的；

（七）对国家和社会有其他重大贡献的。

第（四）项中的发明创造或者重大技术革新应当是罪犯在刑罚执行期间独立或者为主完成并经国家主管部门确认的发明专利，且不包括实用新型专利和外观设计专利；第（七）项中的其他重大贡献应当由罪犯在刑罚执行期间独立或者为主完成，并经国家主管部门确认。

第六条 被判处有期徒刑的罪犯减刑起始时间为：不满五年有期徒刑的，应当执行一年以上方可减刑；五年以上不满十年有期徒刑的，应当执行一年六个月以上方可减刑；十年以上有期徒刑的，应当执行二年以上方可减刑。有期徒刑减刑的起始时间自判决执行之日起计算。

确有悔改表现或者有立功表现的，一次减刑不超过九个月有期徒刑；确有悔改表现并有立功表现的，一次减刑不超过一年有期徒刑；有重大立功表现的，一次减刑不超过一年六个月有期徒刑；确有悔改表现并有重大立功表现的，一次减刑不超过二年有期徒刑。

被判处不满十年有期徒刑的罪犯，两次减刑间隔时间不得少于一年；被判处十年以上有期徒刑的罪犯，两次减刑间隔时间不得少于一年六个月。减刑间隔时间不得低于上次减刑减去的刑期。

罪犯有重大立功表现的，可以不受上述减刑起始时间和间隔时间的限制。

第七条 对符合减刑条件的职务犯罪罪犯，破坏金融管理秩序和金融诈骗犯罪罪犯，组织、领导、参加、包庇、纵容黑社会性质组织犯罪罪犯，危害国家安全犯罪罪犯，恐怖活动犯罪罪犯，毒品犯罪集团的首要分子及毒品再犯，累犯，确有履行能力而不履行或者不全部履行生效裁判中财产性判项的罪犯，被判处十年以下有期徒刑的，执行二年以上方可减刑，减刑幅度应当比照本规定第六条从严掌握，一次减刑不超过一年有期徒刑，两次减刑之间应当间隔一年以上。

对被判处十年以上有期徒刑的前款罪犯，以及因故意杀人、强奸、抢劫、绑架、放火、爆炸、投放危险物质或者有组织的暴力性犯罪被判处十年以上有期徒刑的罪犯，数罪并罚且其中两罪以上被判处十年以上有期徒刑的罪犯，执行二年以上方可减刑，减刑幅度应当比照本规定第六条从严掌握，一次减刑不超过一年有期徒刑，两次减刑之间应当间隔一年六个月以上。

罪犯有重大立功表现的，可以不受上述减刑起始时间和间隔时间的限制。

第八条 被判处无期徒刑的罪犯在刑罚执行期间，符合减刑条件的，执行二年以上，可以减刑。减刑幅度为：确有悔改表现或者有立功表现的，可以减为二十二年有期徒刑；确有悔改表现并有立功表现的，可以减为二十一年以上二十二年以下有期徒刑；有重大立功表现的，可以减为二十年以上二十一年以下有期徒刑；确有悔改表现并有重大立功表现的，可以减为十九年以上二十年以下有期徒刑。无期徒刑罪犯减为有期徒刑后再减刑时，减刑幅度依照本规定第六条的规定执行。两次减刑间隔时间不得少于二年。

罪犯有重大立功表现的，可以不受上述减刑起始时间和间隔时间的限制。

第九条 对被判处无期徒刑的职务犯罪罪犯，破坏金融管理秩序和金融诈骗犯罪罪犯，组织、领导、参加、包庇、纵容黑社会性质组织犯罪罪犯，危害国家安全犯罪罪犯，恐怖活动犯罪罪犯，毒品犯罪集团的首要分子及毒品再犯，累犯以及因故意杀人、强奸、抢劫、绑架、放火、爆炸、投放危险物质或者有组织的暴力性犯罪的罪犯，确有履行能力而不履行或者不全部履行生效裁判中财产性判项的罪犯，数罪并罚被判处无期徒刑的罪犯，符合减刑条件的，执行三年以上方可减刑，减刑幅度应当比照本规定第八条从严掌握，减刑后的刑期最低不得少于二十年有期徒刑；减为有期徒刑后再减刑时，减刑幅度比照本规定第六条从严掌握，一次不超过一年有期徒刑，两次减刑之间应当间隔二年以上。

罪犯有重大立功表现的，可以不受上述减刑起始时间和间隔时间的限制。

第十条 被判处死刑缓期执行的罪犯减为无期徒刑后，符合减刑条件的，执行三年以上方可减刑。减刑幅度为：确有悔改表现或者有立功表现的，可以减为二十五年有期徒刑；确有悔改表现并有立功表现的，可以减为二十四年以上二十五年以下有期徒刑；有重大立功表现的，可以减为二十三年以上二十四年以下有期徒刑；确有悔改表现并有重大立功表现的，可以减为二十二年以上二十三年以下有期徒刑。

被判处死刑缓期执行的罪犯减为有期徒刑后再减刑时，比照本规定第八条的规定办理。

第十一条 对被判处死刑缓期执行的职务犯罪罪犯，破坏金融管理秩序和金融诈骗犯罪罪犯，组织、领导、参加、包庇、纵容黑社会性质组织犯罪罪犯，危害国家安全犯罪罪犯，恐怖活动犯罪罪犯，毒品犯罪集团的首要分子及毒品再犯，累犯以及因故意杀人、强奸、抢劫、绑架、放火、爆炸、投放危险物质或者有组织的暴力性犯罪的罪犯，确有履行能力而不履行或者不全部履行生效裁判中财产性判项的罪犯，数罪并罚被判处死刑缓期执行的罪犯，减为无期徒刑后，符合减刑条件的，执行三年以上方可减刑，一般减为二十五年有期徒刑，有立功表现或者重大立功表现的，可以比照本规定第十条减为二十三年以上二十五年以下有期徒刑；减为有期徒刑后再减刑时，减刑幅度比照本规定第六条从严掌握，一次不超过一年有期徒刑，两次减刑之间应当间隔二年以上。

第十二条 被判处死刑缓期执行的罪犯经过一次或者几次减刑后，其实际执行的刑期不得少于十五年，死刑缓期执行期间不包括在内。

死刑缓期执行罪犯在缓期执行期间不服从监管、抗拒改造，尚未构成犯罪的，在减为无期徒刑后再减刑时应当适当从严。

第十三条 被限制减刑的死刑缓期执行罪犯，减为无期徒刑后，符合减刑条件的，执行五年以上方可减刑。减刑间隔时间和减刑幅度依照本规定第十一条的规定执行。

第十四条 被限制减刑的死刑缓期执行罪犯，减为有期徒刑后再减刑时，一次减刑不超过六个月有期徒刑，两次减刑间隔时间不得少于二年。有重大立功表现的，间隔时间可以适当缩短，但一次减刑不超过一年有期徒刑。

第十五条 对被判处终身监禁的罪犯，在死刑缓期执行期满依法减为无期徒刑的裁定中，应当明确终身监禁，不得再减刑或者假释。

第十六条 被判处管制、拘役的罪犯，以及判决生效后剩余刑期不满二年有期徒刑的罪犯，符合减刑条件的，可以酌情减刑，减刑起始时间可以适当缩短，但实际执行的刑期不得少于原判刑期的二分之一。

第十七条 被判处有期徒刑罪犯减刑时，对附加剥夺政治权利的期限可以酌减。酌减后剥夺政治权利的期限，不得少于一年。

被判处死刑缓期执行、无期徒刑的罪犯减为有期徒刑时，应当将附加剥夺政治权利的期限减为七年以上十年以下，经过一次或者几次减刑后，最终剥夺政治权利的期限不得少于三年。

第十八条 被判处拘役或者三年以下有期徒刑，并宣告缓刑的罪犯，一般不适用减刑。

前款规定的罪犯在缓刑考验期内有重大立功表现的，可以参照刑法第七十八条的规定予以减刑，同时应当依法缩减其缓刑考验期。缩减后，拘役的缓刑考验期限不得少于二个月，有期徒刑的缓刑考验期限不得少于一年。

第十九条 对在报请减刑前的服刑期间不满十八周岁，且所犯罪行不属于刑法第八十一条第二款规定情形的罪犯，认罪悔罪，遵守法律法规及监规，积极参加学习、劳动，应当视为确有悔改表现。

对上述罪犯减刑时，减刑幅度可以适当放宽，或者减刑起始时间、间隔时间可以适当缩短，但放宽的幅度和缩短的时间不得超过本规定中相应幅度、时间的三分之一。

第二十条 老年罪犯、患严重疾病罪犯或者身体残疾罪犯减刑时，应当主要考察其认罪悔罪的实际表现。

对基本丧失劳动能力，生活难以自理的上述罪犯减刑时，减刑幅度可以适当放宽，或者减刑起始时间、间隔时间可以适当缩短，但放宽的幅度和缩短的时间不得超过本规定中相应幅度、时间的三分之一。

第二十一条 被判处有期徒刑、无期徒刑的罪犯在刑罚执行期间又故意犯罪，新罪被判处有期徒刑的，自新罪判决确定之日起三年内不予减刑；新罪被判处无期徒刑的，自新罪判决确定之日起四年内不予减刑。

罪犯在死刑缓期执行期间又故意犯罪，未被执行死刑的，死刑缓期执行的期间重新计算，减为无期徒刑后，五年内不予减刑。

被判处死刑缓期执行罪犯减刑后，在刑罚执行期间又故意犯罪的，依照第一款规定处理。

第二十二条 办理假释案件，认定“没有再犯罪的危险”，除符合刑法第八十一条规定的情形外，还应当根据犯罪的具体情节、原判刑罚情况，在刑罚执行中的一贯表现，罪犯的年龄、身体状况、性格特征，假释后生活来源以及监管条件等因素综合考虑。

第二十三条 被判处有期徒刑的罪犯假释时，执行原判刑期二分之一的时间，应当从判决执行之日起计算，判决执行以前先行羁押的，羁押一日折抵刑期一日。

被判处无期徒刑的罪犯假释时，刑法中关于实际执行刑期不得少于十三年的时间，应当从判决生效之日起计算。判决生效以前先行羁押的时间不予折抵。

被判处死刑缓期执行的罪犯减为无期徒刑或者有期徒刑后，实际执行十五年以上，方可假释，该实际执行时间应当从死刑缓期执行期满之日起计算。死刑缓期执行期间不包括在内，判决确定以前先行羁押的时间不予折抵。

第二十四条 刑法第八十一条第一款规定的“特殊情况”，是指有国家政治、国防、外交等方面特殊需要的情况。

第二十五条 对累犯以及因故意杀人、强奸、抢劫、绑架、放火、爆炸、投放危险物质或者有组织的暴力性犯罪被判处十年以上有期徒刑、无期徒刑的罪犯，不得假释。

因前款情形和犯罪被判处死刑缓期执行的罪犯，被减为无期徒刑、有期徒刑后，也不得假释。

第二十六条 对下列罪犯适用假释时可以依法从宽掌握：

（一）过失犯罪的罪犯、中止犯罪的罪犯、被胁迫参加犯罪的罪犯；

（二）因防卫过当或者紧急避险过当而被判处有期徒刑以上刑罚的

罪犯；

（三）犯罪时未满十八周岁的罪犯；

（四）基本丧失劳动能力、生活难以自理，假释后生活确有着落的老年罪犯、患严重疾病罪犯或者身体残疾罪犯；

（五）服刑期间改造表现特别突出的罪犯；

（六）具有其他可以从宽假释情形的罪犯。

罪犯既符合法定减刑条件，又符合法定假释条件的，可以优先适用假释。

第二十七条 对于生效裁判中有财产性判项，罪犯确有履行能力而不履行或者不全部履行的，不予假释。

第二十八条 罪犯减刑后又假释的，间隔时间不得少于一年；对一次减去一年以上有期徒刑后，决定假释的，间隔时间不得少于一年六个月。

罪犯减刑后余刑不足二年，决定假释的，可以适当缩短间隔时间。

第二十九条 罪犯在假释考验期内违反法律、行政法规或者国务院有关部门关于假释的监督管理规定的，作出假释裁定的人民法院，应当在收到报请机关或者检察机关撤销假释建议书后及时审查，作出是否撤销假释的裁定，并送达报请机关，同时抄送人民检察院、公安机关和原刑罚执行机关。

罪犯在逃的，撤销假释裁定书可以作为对罪犯进行追捕的依据。

第三十条 依照刑法第八十六条规定被撤销假释的罪犯，一般不得再假释。但依照该条第二款被撤销假释的罪犯，如果罪犯对漏罪曾作如实供述但原判未予认定，或者漏罪系其自首，符合假释条件的，可以再假释。

被撤销假释的罪犯，收监后符合减刑条件的，可以减刑，但减刑起始时间自收监之日起计算。

第三十一条 年满八十周岁、身患疾病或者生活难以自理、没有再犯罪危险的罪犯，既符合减刑条件，又符合假释条件的，优先适用假释；不符合假释条件的，参照本规定第二十条有关的规定从宽处理。

第三十二条 人民法院按照审判监督程序重新审理的案件，裁定维持原判决、裁定的，原减刑、假释裁定继续有效。

再审裁判改变原判决、裁定的，原减刑、假释裁定自动失效，执行机关应当及时报请有管辖权的人民法院重新作出是否减刑、假释的裁定。重新作出减刑裁定时，不受本规定有关减刑起始时间、间隔时间和减刑幅度的限制。重新裁定时应综合考虑各方面因素，减刑幅度不得超过原裁定减去的刑期总和。

再审改判为死刑缓期执行或者无期徒刑的，在新判决减为有期徒刑之时，原判决已经实际执行的刑期一并扣减。

再审裁判宣告无罪的，原减刑、假释裁定自动失效。

第三十三条 罪犯被裁定减刑后，刑罚执行期间因故意犯罪而数罪并罚时，经减刑裁定减去的刑期不计入已经执行的刑期。原判死刑缓期执行减为无期徒刑、有期徒刑，或者无期徒刑减为有期徒刑的裁定继续有效。

第三十四条 罪犯被裁定减刑后，刑罚执行期间因发现漏罪而数罪并罚的，原减刑裁定自动失效。如漏罪系罪犯主动交代的，对其原减去的刑期，由执行机关报请有管辖权的人民法院重新作出减刑裁定，予以确认；如漏罪系有关机关发现或者他人检举揭发的，由执行机关报请有管辖权的人民法院，在原减刑裁定减去的刑期总和之内，酌情重新裁定。

第三十五条 被判处死刑缓期执行的罪犯，在死刑缓期执行期内被发现漏罪，依据刑法第七十条规定数罪并罚，决定执行死刑缓期执行的，死刑缓期执行期间自新判决确定之日起计算，已经执行的死刑缓期执行期间计入新判决的死刑缓期执行期间内，但漏罪被判处死刑缓期执行的除外。

第三十六条 被判处死刑缓期执行的罪犯，在死刑缓期执行期满后被发现漏罪，依据刑法第七十条规定数罪并罚，决定执行死刑缓期执行的，交付执行时对罪犯实际执行无期徒刑，死缓考验期不再执行，但漏罪被判处死刑缓期执行的除外。

在无期徒刑减为有期徒刑时，前罪死刑缓期执行减为无期徒刑之日起至新判决生效之日止已经实际执行的刑期，应当计算在减刑裁定决定执行的刑期以内。

原减刑裁定减去的刑期依照本规定第三十四条处理。

第三十七条 被判处无期徒刑的罪犯在减为有期徒刑后因发现漏罪，依据刑法第七十条规定数罪并罚，决定执行无期徒刑的，前罪无期徒刑生效之日起至新判决生效之日止已经实际执行的刑期，应当在新判决的无期徒刑减为有期徒刑时，在减刑裁定决定执行的刑期内扣减。

无期徒刑罪犯减为有期徒刑后因发现漏罪判处三年有期徒刑以下刑

罚，数罪并罚决定执行无期徒刑的，在新判决生效后执行一年以上，符合减刑条件的，可以减为有期徒刑，减刑幅度依照本规定第八条、第九条的规定执行。

原减刑裁定减去的刑期依照本规定第三十四条处理。

第三十八条 人民法院作出的刑事判决、裁定发生法律效力后，在依照刑事诉讼法第二百五十三条、第二百五十四条的规定将罪犯交付执行刑罚时，如果生效裁判中有财产性判项，人民法院应当将反映财产性判项执行、履行情况的有关材料一并随案移送刑罚执行机关。罪犯在服刑期间本人履行或者其亲属代为履行生效裁判中财产性判项的，应当及时向刑罚执行机关报告。刑罚执行机关报请减刑时应随案移送以上材料。

人民法院办理减刑、假释案件时，可以向原一审人民法院核实罪犯履行财产性判项的情况。原一审人民法院应当出具相关证明。

刑罚执行期间，负责办理减刑、假释案件的人民法院可以协助原一审人民法院执行生效裁判中的财产性判项。

第三十九条 本规定所称"老年罪犯"，是指报请减刑、假释时年满六十五周岁的罪犯。

本规定所称"患严重疾病罪犯"，是指因患有重病，久治不愈，而不能正常生活、学习、劳动的罪犯。

本规定所称"身体残疾罪犯"，是指因身体有肢体或者器官残缺、功能不全或者丧失功能，而基本丧失生活、学习、劳动能力的罪犯，但是罪犯犯罪后自伤致残的除外。

对刑罚执行机关提供的证明罪犯患有严重疾病或者有身体残疾的证明文件，人民法院应当审查，必要时可以委托有关单位重新诊断、鉴定。

第四十条 本规定所称"判决执行之日"，是指罪犯实际送交刑罚执行机关之日。

本规定所称"减刑间隔时间"，是指前一次减刑裁定送达之日起至本次减刑报请之日止的期间。

第四十一条 本规定所称"财产性判项"是指判决罪犯承担的附带民事赔偿义务判项，以及追缴、责令退赔、罚金、没收财产等判项。

第四十二条 本规定自2017年1月1日起施行。以前发布的司法解释与本规定不一致的，以本规定为准。

人民检察院办理减刑、假释案件规定

（2014年8月1日 高检发监字〔2014〕8号）

第一条 为了进一步加强和规范减刑、假释法律监督工作，确保刑罚变更执行合法、公正，根据《中华人民共和国刑法》、《中华人民共和国刑事诉讼法》和《中华人民共和国监狱法》等有关规定，结合检察工作实际，制定本规定。

第二条 人民检察院依法对减刑、假释案件的提请、审理、裁定等活动是否合法实行法律监督。

第三条 人民检察院办理减刑、假释案件，应当按照下列情形分别处理：

（一）对减刑、假释案件提请活动的监督，由对执行机关承担检察职责的人民检察院负责；

（二）对减刑、假释案件审理、裁定活动的监督，由人民法院的同级人民检察院负责；同级人民检察院对执行机关不承担检察职责的，可以根据需要指定对执行机关承担检察职责的人民检察院派员出席法庭；下级人民检察院发现减刑、假释裁定不当的，应当及时向作出减刑、假释裁定的人民法院的同级人民检察院报告。

第四条 人民检察院办理减刑、假释案件，依照规定实行统一案件管理和办案责任制。

第五条 人民检察院收到执行机关移送的下列减刑、假释案件材料后，应当及时进行审查：

（一）执行机关拟提请减刑、假释意见；

（二）终审法院裁判文书、执行通知书、历次减刑裁定书；

（三）罪犯确有悔改表现、立功表现或者重大立功表现的证明材料；

（四）罪犯评审鉴定表、奖惩审批表；

（五）其他应当审查的案件材料。

对拟提请假释案件，还应当审查社区矫正机构或者基层组织关于罪犯假释后对所居住社区影响的调查评估报告。

第六条 具有下列情形之一的，人民检察院应当进行调查核实：

（一）拟提请减刑、假释罪犯系职务犯罪罪犯，破坏金融管理秩序和金融诈骗犯罪罪犯，黑社会性质组织犯罪罪犯，严重暴力恐怖犯罪罪犯，或者其他在社会上有重大影响、社会关注度高的罪犯；

（二）因罪犯有立功表现或者重大立功表现拟提请减刑的；

（三）拟提请减刑、假释罪犯的减刑幅度大、假释考验期长、起始时间早、间隔时间短或者实际执行刑期短的；

（四）拟提请减刑、假释罪犯的考核计分高、专项奖励多或者鉴定材料、奖惩记录有疑点的；

（五）收到控告、举报的；

（六）其他应当进行调查核实的。

第七条 人民检察院可以采取调阅复制有关材料、重新组织诊断鉴别、进行文证鉴定、召开座谈会、个别询问等方式，对下列情况进行调查核实：

（一）拟提请减刑、假释罪犯在服刑期间的表现情况；

（二）拟提请减刑、假释罪犯的财产刑执行、附带民事裁判履行、退赃退赔等情况；

（三）拟提请减刑罪犯的立功表现、重大立功表现是否属实，发明创造、技术革新是否系罪犯在服刑期间独立完成并经有关主管机关确认；

（四）拟提请假释罪犯的身体状况、性格特征、假释后生活来源和监管条件等影响再犯罪的因素；

（五）其他应当进行调查核实的情况。

第八条 人民检察院可以派员列席执行机关提请减刑、假释评审会议，了解案件有关情况，根据需要发表意见。

第九条 人民检察院发现罪犯符合减刑、假释条件，但是执行机关未提请减刑、假释的，可以建议执行机关提请减刑、假释。

第十条 人民检察院收到执行机关抄送的减刑、假释建议书副本后，应当逐案进行审查，可以向人民法院提出书面意见。发现减刑、假释建议不当或者提请减刑、假释违反法定程序的，应当在收到建议书副本后十日以内，依法向审理减刑、假释案件的人民法院提出书面意见，同时将检察意见书副本抄送执行机关。案情复杂或者情况特殊的，可以延长十日。

第十一条 人民法院开庭审理减刑、假释案件的，人民检察院应当指派检察人员出席法庭，发表检察意见，并对法庭审理活动是否合法进行监督。

第十二条 出席法庭的检察人员不得少于二人，其中至少一人具有检察官职务。

第十三条 检察人员应当在庭审前做好下列准备工作：

（一）全面熟悉案情，掌握证据情况，拟定法庭调查提纲和出庭意见；

（二）对执行机关提请减刑、假释有异议的案件，应当收集相关证据，可以建议人民法院通知相关证人出庭作证。

第十四条 庭审开始后，在执行机关代表宣读减刑、假释建议书并说明理由之后，检察人员应当发表检察意见。

第十五条 庭审过程中，检察人员对执行机关提请减刑、假释有疑问的，经审判长许可，可以出示证据，申请证人出庭作证，要求执行机关代表出示证据或者作出说明，向被提请减刑、假释的罪犯及证人提问并发表意见。

第十六条 法庭调查结束时，在被提请减刑、假释罪犯作最后陈述之前，经审判长许可，检察人员可以发表总结性意见。

第十七条 庭审过程中，检察人员认为需要进一步调查核实案件事实、证据，需要补充鉴定或者重新鉴定，或者需要通知新的证人到庭的，应当建议休庭。

第十八条 检察人员发现法庭审理活动违反法律规定的，应当在庭审后及时向本院检察长报告，依法向人民法院提出纠正意见。

第十九条 人民检察院收到人民法院减刑、假释裁定书副本后，应当及时审查下列内容：

（一）人民法院对罪犯裁定予以减刑、假释，以及起始时间、间隔时间、实际执行刑期、减刑幅度或者假释考验期是否符合有关规定；

（二）人民法院对罪犯裁定不予减刑、假释是否符合有关规定；

（三）人民法院审理、裁定减刑、假释的程序是否合法；

（四）按照有关规定应当开庭审理的减刑、假释案件，人民法院是否开庭审理；

（五）人民法院减刑、假释裁定书是否依法送达执行并向社会公布。

第二十条 人民检察院经审查认为人民法院减刑、假释裁定不当的，应当在收到裁定书副本后二十日以内，依法向作出减刑、假释裁定的人民法院提出书面纠正意见。

第二十一条 人民检察院对人民法院减刑、假释裁定提出纠正意见的，应当监督人民法院在收到纠正意见后一个月以内重新组成合议庭进行审理并作出最终裁定。

第二十二条 人民检察院发现人民法院已经生效的减刑、假释裁定确有错误的，应当向人民法院提出书面纠正意见，提请人民法院按照审判监督程序依法另行组成合议庭重新审理并作出裁定。

第二十三条 人民检察院收到控告、举报或者发现司法工作人员在办理减刑、假释案件中涉嫌违法的，应当依法进行调查，并根据情况，向有关单位提出纠正违法意见，建议更换办案人，或者建议予以纪律处分；构成犯罪的，依法追究刑事责任。

第二十四条 人民检察院办理职务犯罪罪犯减刑、假释案件，按照有关规定实行备案审查。

第二十五条 本规定自发布之日起施行。最高人民检察院以前发布的有关规定与本规定不一致的，以本规定为准。

最高人民法院关于死刑缓期执行限制减刑案件审理程序若干问题的规定

（2011年4月20日最高人民法院审判委员会第1519次会议通过 2011年4月25日最高人民法院公告公布 自2011年5月1日起施行 法释〔2011〕8号）

为正确适用《中华人民共和国刑法修正案（八）》关于死刑缓期执行限制减刑的规定，根据刑事诉讼法的有关规定，结合审判实践，现就相关案件审理程序的若干问题规定如下：

第一条 根据刑法第五十条第二款的规定，对被判处死刑缓期执行的累犯以及因故意杀人、强奸、抢劫、绑架、放火、爆炸、投放危险物质或者有组织的暴力性犯罪被判处死刑缓期执行的犯罪分子，人民法院根据犯罪情节、人身危险性等情况，可以在作出裁判的同时决定对其限制减刑。

第二条 被告人对第一审人民法院作出的限制减刑判决不服的，可以提出上诉。被告人的辩护人和近亲属，经被告人同意，也可以提出上诉。

第三条 高级人民法院审理或者复核判处死刑缓期执行并限制减刑的案件，认为原判对被告人判处死刑缓期执行适当，但判决限制减刑不当的，应当改判，撤销限制减刑。

第四条 高级人民法院审理判处死刑缓期执行没有限制减刑的上诉案件，认为原判事实清楚、证据充分，但应当限制减刑的，不得直接改判，也不得发回重新审判。确有必要限制减刑的，应当在第二审判决、裁定生效后，按照审判监督程序重新审判。

高级人民法院复核判处死刑缓期执行没有限制减刑的案件，认为应当限制减刑的，不得以提高审级等方式对被告人限制减刑。

第五条 高级人民法院审理判处死刑的第二审案件，对被告人改判死刑缓期执行的，如果符合刑法第五十条第二款的规定，可以同时决定对其限制减刑。

高级人民法院复核判处死刑后没有上诉、抗诉的案件，认为应当改判死刑缓期执行并限制减刑的，可以提审或者发回重新审判。

第六条 最高人民法院复核死刑案件，认为对被告人可以判处死刑缓期执行并限制减刑的，应当裁定不予核准，并撤销原判，发回重新审判。

一案中两名以上被告人被判处死刑，最高人民法院复核后，对其中部分被告人改判死刑缓期执行的，如果符合刑法第五十条第二款的规定，可以同时决定对其限制减刑。

第七条 人民法院对被判处死刑缓期执行的被告人所作的限制减刑决定，应当在判决书主文部分单独作为一项予以宣告。

第八条 死刑缓期执行限制减刑案件审理程序的其他事项，依照刑事诉讼法和有关司法解释的规定执行。

附　录

最高人民法院刑事司法解释及文件一览表

1997 年

1. 法释〔1997〕5 号：最高人民法院关于适用刑法时间效力规定若干问题的解释（1997 年 9 月 25 日）
2. 法释〔1997〕6 号：最高人民法院关于办理减刑、假释案件具体应用法律若干问题的规定（1997 年 10 月 29 日）（已废止）
3. 法释〔1997〕7 号：最高人民法院关于第二审人民法院审理死刑上诉案件被告人没有委托辩护人的是否应为其指定辩护人问题的批复（1997 年 11 月 12 日）（已废止）
4. 法释〔1997〕9 号：最高人民法院关于执行《中华人民共和国刑法》确定罪名的规定（1997 年 12 月 11 日）（已修改）
5. 法释〔1997〕11 号：最高人民法院关于对故意伤害、盗窃等严重破坏社会秩序的犯罪分子能否附加剥夺政治权利问题的批复（1997 年 12 月 31 日）
6. 法释〔1997〕12 号：最高人民法院关于适用刑法第十二条几个问题的解释（1997 年 12 月 31 日）

1998 年

7. 法释〔1998〕4 号：最高人民法院关于审理盗窃案件具体应用法律若干问题的解释（1998 年 3 月 10 日）（已废止）
8. 法释〔1998〕6 号：最高人民法院关于审理拒不执行判决、裁定案件具体应用法律若干问题的解释（1998 年 4 月 17 日）（已废止）
9. 法释〔1998〕7 号：最高人民法院关于在审理经济纠纷案件中涉及经

济犯罪嫌疑若干问题的规定（1998年4月21日）

10. 法释〔1998〕8号：最高人民法院关于处理自首和立功具体应用法律若干问题的解释（1998年4月6日）
11. 法释〔1998〕9号：最高人民法院关于审理挪用公款案件具体应用法律若干问题的解释（1998年4月29日）
12. 法释〔1998〕18号：最高人民法院关于对怀孕妇女在羁押期间自然流产审判时是否可以适用死刑问题的批复（1998年8月7日）
13. 法释〔1998〕20号：最高人民法院关于审理骗购外汇、非法买卖外汇刑事案件具体应用法律若干问题的解释（1998年8月28日）
14. 法释〔1998〕23号：最高人民法院关于执行《中华人民共和国刑事诉讼法》若干问题的解释（1998年9月2日）（已废止）
15. 法释〔1998〕30号：最高人民法院关于审理非法出版物刑事案件具体应用法律若干问题的解释（1998年12月17日）

1999年

16. 法释〔1999〕1号：最高人民法院关于人民法院决定暂予监外执行有关问题的批复（1999年1月15日）（已废止）
17. 法释〔1999〕2号：最高人民法院关于对在执行死刑前发现重大情况需要改判的案件如何适用程序问题的批复（1999年2月8日）（已废止）
18. 法释〔1999〕12号：最高人民法院关于村民小组组长利用职务便利非法占有公共财物行为如何定性问题的批复（1999年6月25日）
19. 法释〔1999〕14号：最高人民法院关于审理单位犯罪案件具体应用法律有关问题的解释（1999年6月25日）
20. 法释〔1999〕17号：最高人民法院关于审理倒卖车票刑事案件有关问题的解释（1999年9月6日）
21. 法释〔1999〕18号：最高人民法院、最高人民检察院关于办理组织和利用邪教组织犯罪案件具体应用法律若干问题的解释（1999年10月9日）（已废止）

2000年

22. 法释〔2000〕1号：最高人民法院关于审理拐卖妇女案件适用法律

有关问题的解释（2000 年 1 月 3 日）

23. 法释〔2000〕2 号：最高人民法院关于如何理解刑事诉讼法第二百一十三条中“交付执行的人民法院”问题的批复（2000 年 1 月 3 日）（已废止）

24. 法释〔2000〕4 号：最高人民法院关于审理强奸案件有关问题的解释（2000 年 2 月 16 日）（已废止）

25. 法释〔2000〕5 号：最高人民法院关于对受委托管理、经营国有财产人员挪用国有资金行为如何定罪问题的批复（2000 年 2 月 16 日）

26. 法释〔2000〕7 号：最高人民法院关于刑事裁判文书中刑期起止日期如何表述问题的批复（2000 年 2 月 29 日）

27. 法释〔2000〕10 号：最高人民法院关于农村合作基金会从业人员犯罪如何定性问题的批复（2000 年 5 月 8 日）（已废止）

28. 法释〔2000〕11 号：最高人民法院关于敲诈勒索罪数额认定标准问题的规定（2000 年 5 月 12 日）（已废止）

29. 法释〔2000〕12 号：最高人民法院关于审理扰乱电信市场管理秩序案件具体应用法律若干问题的解释（2000 年 5 月 12 日）

30. 法释〔2000〕13 号：最高人民法院关于审理毒品案件定罪量刑标准有关问题的解释（2000 年 6 月 6 日）（已废止）

31. 法释〔2000〕14 号：最高人民法院关于审理破坏土地资源刑事案件具体应用法律若干问题的解释（2000 年 6 月 19 日）

32. 法释〔2000〕15 号：最高人民法院关于审理贪污、职务侵占案件如何认定共同犯罪几个问题的解释（2000 年 6 月 30 日）

33. 法释〔2000〕19 号：最高人民法院关于对为索取法律不予保护的债务非法拘禁他人的行为如何定罪问题的解释（2000 年 7 月 13 日）

34. 法释〔2000〕21 号：最高人民法院关于国家工作人员利用职务上的便利为他人谋取利益离退休后收受财物行为如何处理问题的批复（2000 年 7 月 13 日）

35. 法释〔2000〕22 号：最高人民法院关于如何理解刑法第二百七十二条规定的“挪用本单位资金归个人使用或者借贷给他人”问题的批复（2000 年 7 月 20 日）

36. 法释〔2000〕26 号：最高人民法院关于审理伪造货币等案件具体应用法律若干问题的解释（2000 年 9 月 8 日）

37. 法释〔2000〕28 号：最高人民法院关于未被公安机关正式录用的人员狱医能否构成失职致使在押人员脱逃罪主体问题的批复（2000 年 9 月 19 日）（已废止）
38. 法释〔2000〕30 号：最高人民法院关于审理走私刑事案件具体应用法律若干问题的解释（2000 年 9 月 26 日）（已废止）
39. 法释〔2000〕31 号：最高人民法院关于审理单位犯罪案件对其直接负责的主管人员和其他直接责任人员是否区分主犯、从犯问题的批复（2000 年 9 月 30 日）
40. 法释〔2000〕33 号：最高人民法院关于审理交通肇事刑事案件具体应用法律若干问题的解释（2000 年 11 月 15 日）
41. 法释〔2000〕35 号：最高人民法院关于审理抢劫案件具体应用法律若干问题的解释（2000 年 11 月 22 日）
42. 法释〔2000〕36 号：最高人民法院关于审理破坏森林资源刑事案件具体应用法律若干问题的解释（2000 年 11 月 22 日）
43. 法释〔2000〕37 号：最高人民法院关于审理破坏野生动物资源刑事案件具体应用法律若干问题的解释（2000 年 11 月 27 日）
44. 法释〔2000〕39 号：最高人民法院、最高人民检察院关于对军人非战时逃离部队的行为能否定罪处罚问题的批复（2000 年 12 月 5 日）
45. 法释〔2000〕40 号：最高人民法院关于审理刑事附带民事诉讼案件有关问题的批复（2000 年 12 月 1 日）（已废止）
46. 法释〔2000〕41 号：最高人民法院关于对变造、倒卖变造邮票行为如何适用法律问题的解释（2000 年 12 月 5 日）
47. 法释〔2000〕42 号：最高人民法院关于审理黑社会性质组织犯罪的案件具体应用法律若干问题的解释（2000 年 12 月 5 日）
48. 法释〔2000〕45 号：最高人民法院关于适用财产刑若干问题的规定（2000 年 12 月 13 日）
49. 法释〔2000〕47 号：最高人民法院关于刑事附带民事诉讼范围问题的规定（2000 年 12 月 13 日）（已废止）

2001 年

50. 法释〔2001〕4 号：最高人民法院关于审理为境外窃取、刺探、收买、非法提供国家秘密、情报案件具体应用法律若干问题的解释

（2001年1月17日）

51. 法释〔2001〕9号：最高人民法院关于审理未成年人刑事案件的若干规定（2001年4月4日）（已废止）

52. 法释〔2001〕10号：最高人民法院、最高人民检察院关于办理生产、销售伪劣商品刑事案件具体应用法律若干问题的解释（2001年4月9日）

53. 法释〔2001〕11号：最高人民法院关于情节严重的传销或者变相传销行为如何定性问题的批复（2001年4月10日）（已废止）

54. 法释〔2001〕15号：最高人民法院关于审理非法制造、买卖、运输枪支、弹药、爆炸物等刑事案件具体应用法律若干问题的解释（2001年5月15日　2009年11月16日修正）

55. 法释〔2001〕16号：最高人民法院关于抢劫过程中故意杀人案件如何定罪问题的批复（2001年5月23日）

56. 法释〔2001〕17号：最高人民法院关于在国有资本控股、参股的股份有限公司中从事管理工作的人员利用职务便利非法占有本公司财物如何定罪问题的批复（2001年5月23日）

57. 法释〔2001〕19号：最高人民法院、最高人民检察院关于办理组织和利用邪教组织犯罪案件具体应用法律若干问题的解释（二）（2001年6月4日）（已废止）

58. 法释〔2001〕22号：最高人民法院、最高人民检察院关于办理伪造、贩卖伪造的高等院校学历、学位证明刑事案件如何适用法律问题的解释（2001年7月3日）

59. 法释〔2001〕29号：最高人民法院关于如何认定挪用公款归个人使用有关问题的解释（2001年10月17日）（已废止）

60. 法释〔2001〕31号：最高人民法院关于刑事再审案件开庭审理程序的具体规定（试行）（2001年12月26日）

2002年

61. 法释〔2002〕3号：最高人民法院关于审理组织、运送他人偷越国（边）境等刑事案件适用法律若干问题的解释（2002年1月30日）（已废止）

62. 法释〔2002〕7号：最高人民法院、最高人民检察院关于执行《中

华人民共和国刑法》确定罪名的补充规定（2002 年 3 月 15 日）
63. 法释〔2002〕9 号：最高人民法院关于审理非法生产、买卖武装部队车辆号牌等刑事案件具体应用法律若干问题的解释（2002 年 4 月 10 日）（已废止）
64. 法释〔2002〕10 号：最高人民法院关于对采用破坏性手段盗窃正在使用的油田输油管道中油品的行为如何适用法律问题的批复（2002 年 4 月 10 日）（已废止）
65. 法释〔2002〕11 号：最高人民法院关于撤销缓刑时罪犯在宣告缓刑前羁押的时间能否折抵刑期问题的批复（2002 年 4 月 10 日）
66. 法释〔2002〕17 号：最高人民法院关于人民法院是否受理刑事案件被害人提起精神损害赔偿民事诉讼问题的批复（2002 年 7 月 15 日）（已废止）
67. 法释〔2002〕18 号：最高人民法院关于审理抢夺刑事案件具体应用法律若干问题的解释（2002 年 7 月 16 日）（已废止）
68. 法释〔2002〕26 号：最高人民法院、最高人民检察院关于办理非法生产、销售、使用禁止在饲料和动物饮用水中使用的药品等刑事案件具体应用法律若干问题的解释（2002 年 8 月 16 日）
69. 法释〔2002〕30 号：最高人民法院关于审理骗取出口退税刑事案件具体应用法律若干问题的解释（2002 年 9 月 17 日）
70. 法释〔2002〕33 号：最高人民法院关于审理偷税抗税刑事案件具体应用法律若干问题的解释（2002 年 11 月 5 日）
71. 法释〔2002〕34 号：最高人民法院关于死刑缓期执行的期间如何确定问题的批复（2002 年 11 月 5 日）（已废止）

2003 年

72. 法释〔2003〕4 号：最高人民法院关于行为人不明知是不满十四周岁的幼女双方自愿发生性关系是否构成强奸罪问题的批复（2003 年 1 月 17 日）（已废止）
73. 法释〔2003〕8 号：最高人民法院、最高人民检察院关于办理妨害预防、控制突发传染病疫情等灾害的刑事案件具体应用法律若干问题的解释（2003 年 5 月 14 日）
74. 法释〔2003〕9 号：最高人民法院关于审理非法采矿、破坏性采矿刑

事案件具体应用法律若干问题的解释（2003 年 5 月 29 日）（已废止）
75. 法释〔2003〕12 号：最高人民法院、最高人民检察院关于执行《中华人民共和国刑法》确定罪名的补充规定（二）（2003 年 8 月 15 日）
76. 法释〔2003〕14 号：最高人民法院、最高人民检察院关于办理非法制造、买卖、运输、储存毒鼠强等禁用剧毒化学品刑事案件具体应用法律若干问题的解释（2003 年 9 月 4 日）
77. 法释〔2003〕16 号：最高人民法院关于挪用公款犯罪如何计算追诉期限问题的批复（2003 年 9 月 22 日）

2004 年

78. 法释〔2004〕2 号：最高人民法院关于被告人对行为性质的辩解是否影响自首成立问题的批复（2004 年 3 月 26 日）
79. 法释〔2004〕3 号：最高人民法院关于在林木采伐许可证规定的地点以外采伐本单位或者本人所有的森林或者其他林木的行为如何适用法律问题的批复（2004 年 3 月 26 日）
80. 法释〔2004〕7 号：最高人民法院关于刑事案件终审判决和裁定何时发生法律效力问题的批复（2004 年 7 月 26 日）
81. 法释〔2004〕11 号：最高人民法院、最高人民检察院关于办理利用互联网、移动通讯终端、声讯台制作、复制、出版、贩卖、传播淫秽电子信息刑事案件具体应用法律若干问题的解释（一）（2004 年 9 月 3 日）
82. 法释〔2004〕19 号：最高人民法院、最高人民检察院关于办理侵犯知识产权刑事案件具体应用法律若干问题的解释（2004 年 12 月 8 日）
83. 法释〔2004〕21 号：最高人民法院关于审理破坏公用电信设施刑事案件具体应用法律若干问题的解释（2004 年 12 月 30 日）

2005 年

84. 法释〔2005〕3 号：最高人民法院、最高人民检察院关于办理赌博刑事案件具体应用法律若干问题的解释（2005 年 5 月 11 日）
85. 法释〔2005〕10 号：最高人民法院关于如何认定国有控股、参股股份有限公司中的国有公司、企业人员的解释（2005 年 8 月 1 日）

86. 法释〔2005〕12 号：最高人民法院、最高人民检察院关于办理侵犯著作权刑事案件中涉及录音录像制品有关问题的批复（2005 年 10 月 13 日）
87. 法释〔2005〕15 号：最高人民法院关于审理破坏林地资源刑事案件具体应用法律若干问题的解释（2005 年 12 月 26 日）

2006 年

88. 法释〔2006〕1 号：最高人民法院关于审理未成年人刑事案件具体应用法律若干问题的解释（2006 年 1 月 11 日）
89. 法释〔2006〕4 号：最高人民法院关于审理环境污染刑事案件具体应用法律若干问题的解释（2006 年 7 月 21 日）（已废止）
90. 法释〔2006〕8 号：最高人民法院、最高人民检察院关于死刑第二审案件开庭审理程序若干问题的规定（试行）（2006 年 9 月 21 日）（已废止）
91. 法释〔2006〕9 号：最高人民法院关于审理走私刑事案件具体应用法律若干问题的解释（二）（2006 年 11 月 14 日）（已废止）
92. 法释〔2006〕12 号：最高人民法院关于统一行使死刑案件核准权有关问题的决定（2006 年 12 月 28 日）

2007 年

93. 法释〔2007〕3 号：最高人民法院、最高人民检察院关于办理盗窃油气、破坏油气设备等刑事案件具体应用法律若干问题的解释（2007 年 1 月 15 日）
94. 法释〔2007〕4 号：最高人民法院关于复核死刑案件若干问题的规定（2007 年 2 月 27 日）（已废止）
95. 法释〔2007〕5 号：最高人民法院、最高人民检察院关于办理危害矿山生产安全刑事案件具体应用法律若干问题的解释（2007 年 2 月 28 日）（已废止）
96. 法释〔2007〕6 号：最高人民法院、最高人民检察院关于办理侵犯知识产权刑事案件具体应用法律若干问题的解释（二）（2007 年 4 月 5 日）
97. 法释〔2007〕7 号：最高人民法院关于在裁判文书中如何引用刑法

修正案的批复（2007年4月11日）（已废止）

98. 法释〔2007〕11号：最高人民法院、最高人民检察院关于办理与盗窃、抢劫、诈骗、抢夺机动车相关刑事案件具体应用法律若干问题的解释（2007年5月9日）

99. 法释〔2007〕13号：最高人民法院关于审理危害军事通信刑事案件具体应用法律若干问题的解释（2007年6月26日）

100. 法释〔2007〕15号：最高人民法院关于审理破坏电力设备刑事案件具体应用法律若干问题的解释（2007年8月15日）

101. 法释〔2007〕16号：最高人民法院、最高人民检察院关于执行《中华人民共和国刑法》确定罪名的补充规定（三）（2007年10月25日）

2008年

102. 法释〔2008〕5号：最高人民法院关于审理非法行医刑事案件具体应用法律若干问题的解释（2008年4月29日　2016年12月16日修正）

103. 法释〔2008〕8号：最高人民法院关于刑事第二审判决改变第一审判决认定的罪名后能否加重附加刑的批复（2008年6月6日）（已废止）

104. 法释〔2008〕12号：最高人民法院、最高人民检察院关于办理非法采供血液等刑事案件具体应用法律若干问题的解释（2008年9月22日）

105. 法释〔2008〕16号：最高人民法院关于适用停止执行死刑程序有关问题的规定（2008年12月15日）（已废止）

2009年

106. 法释〔2009〕9号：最高人民法院、最高人民检察院关于办理生产、销售假药、劣药刑事案件具体应用法律若干问题的解释（2009年5月13日）（已废止）

107. 法释〔2009〕10号：最高人民法院关于在执行附加刑剥夺政治权利期间犯新罪应如何处理的批复（2009年5月25日）

108. 法释〔2009〕13号：最高人民法院、最高人民检察院关于执行

《中华人民共和国刑法》确定罪名的补充规定（四）（2009 年 10 月 14 日）

109. 法释〔2009〕15 号：最高人民法院关于审理洗钱等刑事案件具体应用法律若干问题的解释（2009 年 11 月 4 日）
110. 法释〔2009〕18 号：最高人民法院关于修改《最高人民法院关于审理非法制造、买卖、运输枪支、弹药、爆炸物等刑事案件具体应用法律若干问题的解释》的决定（2009 年 11 月 16 日）
111. 法释〔2009〕19 号：最高人民法院、最高人民检察院关于办理妨害信用卡管理刑事案件具体应用法律若干问题的解释（2009 年 12 月 3 日）（已废止）

2010 年

112. 法释〔2010〕3 号：最高人民法院、最高人民检察院关于办理利用互联网、移动通讯终端、声讯台制作、复制、出版、贩卖、传播淫秽电子信息刑事案件具体应用法律若干问题的解释（二）（2010 年 2 月 2 日）
113. 法释〔2010〕4 号：最高人民法院关于财产刑执行问题的若干规定（2010 年 2 月 10 日）（已废止）
114. 法释〔2010〕6 号：最高人民法院关于对被判处死刑的被告人未提出上诉、共同犯罪的部分被告人或者附带民事诉讼原告人提出上诉的案件应适用何种程序审理的批复（2010 年 3 月 17 日）
115. 法释〔2010〕7 号：最高人民法院、最高人民检察院关于办理非法生产、销售烟草专卖品等刑事案件具体应用法律若干问题的解释（2010 年 3 月 2 日）
116. 法释〔2010〕10 号：最高人民法院、最高人民检察院关于对死刑判决提出上诉的被告人在上诉期满后宣判前提出撤回上诉人民法院是否准许的批复（2010 年 8 月 6 日）
117. 法释〔2010〕14 号：最高人民法院关于审理伪造货币等案件具体应用法律若干问题的解释（二）（2010 年 10 月 20 日）
118. 法释〔2010〕18 号：最高人民法院关于审理非法集资刑事案件具体应用法律若干问题的解释（2010 年 12 月 13 日）

2011 年

119. 法释〔2011〕7 号：最高人民法院、最高人民检察院关于办理诈骗刑事案件具体应用法律若干问题的解释（2011 年 3 月 1 日）
120. 法释〔2011〕8 号：最高人民法院关于死刑缓期执行限制减刑案件审理程序若干问题的规定（2011 年 4 月 25 日）
121. 法释〔2011〕9 号：最高人民法院关于《中华人民共和国刑法修正案（八）》时间效力问题的解释（2011 年 4 月 25 日）
122. 法释〔2011〕10 号：最高人民法院、最高人民检察院关于执行《中华人民共和国刑法》确定罪名的补充规定（五）（2011 年 4 月 27 日）
123. 法释〔2011〕13 号：最高人民法院关于审理破坏广播电视设施等刑事案件具体应用法律若干问题的解释（2011 年 6 月 7 日）
124. 法释〔2011〕16 号：最高人民法院、最高人民检察院关于办理妨害武装部队制式服装、车辆号牌管理秩序等刑事案件具体应用法律若干问题的解释（2011 年 7 月 20 日）
125. 法释〔2011〕19 号：最高人民法院、最高人民检察院关于办理危害计算机信息系统安全刑事案件应用法律若干问题的解释（2011 年 8 月 1 日）
126. 法释〔2011〕23 号：最高人民法院关于审理人民检察院按照审判监督程序提出的刑事抗诉案件若干问题的规定（2011 年 10 月 14 日）

2012 年

127. 法释〔2012〕2 号：最高人民法院关于办理减刑、假释案件具体应用法律若干问题的规定（2012 年 1 月 17 日）（已废止）
128. 法释〔2012〕6 号：最高人民法院、最高人民检察院关于办理内幕交易、泄露内幕信息刑事案件具体应用法律若干问题的解释（2012 年 3 月 29 日）
129. 法释〔2012〕7 号：最高人民法院关于在裁判文书中如何表述修正前后刑法条文的批复（2012 年 5 月 15 日）
130. 法释〔2012〕15 号：最高人民法院关于审理破坏草原资源刑事案件应用法律若干问题的解释（2012 年 11 月 2 日）

131. 法释〔2012〕17 号：最高人民法院、最高人民检察院关于办理妨害国（边）境管理刑事案件应用法律若干问题的解释（2012 年 12 月 12 日）
132. 法释〔2012〕18 号：最高人民法院、最高人民检察院关于办理渎职刑事案件适用法律若干问题的解释（一）（2012 年 12 月 7 日）
133. 法释〔2012〕20 号：最高人民法院关于审理侵害信息网络传播权民事纠纷案件适用法律若干问题的规定（2012 年 12 月 17 日）
134. 法释〔2012〕21 号：最高人民法院关于适用《中华人民共和国刑事诉讼法》的解释（2012 年 12 月 20 日）
135. 法释〔2012〕22 号：最高人民法院、最高人民检察院关于办理行贿刑事案件具体应用法律若干问题的解释（2012 年 12 月 26 日）

2013 年

136. 法释〔2013〕3 号：最高人民法院关于审理拒不支付劳动报酬刑事案件适用法律若干问题的解释（2013 年 1 月 16 日）
137. 法释〔2013〕8 号：最高人民法院、最高人民检察院关于办理盗窃刑事案件适用法律若干问题的解释（2013 年 4 月 2 日）
138. 法释〔2013〕10 号：最高人民法院、最高人民检察院关于办理敲诈勒索刑事案件适用法律若干问题的解释（2013 年 4 月 23 日）
139. 法释〔2013〕12 号：最高人民法院、最高人民检察院关于办理危害食品安全刑事案件适用法律若干问题的解释（2013 年 5 月 2 日）
140. 法释〔2013〕15 号：最高人民法院、最高人民检察院关于办理环境污染刑事案件适用法律若干问题的解释（2013 年 6 月 17 日）（已废止）
141. 法释〔2013〕18 号：最高人民法院、最高人民检察院关于办理寻衅滋事刑事案件适用法律若干问题的解释（2013 年 7 月 15 日）
142. 法释〔2013〕21 号：最高人民法院、最高人民检察院关于办理利用信息网络实施诽谤等刑事案件适用法律若干问题的解释（2013 年 9 月 6 日）
143. 法释〔2013〕24 号：最高人民法院关于审理编造、故意传播虚假恐怖信息刑事案件适用法律若干问题的解释（2013 年 9 月 18 日）
144. 法释〔2013〕25 号：最高人民法院、最高人民检察院关于办理抢夺刑事案件适用法律若干问题的解释（2013 年 11 月 11 日）

2014 年

145. 法释〔2014〕5 号：最高人民法院关于减刑、假释案件审理程序的规定（2014 年 4 月 23 日）
146. 法释〔2014〕10 号：最高人民法院、最高人民检察院关于办理走私刑事案件适用法律若干问题的解释（2014 年 8 月 12 日）
147. 法释〔2014〕13 号：最高人民法院关于刑事裁判涉财产部分执行的若干规定（2014 年 10 月 30 日）
148. 法释〔2014〕14 号：最高人民法院、最高人民检察院关于办理危害药品安全刑事案件适用法律若干问题的解释（2014 年 11 月 3 日）

2015 年

149. 法释〔2015〕11 号：最高人民法院关于审理掩饰、隐瞒犯罪所得、犯罪所得收益刑事案件适用法律若干问题的解释（2015 年 5 月 29 日）
150. 法释〔2015〕16 号：最高人民法院关于审理拒不执行判决、裁定刑事案件适用法律若干问题的解释（2015 年 7 月 20 日）
151. 法释〔2015〕19 号：最高人民法院关于《中华人民共和国刑法修正案（九）》时间效力问题的解释（2015 年 10 月 29 日）
152. 法释〔2015〕20 号：最高人民法院、最高人民检察院关于执行《中华人民共和国刑法》确定罪名的补充规定（六）（2015 年 10 月 30 日）
153. 法释〔2015〕22 号：最高人民法院、最高人民检察院关于办理危害生产安全刑事案件适用法律若干问题的解释（2015 年 12 月 14 日）
154. 法释〔2015〕23 号：最高人民法院、最高人民检察院关于办理妨害文物管理等刑事案件适用法律若干问题的解释（2015 年 12 月 30 日）
155. 法释〔2015〕24 号：最高人民法院、最高人民检察院关于办理刑事赔偿案件适用法律若干问题的解释（2015 年 12 月 28 日）

2016 年

156. 法释〔2016〕8 号：最高人民法院关于审理毒品犯罪案件适用法律若干问题的解释（2016 年 4 月 6 日）

157. 法释〔2016〕9 号：最高人民法院、最高人民检察院关于办理贪污贿赂刑事案件适用法律若干问题的解释（2016 年 4 月 18 日）
158. 法释〔2016〕11 号：最高人民法院关于人民法院办理接收在台湾地区服刑的大陆居民回大陆服刑案件的规定（2016 年 4 月 27 日）
159. 法释〔2016〕23 号：最高人民法院关于办理减刑、假释案件具体应用法律的规定（2016 年 11 月 14 日）
160. 法释〔2016〕25 号：最高人民法院、最高人民检察院关于办理非法采矿、破坏性采矿刑事案件适用法律若干问题的解释（2016 年 11 月 28 日）
161. 法释〔2016〕27 号：最高人民法院关于修改〈关于审理非法行医刑事案件具体应用法律若干问题的解释〉的决定：（2016 年 12 月 16 日）
162. 法释〔2016〕28 号：最高人民法院关于审理拐卖妇女儿童犯罪案件具体应用法律若干问题的解释（2016 年 12 月 21 日）
163. 法释〔2016〕29 号：最高人民法院、最高人民检察院关于办理环境污染刑事案件适用法律若干问题的解释（2016 年 12 月 23 日）

2017 年

164. 法释〔2017〕3 号：最高人民法院、最高人民检察院关于办理组织、利用邪教组织破坏法律实施等刑事案件适用法律若干问题的解释（2017 年 1 月 25 日）
165. 法释〔2017〕10 号：最高人民法院、最高人民检察院关于办理侵犯公民个人信息刑事案件适用法律若干问题的解释（2017 年 5 月 8 日）
166. 法释〔2017〕11 号：最高人民法院、最高人民检察院关于办理扰乱无线电通讯管理秩序等刑事案件适用法律若干问题的解释（2017 年 6 月 27 日）
167. 法释〔2017〕13 号：最高人民法院、最高人民检察院关于办理组织、强迫、引诱、容留、介绍卖淫刑事案件适用法律若干问题的解释（2017 年 7 月 21 日）
168. 法释〔2017〕15 号：最高人民法院、最高人民检察院关于办理药品、医疗器械注册申请材料造假刑事案件适用法律若干问题的解释

（2017 年 8 月 14 日）

169. 法释〔2017〕19 号：最高人民法院、最高人民检察院关于利用网络云盘制作、复制、贩卖、传播淫秽电子信息牟利行为定罪量刑问题的批复（2017 年 11 月 22 日）

2018 年

170. 法释〔2018〕8 号：最高人民法院、最高人民检察院关于涉以压缩气体为动力的枪支、气枪铅弹刑事案件定罪量刑问题的批复（2018 年 3 月 8 日）
171. 法释〔2018〕17 号：最高人民法院、最高人民检察院关于办理虚假诉讼刑事案件适用法律若干问题的解释（2018 年 9 月 26 日）
172. 法释〔2018〕19 号：最高人民法院、最高人民检察院关于办理妨害信用卡管理刑事案件具体应用法律若干问题的解释（2018 修正）（2018 年 11 月 28 日）

2019 年

173. 法释〔2019〕1 号：最高人民法院、最高人民检察院关于办理非法从事资金支付结算业务、非法买卖外汇刑事案件适用法律若干问题的解释（2019 年 1 月 31 日）
174. 法释〔2019〕6 号：最高人民法院关于办理减刑、假释案件具体应用法律的补充规定（2019 年 4 月 24 日）
175. 法释〔2019〕9 号：最高人民法院、最高人民检察院关于办理操纵证券、期货市场刑事案件适用法律若干问题的解释（2019 年 6 月 27 日）
176. 法释〔2019〕10 号：最高人民法院、最高人民检察院关于办理利用未公开信息交易刑事案件适用法律若干问题的解释（2019 年 4 月 28 日）
177. 法释〔2019〕13 号：最高人民法院、最高人民检察院关于办理组织考试作弊等刑事案件适用法律若干问题的解释（2019 年 9 月 2 日）
178. 法释〔2019〕15 号：最高人民法院、最高人民检察院关于办理非法利用信息网络、帮助信息网络犯罪活动等刑事案件适用法律若干问题的解释（2019 年 10 月 21 日）

179. 法释〔2019〕16 号：最高人民法院关于审理走私、非法经营、非法使用兴奋剂刑事案件适用法律若干问题的解释（2019 年 11 月 18 日）

2020 年

180. 法释〔2020〕2 号：最高人民法院、最高人民检察院关于适用《中华人民共和国刑法》第三百四十四条有关问题的批复（2020 年 3 月 19 日）
181. 法释〔2020〕10 号：最高人民法院、最高人民检察院关于办理侵犯知识产权刑事案件具体应用法律若干问题的解释（三）（2020 年 9 月 12 日）

最高人民检察院刑事司法解释及文件一览表

1. 高检发释字〔1997〕1号：人民检察院实施《中华人民共和国刑事诉讼法》规则（试行）（1997年1月15日）（已废止）
2. 高检发释字〔1997〕2号：最高人民检察院关于被判处徒刑宣告缓刑仍留原单位工作的罪犯在缓刑考验期内能否调动工作的批复（1997年1月20日）（已废止）
3. 高检发释字〔1997〕3号：最高人民检察院关于适用刑法分则规定的犯罪的罪名的意见（1997年12月25日　已被修改）
4. 高检发释字〔1997〕4号：最高人民检察院关于检察工作中具体适用修订刑法第十二条若干问题的通知（1997年10月6日）
5. 高检发释字〔1997〕5号：最高人民检察院关于挪用国库券如何定性问题的批复（1997年10月13日）
6. 高检发释字〔1997〕6号：最高人民检察院关于检察机关直接受理立案侦查案件中若干数额、数量标准的规定（试行）（1997年12月31日）（已废止）
7. 高检发释字〔1998〕1号：最高人民检察院关于人民检察院直接受理立案侦查案件范围的规定（1998年5月11日）（已废止）
8. 高检发释字〔1998〕2号：最高人民检察院关于对报请批准逮捕的案件可否侦查问题的批复（1998年5月12日）
9. 高检发释字〔1998〕3号：最高人民检察院关于"人民检察院发出《通知立案书》时，应当将有关证明应该立案的材料移送公安机关"问题的批复（1998年5月12日）
10. 高检发释字〔1998〕4号：最高人民检察院关于将公务用枪用作借债质押的行为如何适用法律问题的批复（1998年11月3日）
11. 高检发释字〔1998〕5号：最高人民检察院关于对服刑罪犯暂予监外执行期间在异地又犯罪应由何地检察院受理审查起诉问题的批复（1998年11月26日）

12. 高检发释字〔1998〕6 号：最高人民检察院关于对跨越修订刑法施行日期的继续犯罪、连续犯罪以及其他同种数罪应如何具体适用刑法问题的批复（1998 年 12 月 2 日）
13. 高检发释字〔1998〕7 号：最高人民检察院关于如何适用刑事诉讼法第二百二十二条的批复（1998 年 11 月 16 日）（已废止）
14. 高检发释字〔1999〕1 号：人民检察院刑事诉讼规则（1999 年 1 月 18 日）（已废止）
15. 高检发释字〔1999〕2 号：最高人民检察院关于人民检察院直接受理立案侦查案件立案标准的规定（试行）（1999 年 9 月 9 日）
16. 高检发释字〔2000〕1 号：最高人民检察院关于国家工作人员挪用非特定公物能否定罪的请示的批复（2000 年 3 月 15 日）
17. 高检发释字〔2000〕2 号：最高人民检察院关于以暴力威胁方法阻碍事业编制人员依法执行行政执法职务是否可对侵害人以妨害公务罪论处的批复（2000 年 4 月 24 日）
18. 高检发释字〔2000〕3 号：最高人民检察院关于擅自销售进料加工保税货物的行为法律适用问题的解释（2000 年 10 月 16 日）
19. 高检发释字〔2001〕1 号：最高人民法院、最高人民检察院关于适用《关于办理人民法院人民检察院共同赔偿案件若干问题的解释》有关问题的答复（2001 年 2 月 1 日）（已废止）
20. 高检发释字〔2001〕2 号：最高人民检察院关于工人等非监管机关在编监管人员私放在押人员行为和失职致使在押人员脱逃行为适用法律问题的解释（2001 年 3 月 2 日）
21. 高检发释字〔2001〕3 号：最高人民检察院关于构成嫖宿幼女罪主观上是否需要具备明知要件的解释（2001 年 6 月 11 日）
22. 高检发释字〔2001〕4 号：人民检察院办理行政执法机关移送涉嫌犯罪案件的规定（2001 年 12 月 3 日）
23. 高检发释字〔2001〕5 号：最高人民法院、最高人民检察院关于适用刑事司法解释时间效力问题的规定（2001 年 12 月 7 日）
24. 高检发释字〔2002〕1 号：最高人民检察院关于非法经营国际或港澳台地区电信业务行为法律适用问题的批复（2002 年 2 月 6 日）
25. 高检发释字〔2002〕3 号：最高人民检察院关于企业事业单位的公安机构在机构改革过程中其工作人员能否构成渎职侵权犯罪主体问

题的批复（2002 年 4 月 29 日）

26. 高检发释字〔2002〕4 号：最高人民检察院关于涉嫌犯罪单位被撤销、注销、吊销营业执照或者宣告破产的应如何进行追诉问题的批复（2002 年 7 月 9 日）

27. 高检发释字〔2002〕5 号：最高人民检察院关于单位有关人员组织实施盗窃行为如何适用法律问题的批复（2002 年 8 月 9 日）

28. 高检发释字〔2002〕6 号：最高人民检察院关于办理非法经营食盐刑事案件具体应用法律若干问题的解释（2002 年 9 月 4 日）（已废止）

29. 高检发释字〔2003〕1 号：最高人民检察院关于挪用失业保险基金和下岗职工基本生活保障资金的行为适用法律问题的批复（2003 年 1 月 28 日）

30. 高检发释字〔2006〕1 号：最高人民检察院关于新疆生产建设兵团人民检察院对新疆维吾尔自治区高级人民法院生产建设兵团分院审理的案件实施法律监督有关问题的批复（2006 年 6 月 14 日）

31. 高检发释字〔2006〕2 号：最高人民检察院关于渎职侵权犯罪案件立案标准的规定（2006 年 7 月 26 日）

32. 高检发释字〔2007〕1 号：最高人民检察院关于对林业主管部门工作人员在发放林木采伐许可证之外滥用职权玩忽职守致使森林遭受严重破坏的行为适用法律问题的批复（2007 年 5 月 16 日）

33. 高检发释字〔2008〕1 号：最高人民检察院关于拾得他人信用卡并在自动柜员机（ATM 机）上使用的行为如何定性问题的批复（2008 年 4 月 18 日）

34. 高检发释字〔2009〕1 号：最高人民检察院关于公证员出具公证书有重大失实行为如何适用法律问题的批复（2009 年 1 月 7 日）

35. 高检发释字〔2011〕1 号：最高人民检察院关于对涉嫌盗窃的不满 16 周岁未成年人采取刑事拘留强制措施是否违法问题的批复（2011 年 1 月 25 日）

36. 高检发释字〔2012〕2 号：人民检察院刑事诉讼规则（试行）（2012 年 12 月 22 日）（已废止）

37. 高检发释字〔2013〕4 号：最高人民检察院关于审查起诉期间犯罪嫌疑人脱逃或者患有严重疾病的应当如何处理的批复（2013 年 12 月 27 日）

38. 高检发释字〔2014〕1 号：最高人民检察院关于强迫借贷行为适用法律问题的批复（2014 年 4 月 17 日）
39. 高检发释字〔2015〕1 号：最高人民检察院关于以检察专递方式邮寄送达有关检察法律文书的若干规定（2015 年 2 月 13 日）
40. 高检发释字〔2015〕2 号：最高人民检察院关于强制隔离戒毒所工作人员能否成为虐待被监管人罪主体问题的批复（2015 年 2 月 15 日）
41. 高检发释字〔2015〕4 号：最高人民检察院关于地质工程勘测院和其他履行勘测职责的单位及其工作人员能否成为刑法第二百二十九条规定的有关犯罪主体的批复（2015 年 10 月 27 日）
42. 高检发释字〔2017〕1 号：最高人民检察院关于贪污养老、医疗等社会保险基金能否适用《最高人民法院、最高人民检察院关于办理贪污贿赂刑事案件适用法律若干问题的解释》第一条第二款第一项规定的批复（2017 年 7 月 26 日）
43. 高检发释字〔2018〕1 号：最高人民检察院关于指派、聘请有专门知识的人参与办案若干问题的规定（试行）（2018 年 3 月 21 日）
44. 高检发释字〔2018〕2 号：最高人民检察院关于认定累犯如何确定刑罚执行完毕以后“五年以内”起始日期的批复（2018 年 12 月 28 日）
45. 高检发释字〔2019〕1 号：人民检察院检察建议工作规定（2019 年 2 月 26 日）
46. 高检发释字〔2019〕2 号：最高人民检察院关于《非药用类麻醉药品和精神药品管制品种增补目录》能否作为认定毒品依据的批复（2019 年 4 月 29 日）
47. 高检发释字〔2019〕4 号：人民检察院刑事诉讼规则（2019 修订）（2019 年 12 月 30 日）
48. 高检发释字〔2020〕1 号：最高人民法院、最高人民检察院关于缓刑犯在考验期满后五年内再犯应当判处有期徒刑以上刑罚之罪应否认定为累犯问题的批复（2020 年 1 月 17 日）
49. 高检发释字〔2020〕2 号：最高人民检察院关于废止《最高人民检察院关于办理非法经营食盐刑事案件具体应用法律若干问题的解释》的决定（2020 年 3 月 27 日）

最高人民法院刑事指导性案例一览表

1. 指导案例 3 号：潘玉梅、陈宁受贿案
2. 指导案例 4 号：王志才故意杀人案
3. 指导案例 11 号：杨延虎等贪污案
4. 指导案例 12 号：李飞故意杀人案
5. 指导案例 13 号：王召成等非法买卖、储存危险物质案
6. 指导案例 14 号：董某某、宋某某抢劫案
7. 指导案例 27 号：臧进泉等盗窃、诈骗案
8. 指导案例 28 号：胡克金拒不支付劳动报酬案
9. 指导案例 32 号：张某某、金某危险驾驶案
10. 指导案例 61 号：马乐利用未公开信息交易案
11. 指导案例 62 号：王新明合同诈骗案
12. 指导案例 63 号：徐加富强制医疗案
13. 指导案例 70 号：北京阳光一佰生物技术开发有限公司、习文有等生产、销售有毒、有害食品案
14. 指导案例 71 号：毛建文拒不执行判决、裁定案
15. 指导案例 93 号：于欢故意伤害案
16. 指导案例 97 号：王力军非法经营再审改判无罪案
17. 指导案例 102 号：付宣豪、黄子超破坏计算机信息系统案
18. 指导案例 103 号：徐强破坏计算机信息系统案
19. 指导案例 104 号：李森、何利民、张锋勃等人破坏计算机信息系统案
20. 指导案例 105 号：洪小强、洪礼沃、洪清泉、李志荣开设赌场案
21. 指导案例 106 号：谢检军、高垒、高尔樵、杨泽彬开设赌场案
22. 指导案例 144 号：张那木拉正当防卫案
23. 指导案例 145 号：张竣杰等非法控制计算机信息系统案
24. 指导案例 146 号：陈庆豪、陈淑娟、赵延海开设赌场案
25. 指导案例 147 号：张永明、毛伟明、张鹭故意损毁名胜古迹案

最高人民检察院刑事指导性案例一览表

1. 检例第 1 号：施某某等 17 人聚众斗殴案
2. 检例第 2 号：忻元龙绑架案
3. 检例第 3 号：林志斌徇私舞弊暂予监外执行案
4. 检例第 4 号：崔建国环境监管失职案
5. 检例第 5 号：陈根明、林福娟、李德权滥用职权案
6. 检例第 6 号：罗建华、罗镜添、朱炳灿、罗锦游滥用职权案
7. 检例第 7 号：胡宝刚、郑伶徇私舞弊不移交刑事案件案
8. 检例第 8 号：杨周武玩忽职守、徇私枉法、受贿案
9. 检例第 9 号：李泽强编造、故意传播虚假恐怖信息案
10. 检例第 10 号：卫学臣编造虚假恐怖信息案
11. 检例第 11 号：袁才彦编造虚假恐怖信息案
12. 检例第 12 号：柳立国等人生产、销售有毒、有害食品，生产、销售伪劣产品案
13. 检例第 13 号：徐孝伦等人生产、销售有害食品案
14. 检例第 14 号：孙建亮等人生产、销售有毒有害食品案
15. 检例第 15 号：胡林贵等人生产、销售有毒、有害食品，行贿；骆梅等人销售伪劣产品；朱伟全等人生产、销售伪劣产品；黎达文等人受贿，食品监管渎职案
16. 检例第 16 号：赛跃、韩成武受贿、食品监管渎职案
17. 检例第 17 号：陈邓昌抢劫、盗窃，付志强盗窃案
18. 检例第 18 号：郭明先参加黑社会性质组织、故意杀人、故意伤害案
19. 检例第 19 号：张某、沈某某等七人抢劫案
20. 检例第 20 号：马世龙（抢劫）核准追诉案
21. 检例第 21 号：丁国山等（故意伤害）核准追诉案
22. 检例第 22 号：杨菊云（故意杀人）不核准追诉案
23. 检例第 23 号：蔡金星、陈国辉等（抢劫）不核准追诉案

24. 检例第 24 号：马乐利用未公开信息交易案
25. 检例第 25 号：于英生申诉案
26. 检例第 26 号：陈满申诉案
27. 检例第 27 号：王玉雷不批准逮捕案
28. 检例第 33 号：李丙龙破坏计算机信息系统案
29. 检例第 34 号：李骏杰等破坏计算机信息系统案
30. 检例第 35 号：曾兴亮、王玉生破坏计算机信息系统案
31. 检例第 36 号：卫梦龙、龚旭、薛东东非法获取计算机信息系统数据案
32. 检例第 37 号：张四毛盗窃案
33. 检例第 38 号：董亮等四人诈骗案
34. 检例第 39 号：朱炜明操纵证券市场案
35. 检例第 40 号：周辉集资诈骗案
36. 检例第 41 号：叶经生等组织、领导传销活动案
37. 检例第 42 号：齐某强奸、猥亵儿童案
38. 检例第 43 号：骆某猥亵儿童案
39. 检例第 44 号：于某虐待案
40. 检例第 45 号：陈某正当防卫案
41. 检例第 46 号：朱凤山故意伤害（防卫过当）案
42. 检例第 47 号：于海明正当防卫案
43. 检例第 48 号：侯雨秋正当防卫案
44. 检例第 53 号：武汉乙投资公司等骗取调解书虚假诉讼监督案
45. 检例第 60 号：刘强非法占用农用地案
46. 检例第 61 号：王敏生产、销售伪劣种子案
47. 检例第 62 号：南京百分百公司等生产、销售伪劣农药案
48. 检例第 64 号：杨卫国等人非法吸收公众存款案
49. 检例第 65 号：王鹏等人利用未公开信息交易案
50. 检例第 66 号：博元投资股份有限公司、余蒂妮等人违规披露、不披露重要信息案
51. 检例第 67 号：张凯闵等 52 人电信网络诈骗案
52. 检例第 68 号：叶源星、张剑秋提供侵入计算机信息系统程序、谭房妹非法获取计算机信息系统数据案

53. 检例第 69 号：姚晓杰等 11 人破坏计算机信息系统案
54. 检例第 70 号：宣告缓刑罪犯蔡某等 12 人减刑监督案
55. 检例第 71 号：罪犯康某假释监督案
56. 检例第 72 号：罪犯王某某暂予监外执行监督案
57. 检例第 73 号：浙江省某县图书馆及赵某、徐某某单位受贿、私分国有资产、贪污案
58. 检例第 74 号：李华波贪污案
59. 检例第 75 号：金某某受贿案
60. 检例第 76 号：张某受贿，郭某行贿、职务侵占、诈骗案
61. 检例第 81 号：无锡 F 警用器材公司虚开增值税专用发票案
62. 检例第 82 号：钱某故意伤害案
63. 检例第 83 号：琚某忠盗窃案
64. 检例第 84 号：林某彬等人组织、领导、参加黑社会性质组织案
65. 检例第 85 号：刘远鹏涉嫌生产、销售“伪劣产品”（不起诉）案
66. 检例第 87 号：李卫俊等“套路贷”虚假诉讼案
67. 检例第 90 号：许某某、包某某串通投标立案监督案
68. 检例第 91 号：温某某合同诈骗立案监督案
69. 检例第 92 号：上海甲建筑装饰有限公司、吕某拒不执行判决立案监督案
70. 检例第 93 号：丁某某、林某某等人假冒注册商标立案监督案

图书在版编目（CIP）数据

刑法小法典：含刑法修正案（十一）/ 中国法制出版社编．—北京：中国法制出版社，2021.1
（公民法典新编系列）
ISBN 978-7-5216-1590-6

Ⅰ.①刑… Ⅱ.①中… Ⅲ.①刑法-汇编-中国 Ⅳ.①D924.09

中国版本图书馆 CIP 数据核字（2021）第 017655 号

责任编辑：李宏伟、熊林林　　封面设计：李宁

刑法小法典：含刑法修正案（十一）

XINGFA XIAO FADIAN：HAN XINGFA XIUZHENG'AN（SHIYI）

经销/新华书店
印刷/三河市国英印务有限公司
开本/880 毫米×1230 毫米　32 开　　印张/11　字数/256 千
版次/2021 年 1 月第 1 版　　2021 年 1 月第 1 次印刷

中国法制出版社出版
书号 ISBN 978-7-5216-1590-6　　定价：36.00 元

北京西单横二条 2 号
邮政编码 100031　　传真：010-66031119
网址：http：//www.zgfzs.com　　**编辑部电话：010-66066620**
市场营销部电话：010-66033393　　**邮购部电话：010-66033288**

（如有印装质量问题，请与本社印务部联系调换。电话：010-66032926）